新工科教育创新改革系列丛书

教学改革与创新实践

主　编　刘莉莉
副主编　郭祖华　孙　冬　孙　波

北京航空航天大学出版社

内容简介

为深入贯彻落实习近平总书记关于教育的重要论述和全国教育大会精神，河南工学院确定了“学生中心、精准培育、辐射推广、成果导向、持续改进”的教学质量评价改革思路，新构了基于 OBE 理念的“3+1”教学质量评价体系，在传统“学生评价、专家评价、院部评价”的三维评价中融入新维度——“教学创新评价”。以“教学创新评价”为杠杆，鼓励教师在教学理念、教学内容、教学模式、教学方式、考核方式等方面，以培养学生创新精神和综合应用能力为中心，进行教学改革创新，按照“两性一度”标准打造金课，涌现出一批教育教学创新成果。

本书以此为背景，从中挑选出 10 个具有代表性的教学改革创新案例，每个案例分别从方案总体设计、创新内容及实施、课程改革成效等方面进行论述，以期为其他高校教学改革与创新实践提供借鉴与参考，共同引导教师以学生为中心实施教育教学改革，注重培养学生的创新精神和综合应用能力，进一步提高人才培养质量，为新时代高等教育高质量发展探索出一条新的路径。

本书适合广大高校教师阅读。

图书在版编目(CIP)数据

教学改革与创新实践 / 刘莉莉主编. -- 北京：北京航空航天大学出版社，2021.10

(新工科教育创新改革系列丛书)

ISBN 978-7-5124-3615-2

Ⅰ. ①教… Ⅱ. ①刘… Ⅲ. ①工科院校－教学改革－研究－中国 Ⅳ. ①G642.0

中国版本图书馆 CIP 数据核字(2021)第 213802 号

教学改革与创新实践

主　编　刘莉莉

副主编　郭祖华　孙　冬　孙　波

策划编辑　董宜斌　　责任编辑　张　凌

*

北京航空航天大学出版社出版发行

北京市海淀区学院路 37 号(邮编 100191)　http://www.buaapress.com.cn

发行部电话：(010)82317024　传真：(010)82328026

读者信箱：copyrights@buaacm.com.cn　邮购电话：(010)82316936

北京富资园科技发展有限公司印装　各地书店经销

*

开本：710×1 000　1/16　印张：16.25　字数：366 千字

2022 年 1 月第 1 版　2022 年 1 月第 1 次印刷

ISBN 978-7-5124-3615-2　定价：59.00 元

新工科教育创新改革系列丛书

新工科教育创新改革系列丛书系河南省高等教育教学改革研究项目“先进制造业强省背景下应用型高校新工科卓越工程人才培养体系的研究与实践”[2019SJGLX160]、河南省新工科研究与实践项目“新工科视域下电子信息类专业创新创业教育课程体系研究与实践”[2020JGLX086]、河南省高等教育教学改革研究项目“应用型本科院校创新创业教育改革的研究与实践”[2019SJGLX611]成果。

新工科教育创新改革系列丛书

编委会

前　　言

坚持深化教育改革创新，既是对我国教育事业不断发展的宝贵经验总结，同时也是新时代继续做好高等教育工作的重要途径。高等院校必须不断适应新时代人才需求，以宽广的国际视野和深邃的战略眼光审视高等教育的现状，推动高等教育在服务改革开放和中国特色社会主义事业中发挥更大效能，在促进人的全面发展和社会不断进步中发挥更大作用。改革创新是促进高等教育发展的重要途径，坚持高等教育改革创新，就要顺应新时代的人才要求，与时俱进地改革教育理念和人才培养模式，以现代信息技术推动高等教育理念和模式创新，努力构建全方位综合发展的高等教育体系，形成适应新时代要求的人才培养体系。不断创新高等教育的教学模式和学习方式，积极探索将各种新的、行之有效的教学模式引入高等教育，实现高等教育的创新发展，在教学中注重培养大学生的创新意识和实践能力，从而增强高等教育服务创新发展的能力。

教材在开发过程中，重视多种教育手段相结合，推动信息技术与教育教学深度融合，促进优质教育资源应用与共享。通过不同的课程教学案例，分别从改革方案总体设计、创新内容及实施过程、改革创新成效等方面对原课程教学进行创新，努力提升高等教育质量，引领高等教育改革，实现课堂"以教师的教为主"向"以学生的学为主"转变、"以课堂教学为主"向"课堂教学与课外教学相结合"转变、"以结果评价为主"向"结果评价与过程评价相结合"转变。

本书由刘莉莉担任主编，郭祖华、孙冬、孙波担任副主编，李金花、迟明路、刁修慧、赵向阳、闫雷兵、赵梦、杨雪莲、李慧芳、李燕、王敏等参编。具体分工如下：李金花编写第 1 章，迟明路编写第 2 章，刁修慧编写第 3 章，赵向阳编写第 4 章，闫雷兵编写第 5 章，赵梦编写第 6 章，杨雪莲编写第 7 章，刘慧芳编写第 8 章，李燕编写第 9 章，王敏编写第 10 章。全书由刘莉莉统稿。

由于编者水平有限，书中不当和疏漏之处在所难免，敬请学术同仁与广大读者赐教指正。

编　者

2021 年 9 月于新乡

目　　录

第1章　思想政治理论课实践教学课程化改革创新

根据教育部高校思想政治理论课课程设置方案和建设标准的有关要求，结合我校办学特色，充分发挥学生动手能力强这一优势，马克思主义学院积极探索思政课教学改革，自2016年开始，整合原来分散在各门思想政治理论课中的实践教学环节，专门开设“思想政治理论实践”课程。

1.1　方案总体设计

根据整个思政课在大学本科阶段的基本目标和教学要求，围绕实践育人这个核心，开设“思想政治理论实践”课是为了整合和打通四门思政课教学实践而系统设计和应用的实践教学新模式。通过教学管理课程化、教学主线明确化、教学内容模块化、教学活动品牌化等多方面改革创新，使思政课实践育人效果真正落到实处。

1.1.1　课程地位

本课程是一门全校性的公共必修课，是思想政治理论课教育教学的重要组成部分，是大学生在学习思想政治理论课程的基础上的一个综合实践过程。课程共2个学分，32个学时，5大教学模块。课程围绕“理想信念教育”这一主题，依托河南工学院理想信念教育体验馆、思想政治理论课实践教学中心、校外实践教学基地、课程微信公众号等平台，通过开展有特色的系列实践活动，帮助学生进一步系统掌握思想政治理论，教育引导学生加深对科学理论的理解把握；培养学生运用马克思主义立场、观点、方法分析和解决实际问题的能力；培养学生树立正确的世界观、人生观、价值观和法治观，提高大学生贯彻党的路线、方针和政策的自觉性，坚定“四个自信”，自觉做到“两个维护”，把爱国情、强国志、报国行自觉融入到中华民族伟大复兴的奋斗之中。

1.1.2　所获荣誉

本课程在实施过程中取得了一系列教学成果：

“思想政治理论实践”课获批首批国家级一流社会实践课程；

“高校思政课‘馆课结合’体验式教学模式构建与平台建设研究”获教育部2020年度高校思想政治理论课教师研究专项立项；

“新时代大学生理想信念教育实践育人体系构建”被教育部遴选为2019年全国高

校思想政治工作精品项目；

"'馆课结合'：提高思政课实效性教学方式改革研究"获 2019 年度河南省高等教育教学改革研究与实践项目(思想政治教育)立项；

"大学生理想信念主题演讲赛"被评为 2014 年度河南省高校思想政治工作优秀品牌；

"河工思修课"微信公众平台被评为首届河南省高校网络宣传思想教育优秀案例；

"青春梦正当年"微信公众平台被评为第二届河南省高校网络宣传思想教育优秀案例；

"大学生社会调研活动"被评为 2017 年度河南工学院思想政治工作优秀品牌。

1.1.3 教学创新总体设计

"思想政治理论实践"课是为了整合和打通四门思政课实践教学而系统设计和应用的实践教学新模式，其核心要素就是在本科教学计划中单独设立 2 个学分，有独立课程代码，旨在提升学生的综合能力。课程教学改革主要解决四个问题：①改变实践活动与思政课理论教学的游离状态，真正实现"理论性和实践性相统一"；②充分调动学生学习思政课的积极性，让学生由被动学习转为主动学习，真正实现"主导性和主体性相统一"；③改变思政课实践教学主题随意化、碎片化，以及"东一榔头，西一棒槌"的问题，真正围绕"理想信念教育"这一思想政治工作的核心开展。④改变思政课实践教学内容不规范、不完善、不可持续的问题，开展系列实践活动，打造教学模块，培育思政工作品牌。

真正解决以上问题，实现教学目标，教学创新设计具体如下。

① 教学管理课程化。把思政课实践教学纳入人才培养方案，具有明确的教学大纲、教学目标、教学内容、教学过程、教学评价标准、教学保障等。

② 教学主线明确化。"思想政治理论实践"课始终围绕"理想信念教育"这一主线开展，并注重根据学生认知特点和各门思政课教学内容循序渐进地引导学生选择、践行科学的理想信念。

③ 教学内容模块化。"模块化"指思政实践课的具体实现方式。围绕"理想信念教育"这一主线，科学设计教学内容，形成五大模块，即大学生活初体验、理想信念教育、红色基因传承、国情社情调研、馆课结合。

④ 教学活动品牌化。经过探索实践，针对教学效果好的实践活动或模块，要注重对其进行品牌化培育，使其进一步规范化、制度化。要做好宣传和总结，提升课程影响力。

⑤ 教学方式有创新。2017 年 9 月，我校建成"理想信念教育体验馆"，学生通过沉浸式体验、自主式参与，实现了学习过程由外部输入、被动接受向自主体验、主动内化的转变，达到了"知"与"行"的统一。体验馆以中国共产党的理想信念为主线，分为序言区和五大主题功能区，每个区至少对应一门思政课，对所有思政课和所有在校生的"双覆盖"，使红色教育资源有效地服务于思政课教学。

1.2 创新内容及实施

1.2.1 教学管理课程化

目前高校本科生开设了“思想道德与法治”“中国近现代史纲要”“马克思主义基本原理概论”“毛泽东思想和中国特色社会主义理论体系概论”“形势与政策”思政课，五门课程的实践教学基本上是各自为战，单打独斗，从教学目的性和效果的角度来看，存在如下问题。第一，实践教学碎片化。各门思政课教师在开展实践教学时，因缺乏统筹规划，还停留在自发的层面上，任课教师兴之所至，开展一些目的性不明确的实践活动，缺乏系统的安排，忽视了思政课课程体系的整体性，忽视了对大学生“三观”的整体塑造。教育目标和内容没有纳入课程形态，没有从课程化的角度将各种教育因素整合起来，因而达不到应有的效果。第二，实践教学虚化和形式化。当前，许多高校领导都很重视思政课教学，每学期都深入课堂听课，并带头讲思政课，但是仍有个别领导没有意识到思政课实践教学对提升思政课教学效果亲和力和针对性的意义，往往“口头上重视，行动上忽视”。按照教育部相关文件规定，基本上各高校都设计有课内实践教学环节，但是部分教师却没有认真落实，往往有活动而没有效果，有形式而没有内容，导致实践教学停留在形式上，而缺乏实际效果。第三，实践教学组织协调不畅。内容上重复泛化，方式上雷同单一，管理上协调不畅。

针对上述问题，马克思主义学院把原来分散在各门思政课中的实践教学环节，整合成一门实践课，即“思想政治理论实践”，设置了课程教研室，制定了的教学大纲，明确了教学目标，整合了教学内容，规范了教学过程和教学评价标准等。课程纳入本科人才培养方案，有独立的课程代码，设有 2 个学分，32 学时，分 5 大模块 4 个学期来完成(见图 1.1)。

“思想政治理论实践”教学安排			
教学模块	具体活动	开展时间	学时
大学生活动初体验	新时代新使命DV拍摄	第一学期	2
	道德情景模拟	第一学期	4
理想信念教育	理想信念主题演讲比赛	第一学期	4
红色基因传承	来自家乡的红色基因	第三学期	2
	红色经典咏传诵主题活动	第四学期	4
社会调研	大学生社会调研活动	第四学期暑假	8
馆课结合	主题互动	第一至四学期	8
合计			32

图 1.1 课程教学安排

思政课实践教学通过课程化建设，真正把思政课实践教学的学时、学分落在实处，保证了实践教学的规范化与高质量，克服了实践教学的形式化和随意性。

1.2.2 教学主线明确化

开展思政课实践教学，主要目的是服务理论教学，让学生通过认知感受型、参与体验型、社会调研型等丰富多样的实践活动来增强对课堂所学理论知识的认同，增强对运用马克思主义理论来认识问题、分析问题和解决问题的能力。所以，思政课实践教学的主题既要与各门思政课教学内容相关，同时又要突出"理想信念教育"这一思想政治教育的核心内容。"思想政治理论实践"课始终围绕"理想信念教育"这一主线开展，并注重根据学生认知特点和各门思政课教学内容循序渐进地引导学生选择、践行科学的理想信念。

具体而言，在大一新生中开展"新时代新使命 DV 拍摄""道德情景模拟""理想信念主题演讲赛"等活动，帮助学生认清大学生活的真正意义，选择科学的理想信念。大二学生已经有了一定的马克思主义理论基础，通过开展"来自家乡的红色基因调查""红色经典咏传诵""大学生社会调研活动"等，坚定学生听党话、跟党走的信心。"馆课结合"模块贯穿于思政课教学全过程，实现了大学生理想信念教育无间断。

围绕"理想信念教育"这一主线，各模块根据各门思政课程特点和国家重大政治事件，与时俱进地进一步细化主题，完成教学目标。下面以近年理想信念演讲比赛(见表 1.1)、红色经典咏传诵主题活动(见表 1.2)、"馆课结合"实践活动(见表 1.3)的主题为例进行说明。

表 1.1 理想信念演讲比赛主题

近五届理想信念演讲比赛主题			
年 份	届 别	主 题	意 义
2020 年	第二十届理想信念演讲比赛	砥砺青春，我们正好	"把灾难当教材，与祖国共成长"，引导结合疫情防控和自身实际，深度挖掘抗疫过程中的感人事迹和先进典型，正确认识"小我"与"大我"的关系，坚定中国特色社会主义制度自信，坚定党的领导是中国特色社会主义最大的优势
2019 年	第十九届理想信念演讲比赛	壮丽七十年，青春献祖国	通过回顾中华人民共和国七十年的辉煌成就，激发学生对祖国的热爱和赞美之情，坚定党的领导，坚定"四个自信"
2018 年	第十八届理想信念演讲比赛	我与中原共出彩	贯彻落实河南省委十届六中全会确定的"实现中原更加出彩"的奋斗目标，引导学生热爱家乡、赞美家乡、建设家乡
2017 年	第十七届理想信念演讲比赛	青春献礼十九大，不忘初心跟党走	引导学生深刻理解新时代背景下的新矛盾新任务新目标，自觉听党话、跟党走
2016 年	第十六届理想信念演讲比赛	我的中国梦	引导当代大学生正确认识个人理想与民族复兴的关系，自觉将爱国情、强国志、报国行融入到中华民族伟大复兴的奋斗中

表 1.2 红色经典咏传诵活动主题

近四届红色经典咏传诵活动主题			
年 份	届 别	主 题	意 义
2021年	第四届红色经典咏传诵活动	百年心向党 青春追梦人	要求学生通过深情回顾党的百年奋斗历史，以朗诵、演唱、话剧、情景剧等多种表现形式表现不同历史时期的经典人物、经典瞬间，感悟优秀共产党员不忘初心、牢记使命的责任和担当，抒发对党的热爱之情、赞美之意
2020年	第三届红色经典咏传诵活动	红色家书朗诵	“传承红色基因，讲好红色故事”。疫情时期，通过让学生分组温习和诵读红色家书，制作朗诵视频，引导学生学习老一辈革命家的高尚品格和道德风范，了解革命先烈的人生观、事业观、价值观，感悟家书字里行间饱含着的人间大爱，增强学生的家国使命与担当
2019年	第二届红色经典咏传诵活动	革命诗词朗诵	纪念五四运动一百周年，弘扬“爱国、进步、民主、科学”的五四精神，增强学生的责任意识和使命感，激励他们爱国奋进，自强不息
2018年	第一届红色经典咏传诵活动	毛泽东诗词朗诵	重温红色经典，回顾革命历史，传承革命精神，弘扬革命文化，进一步增强对党与祖国的热爱，坚定中国特色社会主义的道路自信、理论自信、制度自信、文化自信

表 1.3 “馆课结合”实践活动主题

近两年“馆课结合”实践活动主题			
时 间	课 程	活动主题	意 义
2021年上半年	“马克思主义基本原理”	马克思主义为什么“行”？	结合理想信念教育体验馆第一部分内容进行教学设计，充分发挥教师的主导性和学生的主体性，通过此次实践使广大学生切身体会马克思主义的科学性和中国共产党领导的正确性，使学生坚定“四个自信”，从而进一步激发其自觉用实际行动书写其应有的历史使命与担当，努力做一名“有理想、有本领、有担当”的时代新人，为实现中华民族伟大复兴的中国梦贡献青春力量
2020年上半年	“毛泽东思想和中国特色社会主义理论体系概论”	“百年大党的现代化求索”	结合理想信念教育体验馆第二部分，让学生了解中国共产党成立以来特别是中华人民共和国成立70年来在现代化建设道路上的接力探索，在理论和实践层面取得的丰硕成果，引导学生坚定中国共产党的正确领导，坚定中国特色社会主义制度自信，自觉为实现社会主义现代化强国的战略目标凝聚力量、不懈奋斗

续表 1.3

时间	课程	活动主题	意义
2020年下半年	"中国近现代史纲要"	继承伟大长征精神，走好新时代的长征路	伟大长征精神，是党和人民付出巨大代价、进行伟大斗争获得的宝贵精神财富。结合理想信念体验馆长征沙盘进行教学设计，激励青年一代继承和弘扬伟大长征精神，发愤图强、奋发有为，才能走好新时代的长征路，把革命前辈开创的伟大事业推向前进，为实现"两个一百年"奋斗目标、实现中华民族伟大复兴提供不竭的精神动力
2019年下半年	"思想道德修养与法律基础"	壮丽七十年　青春献祖国	重点结合展馆第五部分"不忘初心　青春建功"，以课程第二章《坚定理想信念》为题进行讲解，引导学生认识了解历史，增强民族自尊心和自豪感，并自觉把个人理想与社会理想、国家理想紧密结合起来，为实现中国梦贡献自己的力量

1.2.3　教学内容模块化

"模块化"指思政实践课的具体实现方式。为了提高思政课实践教学的效果，有必要通过不同的形式，以不同的方式方法，在不同的空间场域展开，这就需要设计不同的教学模块。多年来，根据整个思政课在大学本科阶段的基本目标和教学要求，围绕"理想信念教育"这一主线，我们已经设计和运行了五大模块，即第一学期开展的大学生初体验模块、理想信念教育模块实践教学；第三、四学期开展的"红色基因传承"模块实践教学；第四学期开展的"国情社情调研"模块实践教学；"馆课结合"模块实践教学贯穿第一至四学期。

模块一：大学生活初体验模块。

目的任务：该模块包括"新时代新青年新使命 DV 摄影（见图 1.2）"和道德情景剧表演（见图 1.3）。DV 摄影通过组织学生拍摄短片展现对新时代新青年使命的认识，并通过课堂展示和交流，认清新时代的历史方位，增强实现民族复兴的历史担当。道德情景剧表演是学生通过自我创作、自我表演情景剧，感受到道德的力量，自觉践行社会主义核心价值观。

实践要求：学生根据任课教师的要求，通过个人或者自由结合成小组来拍摄短片；短片要真实地反映个人对大学新生活的认识；按班级在课堂上汇报。

模块二：理想信念教育模块。

目的任务：加深学生对理想信念重要性的认识，并帮助大学生树立正确的理想信念。理想信念不仅可以引导大学生做好人，还可以指引大学生走好路，更可以激励大学生为什么学。通过这一活动，一方面可以让同学们认识到理想信念的重要意义，更可以让同学们树立科学的理想信念，并为之努力奋斗。

专题一	新时代新青年新使命				
时间	[illegible]月28日	地点	校内[illegible]	分数	16分
目的	我们处在中国特色社会主义新时代，作为时代新人，当代大学生要展现新风貌，以民族复兴为己任。				
基本要求	1. 学生根据实践目的，以寝室为单位拍摄视频短片。 2. 短片要真实地反映对大学新生活的认识。 3. 按班级在课堂上汇报，展现当代大学生的风貌。				
评分细则	1. 视频符合实践要求，内容积极向上，长度以7分钟左右为宜。（10分） 2. 实践记录图文并茂，如实反映实践过程。（6分）				
实践记录					

图 1.2　新时代新青年新使命 DV 摄影作业展示

图 1.3　情景剧表演现场

实践要求：参加全校范围的“理想信念”主题演讲比赛（见图 1.4 和图 1.5）；演讲比赛分为班级初赛、全校预赛、决赛三个阶段；每位同学需写一份不少于 800 字的演讲稿。

图 1.4　第二十届“理想信念”演讲比赛参赛选手与颁奖嘉宾合影

图 1.5　第二十届“理想信念”演讲比赛现场

模块三：红色基因传承模块。 该模块包括“红色经典咏传诵”主题活动和“来自家乡的红色基因”调研活动。

1. 来自家乡的红色基因

目的任务：利用节假日，通过社会走访或参观本地爱国主义教育基地，了解近现代历史人物的光荣事迹和一些历史事件真相，让学生把在课堂中学到的理论知识通过社会实践得到加深和理解，帮助大学生提高运用科学的历史观和方法论分析和评价历史问题、辨别历史是非的能力，运用所学理论知识分析实际问题、解决实际问题的能力。

实践要求：以行政班为单位，每班分 2～3 个小组，严禁个人外出调研；每小组形成一个调查报告，不少于 1500 字(见图 1.6)。

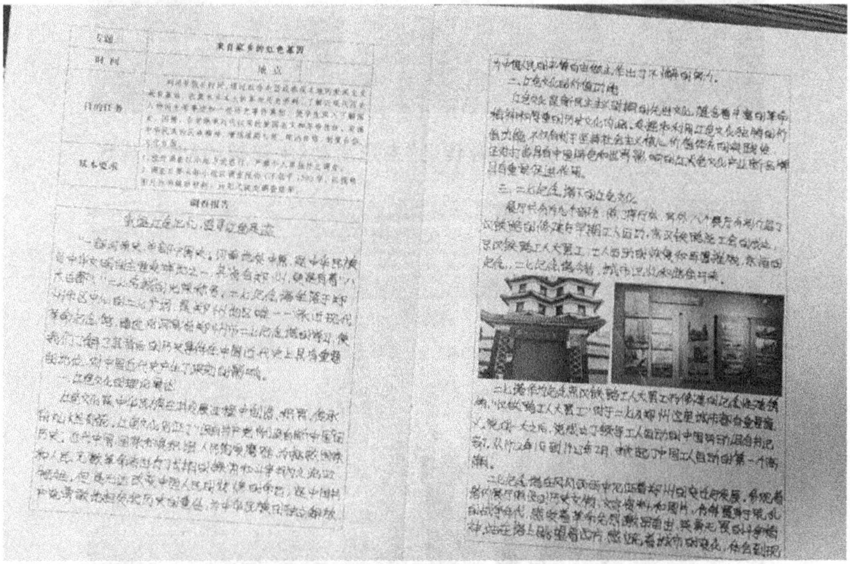

图 1.6 学生调查报告

2. “红色经典咏传诵”主题活动

实践目的：结合重要时政，以红色家书、革命诗词、经典文献、历史人物或事件等红色经典为载体，每年确定一个主题，开展“红色经典咏传诵”活动。活动表现形式以朗诵为主，辅以歌唱、舞蹈等。鼓励学生将理论学习和实践体验相结合，发挥自身才艺，重温红色经典，回顾革命历史，弘扬革命文化，传承革命精神。

实践要求：每位学生必须参与活动，表现形式以朗诵为主，可辅以歌唱、情景剧、小话剧等；活动分为初赛、预赛、决赛等环节，班级预赛和年级初赛在思想政治理论课实践教学中心进行并全程录像，决赛以汇演的形式进行(见图 1.7～图 1.9)；每位学生认真记录参与活动的情况和心得。

模块四：国情社情调研模块。

目的任务：增强学生对中国特色社会主义理论和党的路线、方针、政策的理解，提高运用中国化的马克思主义原理、观点、方法来分析、解决思想认识问题和社会存在的各种实际问题的能力；引导学生客观地、辩证地认识国情、认识社会，了解我国改革开放的历史、现状和发展趋势；能够正确分析和认识我国改革开放的发展历程和社会现实存在的重大问题，增强热爱祖国、热爱社会主义的信念和振兴中华的责任感与使命感。

图 1.7　第四届“红色经典咏传诵”主题活动《生死契约》节目现场

图 1.8　第二届“红色经典咏传诵”主题活动节目现场

图 1.9　第一届“红色经典咏传诵”主题活动《蝶恋花 · 答李淑一》节目现场

实践要求：

① 按照社会实践主题、内容及具体要求，选取与课程教学内容紧密相关的题目，并在教师指导下，在社会实践的基础上完成。

② 要求观点明确，调查科学，分析全面，逻辑严密，数据可靠，具有较强的创新性与实践性，具有一定的学术价值和现实意义。字数为3000字左右。

③ 社会实践有明确的调查对象，调查方法科学；论文符合撰写规范，标题及摘要准确、精练；清楚、简要地描述社会实践过程；逻辑性强，数据可靠，结论明确。

④ 在社会实践中深化对课程教学知识的认识；创造性地运用课程的观点、方法认识社会，分析当前现实问题，并提出针对性建议，具有较强的现实价值。模块是结合社会热点，在政治、经济、文化、社会、生态等方面列出系列调研题目，组织学生分组开展调研，教师全程跟踪指导，让学生在深入了解校情省情国情社情的基础上，坚定“四个自信”，立志报效祖国、服务人民（见图1.10和图1.11）。

图1.10　第十二届大学生社会调研活动汇报比赛获奖小组与任课教师合影

图1.11　第十二届大学生社会调研活动汇报比赛现场

模块五："馆课结合"模块。

目的任务：依托我校理想信念教育体验馆（见图 1.12），通过历史画卷、影视点播、主题互动、沉浸式体验、宣誓仪式等方式，让学生感悟党的初心和使命，自觉将个人人生理想与实现中华民族伟大复兴结合起来，在实现中国梦的生动实践中创造自己的出彩人生。

实践要求：教师在体验馆中找出与思政课教材相对应的内容，确定互动主题，制定活动方案，设计互动环节，组织学生在体验馆开展实践学习（见图 1.13）。实践活动过程和心得记录入学生个人实践活动记录本。

图 1.12　河南工学院理想信念教育体验馆正门

图 1.13　任课教师以"百年大党的现代化求索"为题开展现场教学

1.2.4 教学活动品牌化

当前，部分高校思政课实践教学在内容和形式能够规范化的基础上，在实施过程中还存在着品牌化建设认识不到位的问题。思政课实践教学品牌化既是提高思想政治理论课教学效果的有效手段，也是高校思想政治理论课教学改革的发展趋势。

马克思主义学院领导和思政课教师高度重视品牌化建设，对五大模块进行项目化运作，精心策划，长期培育，力图打造出具有较强影响力，有学习、借鉴、复制和推广价值的思想政治工作品牌。

1. 品牌化建设的做法

以理想信念演讲比赛为例说明。

① 从上到下凝神聚力，思想上重视，行动上统一。从学校、教师到学生，高度重视实践教学，能为思政课实践教学品牌化的推广和普及提供坚实的精神动力。多年来，理想信念演讲比赛得到了校领导、宣传部、教务处、校团委、学生院部的大力支持。校领导出席决赛现场并致辞，赛后领导提出指导意见。活动遇到难题和瓶颈之时，领导和相关职能部门积极协助解决，为实践活动的持续开展排忧解难。

② 品牌化建设资金、师资、政策等保障机制日益完善。开展实践教学必要的资金配套是必须的，理想信念演讲比赛决赛需要租赁电子屏和服装、购买奖品等，我校有思政专项资金予以支持，我校思政课教师队伍日渐壮大，通过集体备课、经验传承、导师制传帮带等多种形式，实践教学能力不断提升。他们既有理论知识又有丰富的经验，而且乐为、有为、善为。相关职能部门、马克思主义学院出台相关保障品牌化建设的措施。第二十届“理想信念”演讲比赛现场赛前，学校宣传部邀请《河南日报》、新乡电视台等多家媒体前来报道。比赛现场，通过抖音、快手等平台进行全网直播。赛后，活动新闻第一时间发布在学校官网，并推送到河南省高校思想政治工作网、《大河报》等媒体。依托课程微信公众号和学习通平台，发布与比赛各环节的全部通知。

③ 建立了完善的考评体系。一方面建立了考核机制。从学生的学习效果、课程参与、教学表现等多方面、多个维度全面地考核学生的学习效果。另一方面建立评价体系，主要反映学生对实践教学的接受和喜爱程度，包括学生对教师的评价、学生对教学形式和教学内容的评价、自我评价和同学互评等层面，实现评价主体多元化。

2. 品牌化建设成果

“新时代大学生理想信念教育实践育人体系构建”获教育部高校思想政治工作精品项目；“高校思政课‘馆课结合’体验式教学模式构建与平台建设研究”获批教育部思政课教师研究专项；“理想信念”演讲比赛目前已连续成功举办二十届，2014年获评河南省优秀思政工作品牌；大学生社会调研活动已连续举办十二届，2018年获评校优秀思政工作品牌；“红色经典咏传诵”主题活动已连续成功举办四届，努力打造河南省优秀思政工作品牌。

3. 品牌化建设影响力

通过完善课程品牌化保障体系、健全品牌化考评体系，课程达到了全体学生可参与、全过程可操控的高要求，并在省内外同行中有一定的知名度和美誉度。

专家指导：中国人民大学刘建军教授、华中科技大学黄岭峻教授、复旦大学贺东航教授、中国社会科学院邓纯东教授等莅临学校，交流指导思政课教学改革。

重要成果：2020 年 11 月，“思想政治理论实践”被认定为首批国家级社会实践一流本科课程（教高函〔2020〕8 号）。

媒体报道：2018 年 7 月 11 日《河南日报》对我校理想信念教育实践教学做了专题报道（见图 1.14）；2020 年 12 月 8 日河南省高校思想政治工作信息网对我校举办第二十届“理想信念”主题演讲比赛做了专题报道（见图 1.15）。

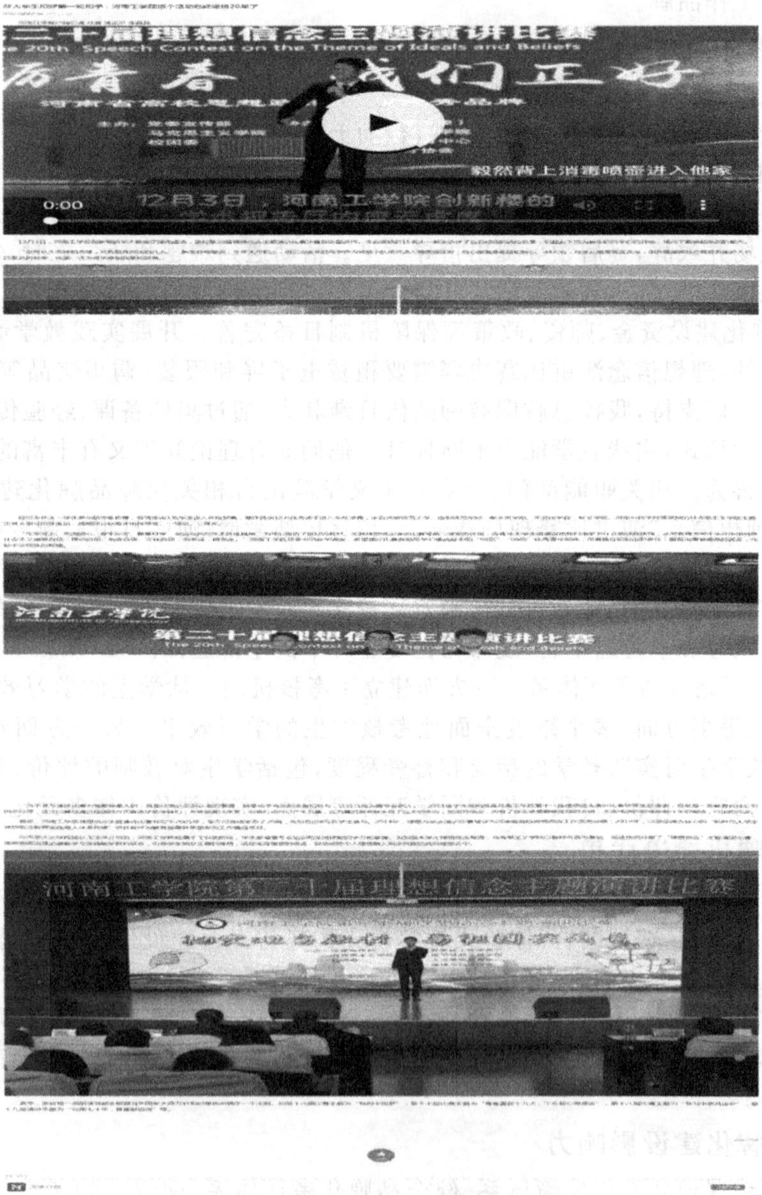

图 1.14 《河南日报》报道截图

× 河南高校思想政治工作信息… ···

河南省高校思想政治工作信息网

河南省教育厅思想政治工作处（维护高校稳定工作办公室）

首页 处室职能 文件通知 工作动态 视频展播 校园采风

当前位置：首页 > 校园采风

河南工学院举办第二十届“理想信念”主题演讲比赛

2020-12-08 00:00:00 来源：河南工学院 浏览 17 人次

12月3日，河南工学院第二十届“理想信念”主题演讲比赛决赛在该校创新楼报告厅举行。校领导赵学通、李贵敏、刘莉莉、樊羁光，河南师范大学等6所院校马克思主义学院院长（书记），学校党委宣传部、组织部等相关职能部门负责人，马克思主义学院全体教师和500余名新生共同观看了比赛。

“理想信念”主题演讲比赛是河南工学院大学生理想信念教育的重要载体，是该校历史最悠久，品牌最经典，最受学生喜爱的活动之一，是首批国家级社会实践类本科一流课程“思想政治理论实践”的主要教学模块之一，获得2014年河南省高校思想政治工作优秀品牌。2019年，以该品牌为核心的“新时代大学生理想信念教育实践育人体系构建”项目被评为教育部高校思想政治工作精品项目。20年来，演讲比赛一年一个主题，紧跟时代，紧贴现实，先后有近8万名河工学子参与赛事，一届又一届怀揣崇高理想信念的优秀学子成为国家栋梁。20年的坚持，正是对理想信念的最好诠释。

本届演讲比赛主题为“砥砺青春，我们正好”，是“把灾难当教材、与祖国共成长”主题教育活动之一。演讲比赛历经课堂讲授、参观 理想信念 教育体验馆、班级初赛、年级预赛到决赛等多个环节，用时一个半月，从理论到实践对大一新生进行了全方位深层次的理想信念教育。

该校党委书记赵学通致辞，充分肯定了“理想信念”主题演讲比赛在坚定学生理想信念，提高大学生思想政治素养中发挥的重要作用，同时强调要用好抗疫这部教材，发挥“理想信念”演讲比赛等第二课堂的作用，向青年大学生讲清讲透我们国家为什么能战胜这次疫情，从而教育大学生坚定中国特色社会主义道路自信、理论自信、制度自信、文化自信，听党话，跟党走。他希望同学们尽快适应疫情防控常态化下的大学生活，确立科学人生理想目标，通过参与此次活动，进一步坚定理想信念，志存高远、脚踏实地，用臂膀扛起如山的责任，展现出青春激昂的风采，展现出中华民族的希望。

比赛现场气氛活跃，掌声阵阵。15位决赛选手结合今年的疫情和自身实际，深度挖掘抗疫过程中的感人事迹和先进典型，通过激情的演讲诠释了“砥砺青春，我们正好”的使命担当，展示了河南工学院大学生朝气蓬勃的精神风貌和锐意筑梦的青春风采，彰显了新时代大学生对“小我”与“大我”关系的正确认识和勇于践行中国梦的可贵勇气。

赛后，河南师范大学马克思主义学院院长蒋占峰对比赛活动作了点评。

Copyright © 2014-2017 地址：河南省郑州市郑东新区正光路11号 电话：0371-69691953

传真：0371-69691264

ICP备案编号:豫ICP备0911211号

图 1.15 河南省高校思想政治工作信息网报道

图 1.16　新乡电视台《新乡大民生》栏目报道

我校成功举办第二十届“理想信念”主题演讲比赛

2020-12-04 11:55 (浏览次数：1338)

青年一代有理想、有本领、有担当，国家就有前途，民族就有希望。12月3日下午，我校第二十届“理想信念”主题演讲比赛决赛在学术报告厅隆重举行。校领导赵学通、李贵敏、刘莉莉、樊霸光，河南师范大学等6所兄弟院校马克思主义学院院长（书记），我校党委宣传部、党委组织部等部门负责人，马克思主义学院全体教师与500余名大一新生共同观看了比赛。

“理想信念”主题演讲比赛是我校大学生理想信念教育的重要载体，是历史最悠久，品牌最经典，最受学生喜爱的活动之一，是国家首批社会实践类本科一流课程《思想政治理论实践》的主要教学模块之一，是2014年河南省高校思想政治工作优秀品牌。2019年，以该品牌为核心的“新时代大学生理想信念教育实践育人体系构建”项目被评为教育部高校思想政治工作精品项目。20年来，演讲比赛一年一个主题，紧跟时代，紧贴现实，先后有近8万名河工学子参与其中，一届届优秀毕业生奋斗在祖国的各条战线上，一个个优秀选手用实际行动兑现他们演讲时许下的诺言。

作为“把灾难当教材、与祖国共成长”主题教育活动之一，今年的演讲比赛主题为“砥砺青春，我们正好”。15位参赛选手结合疫情防控和自身实际，深度挖掘抗疫过程中的感人事迹和先进典型，通过激情的演讲诠释了“砥砺青春，我们正好”的使命担当，展示了新时代大学生朝气蓬勃的精神风貌和锐意筑梦的青春风采，彰显了新时代大学生对“小我”与“大我”关系的正确认识和勇于践行中国梦的可贵勇气。

校党委书记赵学通致辞，他指出，学校党委认真落实立德树人根本任务，把大学生理想信念教育放在首位，注重发挥第二课堂的育人功能，发挥大学生“理想信念”主题演讲比赛在坚定大学生理想信念、提高思想政治素养、深化思想政治理论课改革等方面的重要作用。他强调，此次演讲比赛就是要讲述好伟大的抗疫精神，教育引导青年大学生树立共产主义远大理想和中国特色社会主义共同理想，听党话、跟党走，努力成为担当民族复兴的时代新人；就是要结合党的十九届五中全会对“十四五”时期经济社会发展和2035年远景目标作出了系统谋划和战略部署，教育引导青年大学生要像疫情防控中的“90后”“00后”优秀青年那样，用臂膀扛起如山的责任，展现出青春激昂的风采，胸怀理想、志存高远，让理想的旗帜永远在前方飘扬，让信仰的明灯永远在心中闪亮。

赛后，河南师范大学马克思主义学院院长蒋占峰教授对比赛活动作了精彩点评。

图 1.17 校园网主页报道

经验典型：2018 年 9 月，在省内部分高校思政课教师交流活动中，我校代表作了典型发言；2019 年 9 月被推荐为河南省振兴本科教育典型经验。

品牌辐射：近年来，获省部级 2 项、校级 2 项思想政治工作优秀品牌。

同行交流："馆课结合"实践教学吸引了南昌大学、湖南农业大学、河南科技大学等多家高校同行来访交流。

1.2.5 教学方式有创新

"思想政治理论实践"课创新性地采用"馆课结合"教学方式。

1. "馆课结合"教学方式

2017 年 9 月，我校建成"理想信念教育体验馆"。我们尝试以体验馆为平台，搭建一个理论教学与实践教学相互支撑、融合一体的全新的思政课教学场景。在这一场景中，教师根据教材内容，确定教学专题，制定教学方案，设计互动环节，将实践教学与理论教学相融通；学生通过沉浸式体验、自主式参与，实现了学习过程由外部输入、被动接受向自主体验、主动内化的转变，达到了"知"与"行"的统一。经过四年的探索，"馆课结合"体验式教学在教学实践中取得了远超预期的良好的教学效果。

2. "馆课结合"教学方式的具体运行

(1) 教学理念上"知行合一"

利用理想信念教育体验馆这一全新的动态教学场景，既克服了传统课堂教学"重教轻学"，师生互动不足，学生参与度低、积极性不高的劣势，也有效规避了传统校内外实践教学成本高昂、难以组织、模式单一、内容空泛等难题，将理论教学与实践教学融为一体，实现了教师"外向灌输"与学生"自我内化"的统一。

(2) 教学内容上"馆课合一"

长期以来，参观红色展馆(教育基地、遗址等)一直是思政课实践教学的重要部分。在实际运行中，各高校往往是就近组织学生搞一次走马观花式的参观，根本谈不上红色展馆与各门思政课具体教学内容的结合。我们建设体验馆的初衷就是为了使红色教育资源有效地服务于思政课教学。体验馆以中国共产党的理想信念为主线，分为序言区和五大主题功能区，每个区至少对应一门思政课：序言区对应"原理"课；第一功能区对应"纲要"课；第二功能区对应"概论"课与"纲要"课；第三、四功能区对应"基础"课和"概论"课；第五功能区是所有课程的落脚点。体验馆内的教学场景是动态的，教学资源能够根据教学内容的变化以及国内外重大事件和热点问题实时更新。还有 VR、AR 和时间轴等体验项目。三年来，我们已设计和开展了"百年大党的现代化求索""马克思主义为什么行""壮丽七十年　青春献祖国""现代化发展战略与大学生人生规划""来自家乡的红色基因""新中国怎样走来""新时代　新目标　新使命"等 10 余个"馆课结合"教学专题(见图 1.18 和图 1.19)，受到了学生的真心喜爱，取得了很好的教学效果。

(3) 教学运行上"过程再造"

"馆课结合"体验式教学借助教育体验馆，打造全新的动态教学场景，充分尊重当代大学生的特质，将教师的"教法"与学生的"学法"进行了整体性设计。教师理论讲授 10 分钟左右，其作用像"导演"，主要是确定教学主题和规则，实时引导、启发和监控教学过程。真正的“主演”是学生：学生自主体验、自行探索、自主发言、自我展示。师生互动、生生互动是常态。通过教学运行上的“过程再造”，真正实现了思政课“教”与“学”并重。

四年来，参与“馆课结合”授课模式的学生超过 40000 人次，已开展了 10 余个专题教学。此方法的运用，有效转变了教师的教学理念，提升了教师的教学能力，提高了学生参与学习的积极性，增强了学生对思政课的获得感，受到了广大师生的普遍欢迎和认可。

图 1.18 “继承和弘扬长征精神　走好新时代长征路”主题教学

图 1.19 “新中国怎样走来”主题教学

1.2.6 创新成果

图 1.20～图 1.25 为我校思想政治理论课实践教学课程化改革创新的成果展示。

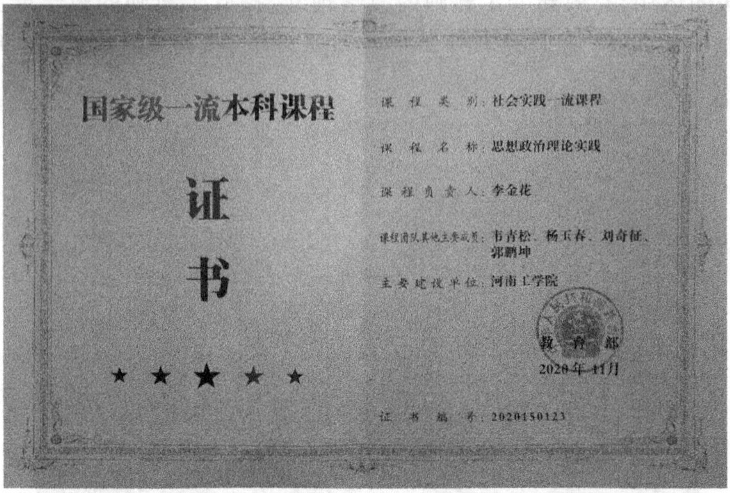

图 1.20　2020 年 11 月“思想政治理论实践”获批为首批国家级一流本科课程

第二批高校思想政治工作精品项目公示名单（排名不分先后）

序号	高校名称	项目类型	项目名称
57	山东财经大学	实践育人	深化“三千计划”，推进实践育人
58	山东农业大学	实践育人	“多维一体”实践育人工作体系的构建与推广
59	山东师范大学	资助育人	“助翔行动”资助育人项目
60	郑州大学	文化育人	目标导航+文化品牌—— “三全育人”思政教育平台探索与实践
61	河南大学	实践育人	春晖行动
62	河南工学院	实践育人	新时代大学生理想信念教育实践育人体系构建
63	河南科技大学	心理育人	心理育人长效机制建设工程

图 1.21　“新时代大学生理想信念教育实践育人体系构建”被教育部遴选为 2019 年全国高校思想政治工作精品项目

2020年度高校思想政治理论课教师研究专项评审结果公示一览表

序号	申报编号	项目名称	学校名称	负责人	项目类别
122	20SZK11329002	高校思政课“馆课结合”体验式教学模式构建与平台建设研究	河南工学院	王玉萍	一般项目：教学方法择优推广项目

图 1.22　“高校思政课‘馆课结合’体验式教学模式构建与平台建设研究”获教育部 2020 年度高校思政理论课教师研究专项立项

荣誉证书

河南机电高等专科学校　理想与信念主题演讲比赛(主要完成人：王玉萍、张红、杨玉春、褚有众、韦青松、张映锋、张宇、袁锐、段伟伟)，获得2014年度河南省高等学校思想政治工作奖，授予“河南省高等学校思想政治工作优秀品牌”荣誉称号。特发此证，以资鼓励。

中共河南省委高校工委　河南省教育厅

二〇一四年十二月

图1.23 “大学生理想信念主题演讲赛”被评为2014年度河南省高校思想政治工作优秀品牌

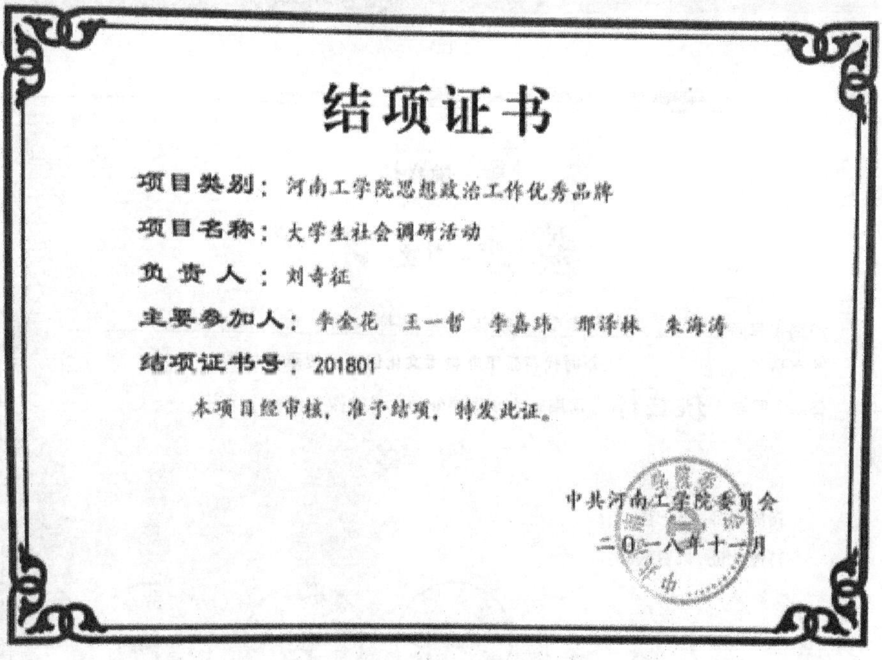

结项证书

项目类别：河南工学院思想政治工作优秀品牌

项目名称：大学生社会调研活动

负责人：刘奇征

主要参加人：李金花　王一哲　李嘉玮　邢泽林　朱海涛

结项证书号：201801

本项目经审核，准予结项，特发此证。

中共河南工学院委员会

二〇一八年十一月

图1.24 “大学生社会调研活动”被评为2017年度学校思想政治工作优秀品牌

(a)

(b)

图 1.25　指导学生参加竞赛多次获奖

(c)

(d)

2019年河南省大中专学生志愿者
暑期文化科技卫生“三下乡”社会实践活动优秀项目展评
优秀理论成果名单

一等奖

单位	理论成果	负责人	指导老师
河南工学院	乡村振兴战略下美丽乡村建设规划与成效	于世杰	朱海涛

二等奖

单位	理论成果	负责人	指导老师
河南工学院	城乡教育非均衡发展问题调研基于兰考县中小学教师队伍状况调查	于果	刘奇征

(e)

图 1.25 指导学生参加竞赛多次获奖(续)

第2章 以学生为中心的"机器人工程学"混合式教学

机器人学的进步和应用是20世纪自动控制最有说服力的成就，是当代最高意义上的自动化。仅仅花了20年，机器人就从爬行学会了两腿走路，成为直立机器人，而人类从爬行到直立花了上百万年。机器人学作为一门高度交叉的前沿学科，引起许多具有不同专业背景人们的广泛兴趣，并对其深入研究，使其获得了快速发展。

2.1 方案总体设计

本课程以培养"德才兼备、实践应用"的高素质创新型工程人才为目标，以学生为中心进行课程设计，结合地方应用型本科院校实际情况，构建了"以学生为中心的'机器人工程学'混合式教学"育人模式，采用课前学习、课中展示、课后交流提升的三段式教学方法，并在课程中融入思政元素，有效提高了学生的科学素养和动手实践能力，为推进地方本科院校新工科教育提供了参考。

2.1.1 课程的地位

"机器人工程学"是机器人工程专业本科学生的专业必修课。本课程在第四学期开设数学、线性代数等强大的数学功底做基础，有"机器人工程导论""机械基础"扎实的专业理论做前导，同时又为后续开展的"机器人检测技术与传感器""机器视觉与图像处理""机器人系统集成技术"等后续课程提供铺垫。其任务主要是学习机器人学的起源与发展、数理基础、运动学的表示与求解、动力学方程、控制原则和方法、传感器、轨迹规划、程序设计及机器人的应用和展望。通过本课程的学习，使学生掌握机器人运动学方程和动力学方程的表示及求解方法，为后续课程的学习打下良好基础。同时提高学生的自学能力、逻辑推理能力，培养学生的创新精神和综合工程实践能力。但同时，本课程知识面广且内容抽象，理论性强，具有一定的学习难度和教学难度。若是采用传统的教学方法，学生只掌握理论知识而缺乏实际动手操作能力及创新能力，学科之间无法融会贯通，同时单一的考核方式，也会加重学生过分注重理论考试，而一味地追求"试卷高分"，导致机器人领域的本科生毕业后无法直接与社会接轨。

2.1.2 所获荣誉

课程负责人近5年来在开展教学研究、获得教学奖励方面的情况如下：

1. 主持的研究课题

① 河南省高等教育教学改革研究与实践项目:以学生为中心的机器人工程专业教学方法探索与实践(主持);

② 2019 年第二批产学合作协同育人项目:基于创新创业理念的“机器人检测技术与传感器”课程建设(主持);

③ 2020 年第二批产学合作协同育人项目:面向机器人工程专业人才培养的教师实践能力提升培训(主持);

④ 2020 年河南工学院课程思政优秀课程建设立项(校级重点)(主持);

⑤ 河南工学院教师教学创新成长项目:创新思维训练理论教学创新项目(主持);

⑥ 2020 年新乡市社科联重点调研课题:河南省金融支持养老产业发展路径研究(参与);

⑦ 河南工学院教育教学改革研究与实践重点项目:以学生为中心的机器人工程专业教学方法探索与实践(主持);

⑧ 2021 河南省重点研发与推广专项(科技攻关)项目:面向结肠检查的医用磁控主动胶囊机器人数字化诊疗系统关键技术研究(主持);

⑨ 2021 年度河南省重点研发与推广专项(科技攻关)项目:基于磁导航规划的医用机器人非接触方位控制关键技术研究(参与);

⑩ 2020 河南省重点研发与推广专项(科技攻关)项目:工程机械液压驱动多执行机构的运动控制研究(参与);

⑪ 河南省高等学校重点科研项目:空间机械臂的任务及运动规划研究(参与);

⑫ 河南省高等学校重点科研项目:基于未建模动态的高速动车组分布式自适应跟踪控制(参与);

2. 发表的教研论文

① 迟明路,钱晓艳,张建霞,等. MOOC+SPOC 混合式教学在“大学生创新基础”课程中的应用[J]. 南方农机,2019,50(23):137-139.

② 张建霞,万林宾,迟明路,等.“Seminar+新三中心”立体化教学模式的探索与实践:以机器人工程导论课程为例[J]. 南方农机,2020,51(03):126-127+131.

③ 迟明路,钱晓艳,邱亚琴,等.“机器人检测技术与传感器”课程思政案例探析[J]. 现代商贸工业,2020(已录用).

④ 钱晓艳,迟明路,孙金丽,等. 思维导图在西方经济学课程中的实践与应用[J]. 现代商贸工业,2020(已录用).

3. 获得的教学奖励

① 2019 河南省本科高校青年教师课堂教学创新大赛一等奖;

② 2019 河南省教育系统教学技能竞赛(高校工科)一等奖,河南省教学标兵称号;

③ 2019 河南省高校大学生创新创业训练计划项目优秀成果三等奖;

④ 2019 第二届河南高校电工电子基础课程实验教学案例竞赛一等奖;

⑤ 2021 全国仿真教学大赛三等奖;

⑥ 2019 河南工学院第一届教师课堂教学创新比赛一等奖;

⑦ 2020 河南工学院第一届“课程思政”教学创新大赛特等奖；
⑧ 2020 河南工学院教育教学改革创新成长项目一等奖；
⑨ 2019—2020 学年河南工学院校长教学质量奖。

4. 指导学生竞赛获奖

① 2019 第五届河南省大学生机器人竞赛一等奖；
② 2019 第五届河南省大学生机器人竞赛二等奖；
③ 2019“挑战杯”大学生课外学术科技作品竞赛省级三等奖；
④ 2019 全国大学生电子设计竞赛(本科组)河南赛区三等奖；
⑤ 2020 第三届中国高校智能机器人创意大赛三等奖；
⑥ 2021“挑战杯”大学生课外学术科技作品竞赛省级一等奖、二等奖；
⑦ 2021 河南工学院第一届大学生创新教育成果大赛一等奖、二等奖。

5. 指导学生撰写的论文和专利

① 迟明路，任瑞华，等. 一种无线充电自动药物输送小车：中国，201922184499.7[P]. 发明类别：实用新型专利，公开日期：2020,07,21，公开号：CN 211056047U.

② 迟明路，任瑞华，等. 一种厨房墙壁清洗机器人[P]. 发明类别：发明专利，申请日期：2020,10,26，发明专利申请已受理.

③ 李洁，迟明路，等. 一种高层建筑自动擦玻璃系统设计与研究[J]. 南方农机，2020,51(5):45-46.

④ 迟明路，任瑞华，等. 基于动态无线充电的草莓温室大棚自动输送车系统设计[J]. 河南工学院学报，2020,28(5):16-21.

⑤ Minglu Chi, Ruihua Ren, Yaqin Qiu, et al. Reverse Thrust Adsorption Characteristics of a Wall Climbing Robot[C]. 2021 4th International Conference on Intelligent Autonomous Systems (ICoIAS).

2.2 创新内容及实施

2.2.1 课程理论教学内容改革与创新

以了解行业最新发展为前提，以行业研究热点为基础，及时更新教学内容，同时也需要夯实就业需求相关基础知识。目前，“机器人工程学”课程教学过程中的讲授内容多为传统工业串联机器人常见构型、运动学和动力学的相关知识，缺乏对当前各种机器人的新技术、新知识的及时更新。在教学中，充分发挥网络资源优势，结合国内外各大机器人生产商，如：ABB、KUKA、FANUC 等知名机器人生产研发企业，了解机器人发展的最新动向，及时更新教学内容。利用各大技术网站，向行业领航者学习，拓展解决问题的思路和方法，开阔视野。

从多方位、多角度提供资料，资料分为：行业兴趣块、基础知识块、就业必备块，让学生根据自己的需求选择。夯实基础知识，为学生未来就业和读研深造做准备。

1. 学习通资料

图 2.1 和图 2.2 所示为学习通资料库中部分文件截图。

图 2.1 学习通资料库内容

(a)

(b)

图 2.2 学习通资料——前沿科技与最新文献

2. 学生论文参看反馈

图 2.3 所示为学生参看学习通资料库中最新文献后的提问反馈情况截图。

图 2.3　学生参看学习通资料库后的提问反馈情况

2.2.2　教学模式创新

教师运用现代信息技术，采用翻转课堂、充分利用学习通，发挥网络资源优势，开展线上线下混合式教学。

1. 线上授课

图 2.4～图 2.6 为教师运用学习通平台开展线上授课时的平台界面截图。

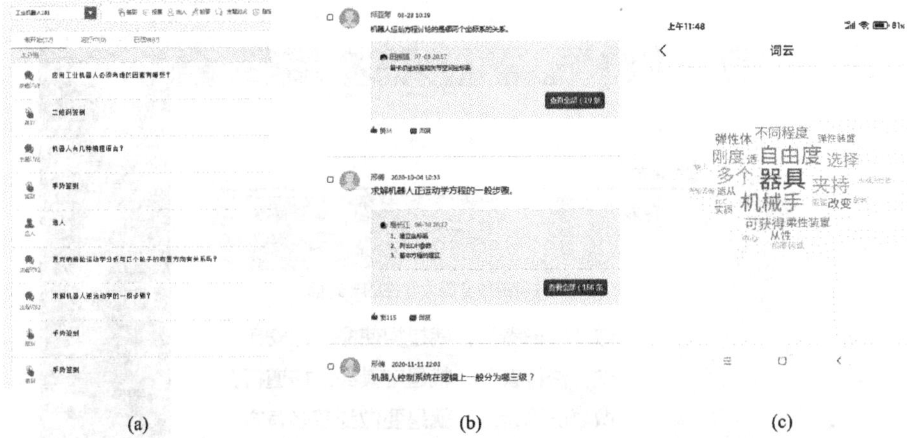

(a)　　(b)　　(c)

图 2.4　学习通签到、讨论、词云内容

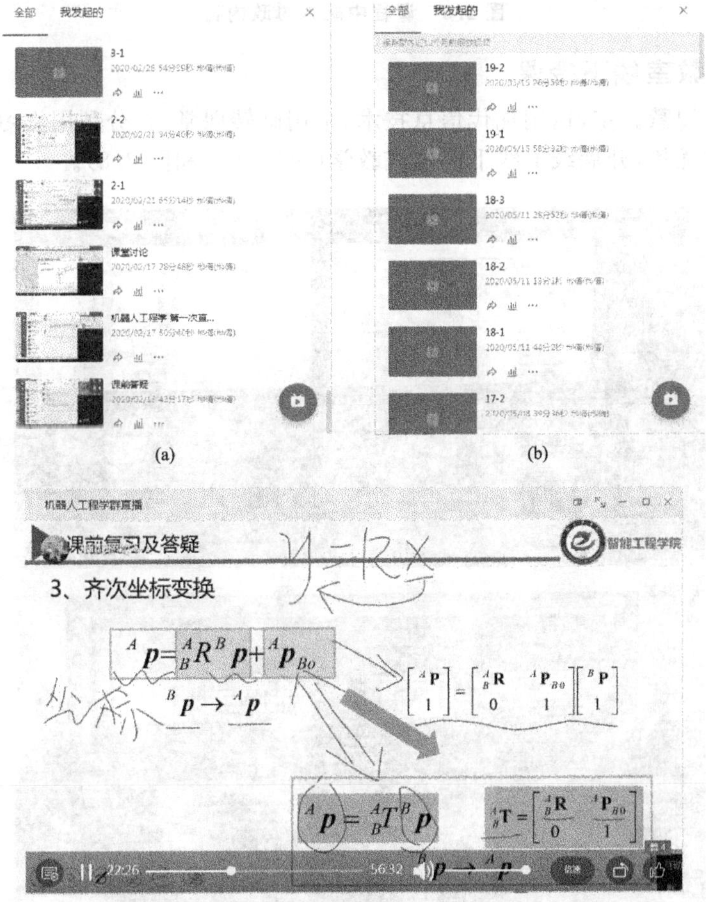

(a)　　(b)

(c)

图 2.5　线上授课内容

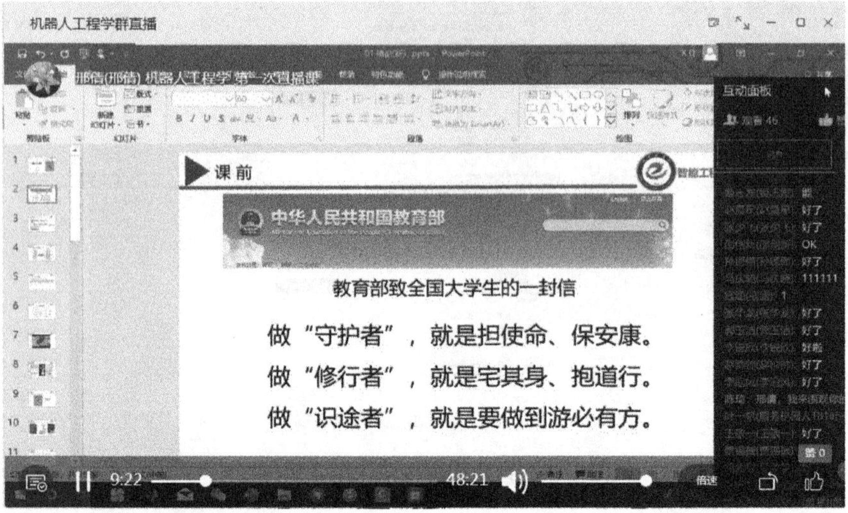

图 2.6　课程中融入思政内容

2. 智慧教室线下授课

教师依托智慧教室，运用现代信息技术，采用翻转课堂、充分利用学习通和雨课堂，发挥网络资源优势，开展线上线下混合式教学（见图 2.7 和图 2.8）。

图 2.7　智慧教室互动授课

图 2.7 智慧教室互动授课(续)

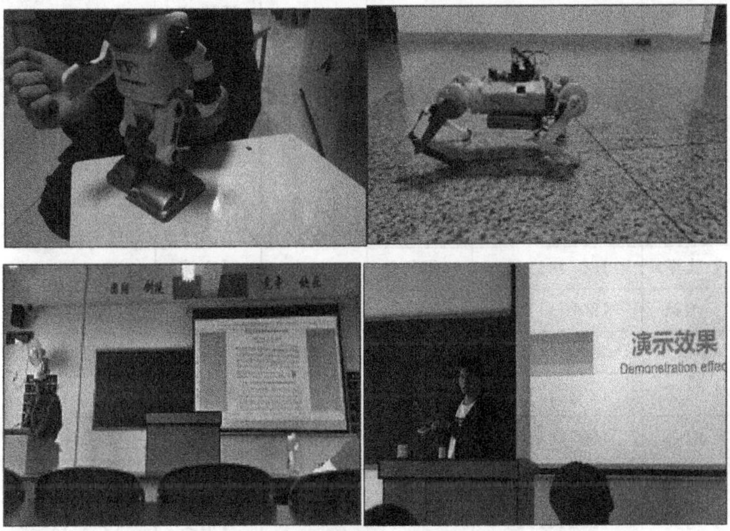

图 2.8 学生分享论文和展示作品

2.2.3 教学方式、方法与手段创新

教师将项目教学与任务驱动教学法相结合，以项目为导向，充分发挥小组内动力。教师以问题为导向，将项目教学与任务驱动相结合，逐级剖析问题，引导学生思考在项目中需要的知识，主动去挖掘、探索。例如：机器人如何将螺栓拧入螺母中这样一项简单的工作？机器人必须规划出每个关节的运动过程和运动轨迹，而这样的轨迹是相对于每个关节所对应的坐标系而言的。除此之外，还需要为工件和周围环境定义出坐标系统。同时，开展“小组内协作、组外比赛”活动，充分发挥小组内动力。

1. 小组分组情况表

表 2.1 所列为教学过程中的小组分组情况。图 2.9 所示为学生分享论文方案和评分规则。

表 2.1　小组分组

服务机器人 181 班分组情况							
组　别	姓　名	学　号		组　别	姓　名	学　号	
第一组	裴玲茹	1802441101		第四组	许嘉盼	1802441125	
	茹科瑜	1802441102			李追风	1802441126	
	韩梦龙	1802441103			任洋	1802441127	
	郭玉洁	1802441104			寇涵	1802441128	
	叶一帆	1802441105			王敬一	1802441129	
	邵创新	1802441106	组长		姬志发	1802441130	
	李锐欣	1802441107			梅云龙	1802441131	组长
第二组	陈逸博	1802441108		第五组	袁朝	1802441132	
	关子奕	1802441109			潘锋雨	1802441133	
	宋紫琼	1802441110			马庆晓	1802441134	
	胡丛林	1802441112	组长		张少飞	1802441135	
	赵晨星	1802441114			赵帅帅	1802441136	
	陈琦	1802441115			屈孟雯	1802441137	
	屈雪鑫	1802441116			张华龙	1802441138	组长
第三组	朱欣洋	1802441117	组长	第六组	时文涛	1802441139	
	王龙骁	1802441118			孙锶僮	1802441140	
	李倩	1802441120			贾锡振	1802441141	
	孙明烨	1802441121			黄雯萧	1802441142	
	陈珂心	1802441122			冯少杰	1802441143	
	董白杨	1802441123			刘玉龙	1802441144	组长
	李光笑	1802441124			马怡旻	1802441145	

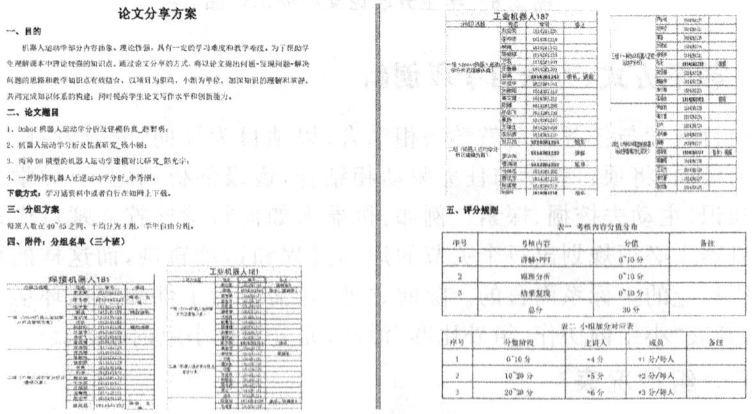
论文分享方案

一、目的

机器人运动学部分内容抽象、理论性强，具有一定的学习难度和教学难度。为了帮助学生理解课本中理论较强的知识点，通过论文分享的方式，将以论文提出问题-发现问题-解决问题的思路和教学知识点有效结合，以项目为驱动，小组为单位，加深知识的理解和掌握，共同完成知识体系的构建；同时提高学生论文写作水平和创新能力。

二、论文题目

1、Dobot 机器人运动学分析及建模仿真_赵智勇；

2、机器人运动学分析及仿真研究_钱小丽；

3、两种 DH 模型的机器人运动学建模对比研究_彭光宇；

4、一种协作机器人正逆运动学分析_李秀娟。

下载方式：学习通资料中或者自行在知网上下载。

三、分组方案

每班人数在 40~45 之间，平均分为 4 组，学生自由分组。

四、附件：分组名单（三个班）

焊接机器人181

工业机器人181

工业机器人182

五、评分规则

表一 考核内容分值分布

序号	考核内容	分值	备注
1	讲解+PPT	0~10 分	
2	原理分析	0~10 分	
3	结果复现	0~10 分	
	总分	30 分	

表二 小组加分对应表

序号	分数阶段	主讲人	成员	备注
1	0~10 分	+4 分	+1 分/每人	
2	10~20 分	+5 分	+2 分/每人	
3	20~30 分	+6 分	+3 分/每人	

(a)　　　　(b)

图 2.9　学生分享论文方案和评分规则

2. 线下小组汇报作品

课前小组成员集体研究制订方案(见图 2.10)。

图 2.10　学生团队共同研究方案

课中各组以个人或团队的形式上台展示、分享、汇报相应任务(见图 2.11～图 2.13)。

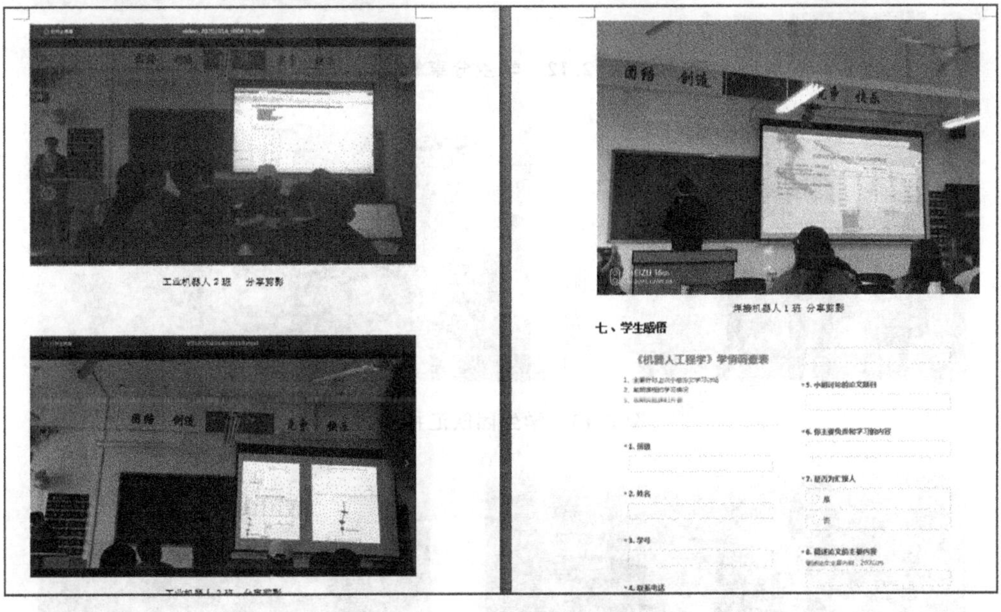

图 2.11　学生课上展示课前任务

课后修改提升汇报的作品,为将来参加比赛做足准备(见图 2.14)。

3. 线上小组习题讲解

学习通过学习通平台汇报任务(见图 2.15)。

4. 各小组知识分享

学生通过学习通平台课上汇报任务,课后展示交流任务(见图 2.16)。

笔记分享方案

一、目的

机器人运动学部分内容抽象，理论性强，具有一定的学习难度和教学难度。为了帮助学生理解课本中理论较强的知识点，通过论文分享的方式，将以论文提出问题-发现问题-解决问题的思路和教学知识点有效结合，以项目为驱动，小组为单位，加深知识的理解和掌握，共同完成知识体系的构建；同时提高学生论文写作水平和创新能力。

二、论文题目

1、Dobot 机器人运动学分析及建模仿真_赵智勇；

2、机器人运动学分析及仿真研究_钱小娟；

3、两种 DH 模型的机器人运动学建模对比研究_彭光宁；

4、一种协作机器人正逆运动学分析_李秀刚。

下载方式：学习通资料中或者自行在知网上下载。

三、分组方案

每班人数在 40~45 之间，平均分为 4 组，学生自由分组。

四、附件：分组名单（三个班）

要求：

1、选取范围：在第 2—7 章中任意选取一章；

2、总结呈现方式：手写、打印、思维导图、视频等都可；

3、知识呈现要求：知识点全面、精炼、有拓展度；

评分规则：

1、首先进行小组内评分，推选出 2 名同学的笔记分享内容；（4 分）

2、然后由小组推选的人员（2 名）参加班级内外的评比（三个班一起）。

3、最后在工业机器人 181 班、182 班、焊接机器人 181 班产生前 10 名同学，供大家参考学习。（5 分）

注：参与比赛且没有推选参加班级内外比赛的同学：2 分

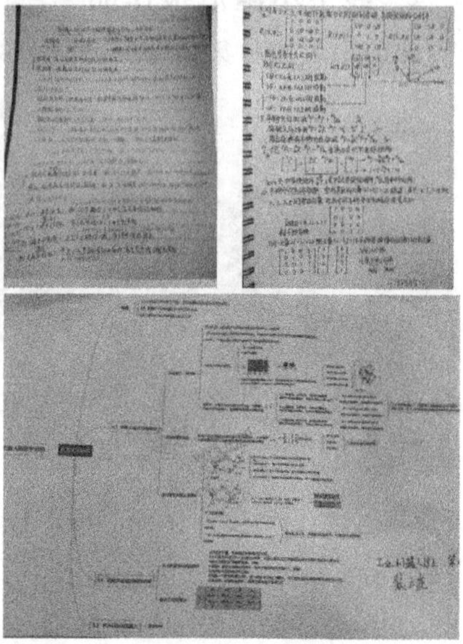

图 2.12　学生分享笔记

图 2.13　学生团队汇报互动

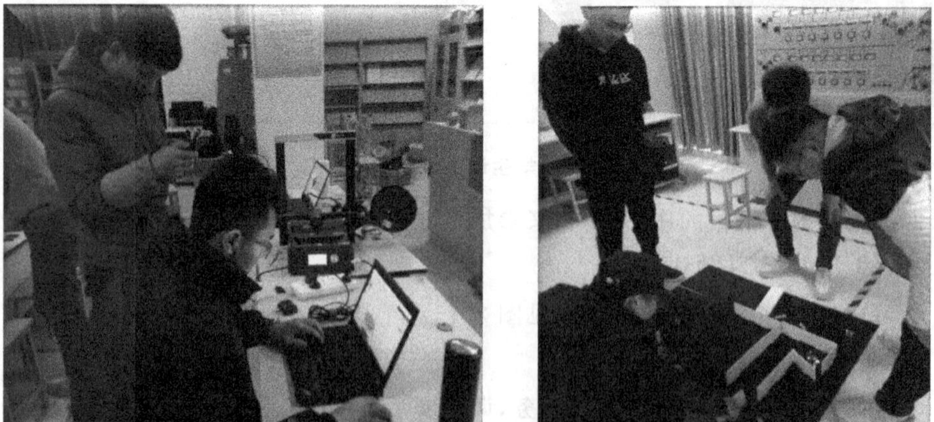

图 2.14　学生团队课后共同改进作品

序号	文件名	上传者	大小	创建日期	操作
	第二组.mp4	邢倩	130MB	2020-04-11	
	第三组题目讲解.mp4	邢倩	104MB	2020-04-11	
	第四组.mp4	邢倩	63MB	2020-04-11	
	第一组.mp4	邢倩	109MB	2020-04-11	
	李追风直播.mp4	邢倩	19MB	2020-04-11	
	孙思童直播.mp4	邢倩	16MB	2020-04-11	
	王龙骁直播.mp4	邢倩	24MB	2020-04-11	
	孙思童直播笔记.jpg	邢倩	232KB	2020-04-11	
	王龙骁直播笔记.jpg	邢倩	9MB	2020-04-11	
	服务机器人181班分组情况.pdf	邢倩	50KB	2020-04-12	

全选　批量删除　批量下载　批量移动

图 2.15　学生线上汇报任务

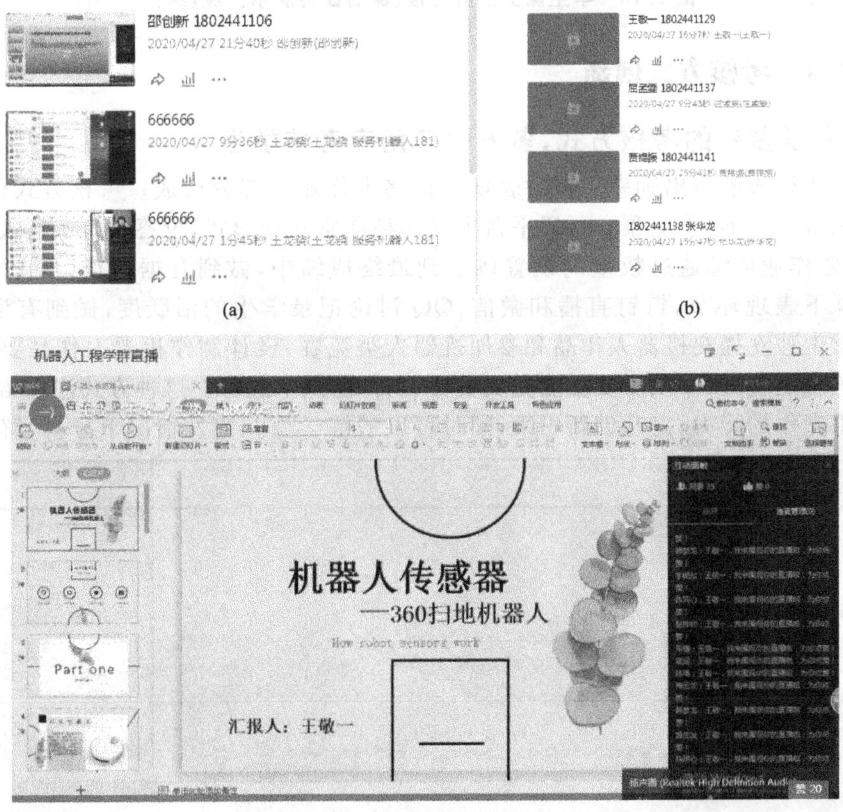

图 2.16　学生课上任务汇报、课后任务展示交流

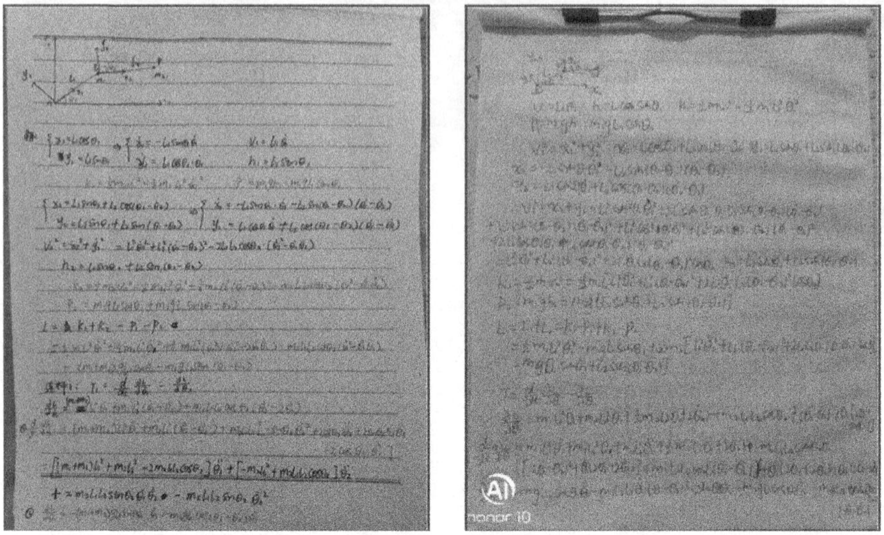

(d)

图 2.16　学生课上任务汇报、课后任务展示交流(续)

2.2.4　考核方式创新

1. 科学多样的考核方式，多方位多角度考核学生

传统考核成绩由出勤率＋平时表现＋最终大作业三部分构成。考核方式创新后，细化每项考核标准：①泛雅学习通平台提供多种课堂互动形式，抢答、测试、选人回答问题等，课堂作业成绩通过权重的设置体现到最终成绩中，做到有据可查(见图 2.17)；②设置课下表现环节，钉钉直播和微信、QQ 讨论记录学生的活跃度，做到有证可依；③鼓励学生独立提交机器人作品和参加机器人类竞赛，设计制作机器人作品要求学生有很好的理论基础，学生需要独立完成设计、制作的整个过程。这种方式注重培养学生实际动手操作的能力，提升创新思维，同时可以锻炼学生在突发情况下分析、解决问题的能力(见图 2.18)。

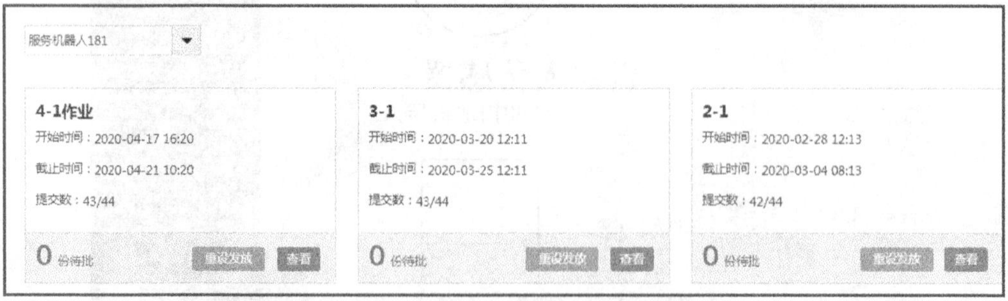

图 2.17　作业库部分作业

序号	学生姓名	学号/工号	课程视频（15%）	章节学习次数（5%）	讨论（5%）	作业（20%）	考试（30%）	课堂互动（5%）	综合成绩
1	裴玲茹	1802441101	15.0	2.6	0.0	18.44	25.95	0.05	62.04
2	[illegible]	1802441102	15.0	1.62	0.0	14.02	23.7	0.0	54.34
3	韩梦龙	1802441103	15.0	3.88	0.0	18.01	26.4	0.13	63.42
4	郭玉酒	1802441104	15.0	3.12	0.0	18.04	27.6	0.0	63.76
5	叶一帆	1802441105	15.0	2.65	0.0	17.45	23.7	0.05	58.85
6	邵创新	1802441106	15.0	5.0	2.35	19.44	28.65	0.13	70.57
7	李帆欣	1802441107	15.0	3.33	0.0	19.04	23.4	0.0	60.77
8	陈逸博	1802441108	15.0	5.0	0.0	18.05	26.25	0.13	64.43
9	关子D	1802441109	11.9	1.5	0.0	14.04	25.35	0.05	52.84
10	宋紫瑋	1802441110	15.0	2.05	0.0	18.88	26.85	0.0	62.78
11	胡丛林	1802441112	15.0	5.0	1.65	18.73	27.3	0.13	67.81
12	赵晨星	1802441114	15.0	3.17	0.4	18.63	28.95	0.13	66.28
13	陈琦	1802441115	15.0	3.98	0.3	17.39	26.25	0.08	63.0
14	屈蕾鑫	1802441116	15.0	5.0	0.0	16.48	23.4	0.0	59.88

(a)

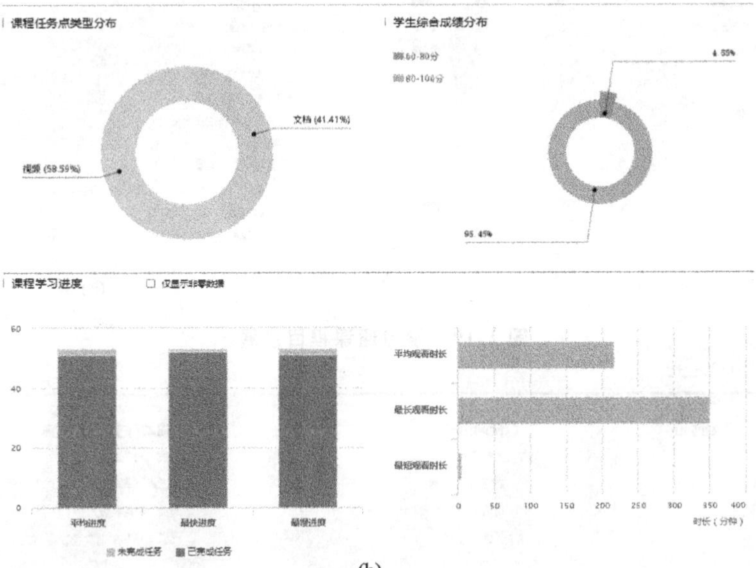

(b)

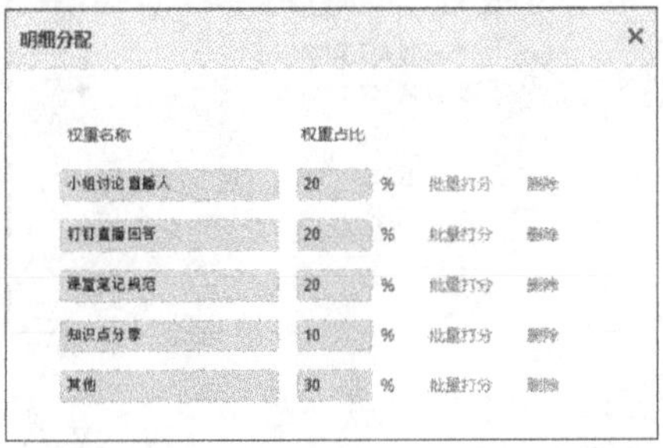

(c)

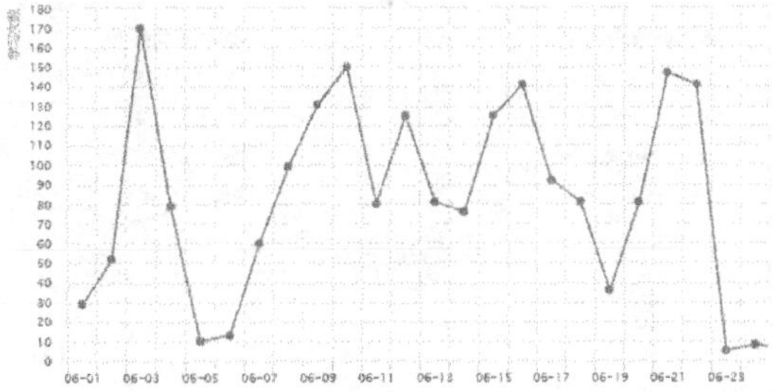

(d)

图 2.18　学习通课程任务统计

2.2.5 线上资源建设

图 2.19 所示为学习通部分课程目录。图 2.20 所示为学习通作业库截图。图 2.21 所示为学习通资料库截图。

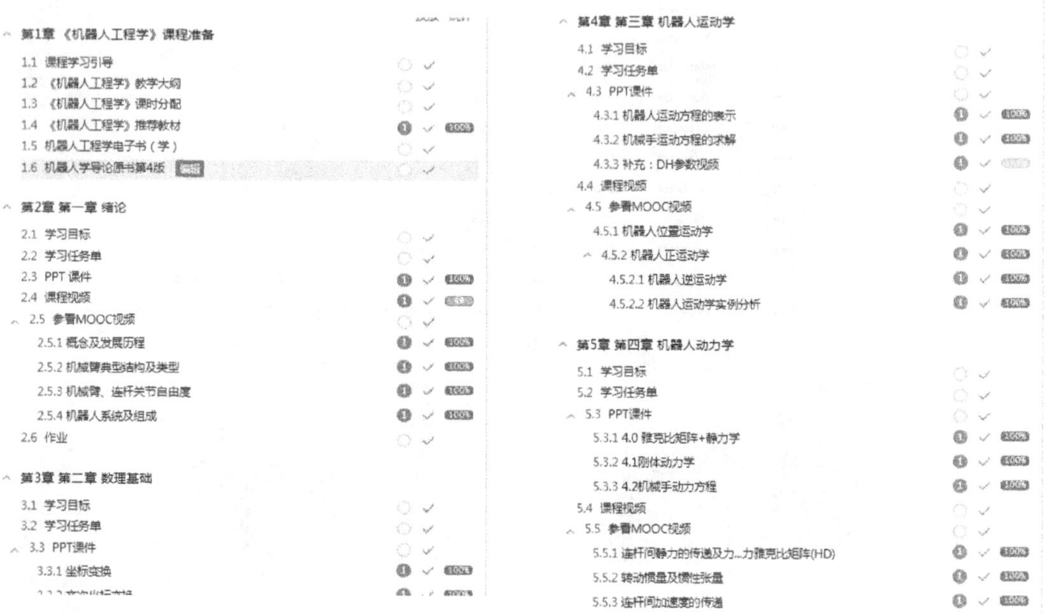

(a) (b)

图 2.19 学习通课程目录展示

(a)

图 2.20 学习通作业库

预习通知

邢倩　04-11 23:59　已读：31/44

1、请大家结合上节课讲解的知识点预习牛顿-欧拉动力学建模方法
2、对比拉格朗日建模，找出两种建模的区别以及优缺点
请各位同学一定坚持分析-计算-完成一个简单的建模过程！
你一定会有很大的收货！
你值得拥有这种喜悦感！

(b)

作业3-1批改反馈通知

邢倩　04-23 12:06　已读：30/44

请大家注意以下细节：
1、注意关节角和初始角的区别；
2、DH参数表中应表示关节角度，初始角度可以特例标注
如：theta(90°)；
3、不要上传word，有时候打不开；
4、每个题的答案分开上传。

(c)

图 2.20　学习通作业库(续)

根目录 > 01 参考电子书

序号	文件名	上传者	大小	创建日期
	01 机器人动力学与控制_11377011.pdf	邢倩	7MB	2020-02-09
	02 机器人建模和控制_14077224.pdf	邢倩	61MB	2020-02-09
	04 机器人控制系统的设计与MATLAB仿真 先进设计方法 = ROBOT CONTROL SY...	邢倩	66MB	2020-02-09
	10 视觉SLAM十四讲 从理论到实践.pdf	邢倩	59MB	2020-02-09
	13 机器人传感器及其信息融合技术_14096900(1).pdf	邢倩	58MB	2020-02-09
	03 机器人控制系统的设计与 基本设计方法=Robot control system design...	邢倩	38MB	2020-02-09

(a)

根目录 > 03 习题程序

序号	文件名	上传者	大小	创建日期
	li2.1-2.2.m	邢倩	746B	2020-03-03
	例2.1例题讲解.pdf	邢倩	132KB	2020-03-03
	DH.m	邢倩	830B	2020-03-30
	d.m	邢倩	3KB	2020-03-30
	donglixue.m	邢倩	2KB	2020-04-12
	niyundong.m	邢倩	335B	2020-04-12

(b)

图 2.21　学习通资料库

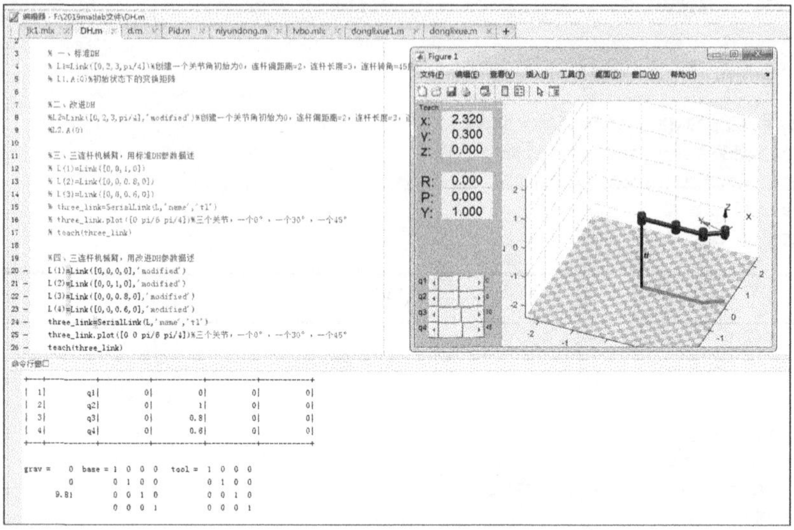

(c)

图 2.21　学习通资料库(续)

2.2.6　其他教学创新

教学大纲、教学进度表中均有各教学创新相关内容，并融入课程思政元素，如图 2.22 所示。

二、课程教学目标

1.知识目标

（1）学习机器人学的起源与发展，了解机器人的发展史；

（2）掌握机器人运动中的数理基础、运动学和动力学的表示及求解；

（3）学习机器人系统的控制原则与方法、程序设计等。

2.能力目标

培养学生的科学思维能力、分析计算能力、科学归纳能力、运用机器人学的理论知识分析和解决工程实际问题的能力，具备机器人结构分析、运动控制、传感器技术和智能控制等专业知识，能够适应不断变化的工作需求，并具有独立解决问题的能力。

3.素质目标

（1）培养学生的科学思维、创新意识与学术素养；

（2）培养学生的团队协作意识，大胆探索、勇于创新的精神；

（3）培养学生知行合一、勇于实践的奋斗者精神；

（4）培养学生具有爱国情怀，把知识用于社会主义现代化建设的伟大实践中，加速我国从制造大国向智造强国转变的进程。

图 2.22　教学大纲中体现思政内容

课程团队定期开展集体备课、研讨思政案例等活动，并邀请学院领导和思政专家座谈传授经验，如图2.23所示。图2.24所示为健全后的课程思政实施方案。

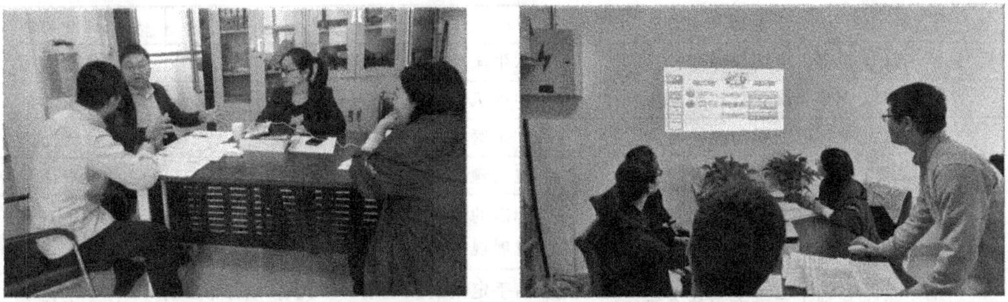

图2.23 课程团队定期开展集体备课、研讨思政案例

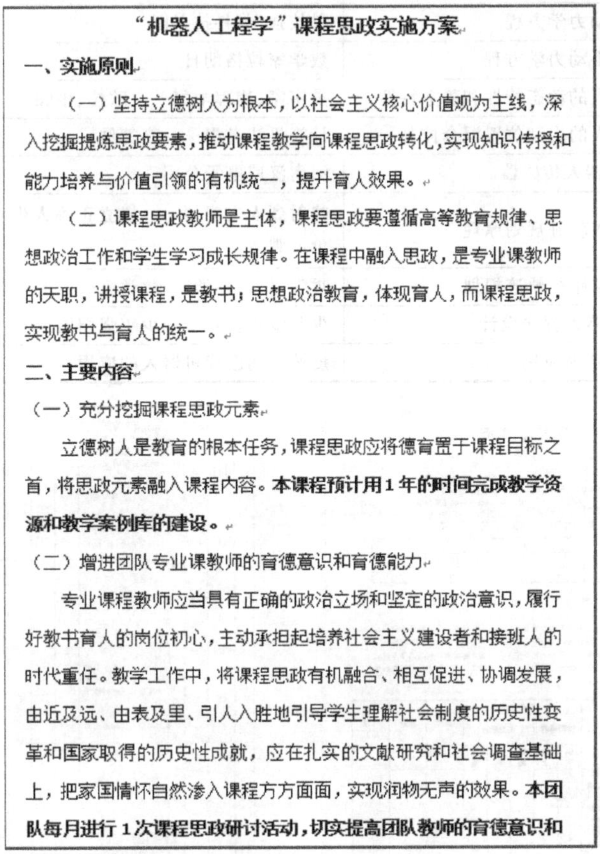

"机器人工程学"课程思政实施方案

一、实施原则

（一）坚持立德树人为根本，以社会主义核心价值观为主线，深入挖掘提炼思政要素，推动课程教学向课程思政转化，实现知识传授和能力培养与价值引领的有机统一，提升育人效果。

（二）课程思政教师是主体，课程思政要遵循高等教育规律、思想政治工作和学生学习成长规律。在课程中融入思政，是专业课教师的天职，讲授课程，是教书；思想政治教育，体现育人，而课程思政，实现教书与育人的统一。

二、主要内容

（一）充分挖掘课程思政元素

立德树人是教育的根本任务，课程思政应将德育置于课程目标之首，将思政元素融入课程内容。**本课程预计用1年的时间完成教学资源和教学案例库的建设。**

（二）增进团队专业课教师的育德意识和育德能力

专业课程教师应当具有正确的政治立场和坚定的政治意识，履行好教书育人的岗位初心，主动承担起培养社会主义建设者和接班人的时代重任。教学工作中，将课程思政有机融合、相互促进、协调发展，由近及远、由表及里、引人入胜地引导学生理解社会制度的历史性变革和国家取得的历史性成就，应在扎实的文献研究和社会调查基础上，把家国情怀自然渗入课程方方面面，实现润物无声的效果。**本团队每月进行1次课程思政研讨活动，切实提高团队教师的育德意识和**

图2.24 健全后的课程思政实施方案

通过对机器人运动学、动力学的学习与实践，提高学生的创新能力和学习的主动性，树立科学的世界观、价值观与人生观，注重强化学生工程伦理教育，培养学生精益求精的大国工匠精神，激发学生科技报国的家国情怀和使命担当。课程团队深入分析专业课特点，挖掘了16个思政元素，如表2.2所列。图2.25所示为教学日历中的线上内容安排情况。

表 2.2 全课程思政元素分布情况

序　号	专业课知识点	思政映射融入点	思政属性类别
1	1.1 机器人学的起源与发展	木牛流马——我国最早的机器人	文化自信
2	2.2 平移与旋转齐次坐标变换	中国机器人之父——蒋新松院士	爱国情怀
3	2.3 物体的变换与变换方程	广东医院机器人"平平""安安"	社会责任
4	3.1 机器人运动方程表示	波士顿动力公司	社会责任
5	3.2 机器人运动方程的求解(1)	标准的和改进的 D-H 建模反应事物发展规律	社会责任
6	3.2 机器人运动方程的求解(2)	右手定则的发现省——约翰·安布罗斯·弗莱朗	社会责任
7	3.3 机器人运动的分析与综合举例	中国工程院院士王振义	爱国情怀
8	4.1 刚体动力学方程	科技强国、科技兴国	工匠精神
9	4.2 机械手动力学方程	数学家拉格朗日	人文精神
10	4.3 机器人的动态特性和静态特性	数字家、物理学家——欧拉、牛顿	人文精神
11	5.3 机器人的力和位置混合控制	计算机法鼻祖——高德纳	社会责任
12	第 6 章机器人传感器	河南汉威电子公司	社会责任
13	7.1 机器人轨迹规划原理	映射到人生规划——树立正确人生观、价值观	社会责任
14	7.3 笛卡尔路径轨迹规划	哲学家、物理学家、数学家——笛卡尔	社会责任
15	第 8 章机器人程序设计	少儿编程教育——少年强则国强	文化自信
16	第 9 章机器人应用	疫情期间医疗机器人的应用	社会责任

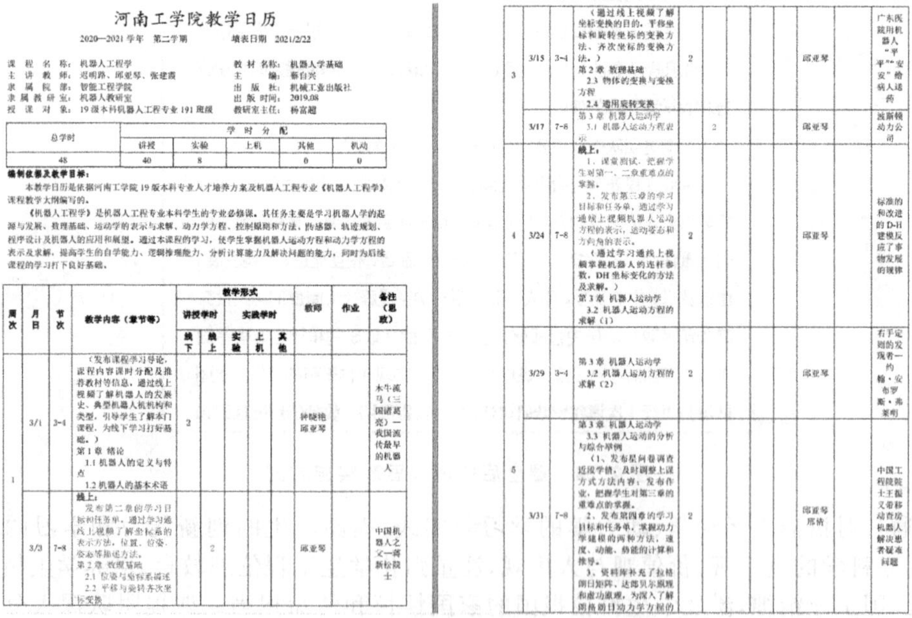

河南工学院教学日历

2020—2021 学年　第二学期　　填表日期　2021/2/22

课 程 名 称：机器人工程学　　教 材 名称：机器人学基础
主 讲 教 师：迟明路、邱亚琴、张建霞　　主　　编：蔡自兴
隶 属 院 部：智能工程学院　　出 版 社：机械工业出版社
隶 属 教 研 室：机器人教研室　　出 版 时间：2019.08
授 课 对 象：19 级本科机器人工程专业 191 班级　　教研室主任：杨富超

总学时	学时分配				
	讲授	实验	上机	其他	机动
48	40	8		0	0

编制依据及教学目标：

本教学日历是依据河南工学院 19 版本科专业人才培养方案及机器人工程专业《机器人工程学》课程教学大纲编写的。

《机器人工程学》是机器人工程专业本科学生的专业必修课。其任务主要是学习机器人学的起源与发展、数理基础、运动学的表示与求解、动力学方程、控制原则和方法、传感器、轨迹规划、程序设计及机器人的应用和展望。通过本课程的学习，使学生掌握机器人运动方程和动力学方程的表示及求解，提高学生的自学能力、逻辑推理能力、分析计算能力及解决问题的能力，同时为后续课程的学习打下良好基础。

周次	月日	节次	教学内容（章节等）	教学形式：讲授学时：线下	讲授学时：线上	实践学时：实验	实践学时：上机	实践学时：其他	教师	作业	备注（思政）
1	3/1	3-4	（发布课程学习导论，课程内容课时分配及推荐教材等信息，通过线上视频了解机器人的发展史、典型机器人机构和类型，引导学生了解本门课程，为线下学习打好基础。）第 1 章 绪论 1.1 机器人的定义与特点 1.2 机器人的基本术语	2					钟晓艳 邱亚琴		木牛流马（三国诸葛亮）—我国流传最早的机器人
	3/3	7-8	线上：发布第二章的学习目标和任务单，通过学习通线上视频了解坐标系的表示方法，位置、位姿、姿态等描述方法。第 2 章 数理基础 2.1 位姿与坐标系描述 2.2 平移与旋转齐次坐标变换		2				邱亚琴		中国机器人之父—蒋新松院士
3	3/15	3-4	（通过线上视频了解坐标变换的目的，平移坐标和旋转坐标的变换方法、齐次坐标的变换方法。）第 2 章 数理基础 2.3 物体的变换与变换方程 2.4 通用旋转变换	2					邱亚琴		广东医院用机器人"平平""安安"给病人送药
	3/17	7-8	第 3 章 机器人运动学 3.1 机器人运动方程表示		2				邱亚琴		波斯顿动力公司
4	3/24	7-8	线上：1、课堂测试，把握学生对第一、二章重难点的掌握。2、发布第三章的学习目标和任务单，通过学习通线上视频机器人运动方程的表示，运动姿态和方向角的表示。（通过学习通线上视频掌握机器人的连杆参数，DH 坐标变化的方法及求解。）第 3 章 机器人运动学 3.2 机器人运动方程的求解（1）	2					邱亚琴		标准的和改进的 D-H 建模反应了事物发展的规律
5	3/29	3-4	第 3 章 机器人运动学 3.2 机器人运动方程的求解（2）	2					邱亚琴		右手定则的发现者—约翰·安布罗斯·弗莱明
	3/31	7-8	第 3 章 机器人运动学 3.3 机器人运动的分析与综合举例（1、发布星问卷调查近段学情，及时调整上课方式方法内容；发布作业，把握学生对第三章的重难点的掌握。2、发布第四章的学习目标和任务单，掌握动力学建模的两种方法，速度、动能、势能的计算和推导。3、资料库补充了拉格朗日矩阵，达朗贝尔原理和虚功原理，为深入了解朗格朗日动力学方程的	2					邱亚琴 邢倩		中国工程院院士王振义带移动查房机器人解决患者疑难问题

图 2.25 教学日历中的线上内容安排

教案中各章节均有创新相关内容，如图 2.26 所示。

第 4 讲课程教学教案

授课班级	机器人工程	课时数	2
教学章节	第三章 机器人运动学（1）		
教学目标和要求	（1）了解运动姿态和方向角、运动位置和坐标及连杆变换矩阵； （2）掌握三种不同机械手运动方程的求解方法； （3）理解 PUMA 560 机器人运动方程。		
教学重点	机器人运动方程的表示；机械手运动方程的求解。		
教学难点	机械手运动方程的求解。		
主要教学方式	✓ 课堂讲授　小组活动　实验演示　✓ 难点答疑　✓ 提问 ✓ 作业讲评　实践教学　考试测验　✓ 其他活动		
使用媒体资源	✓ 文字教材　✓ 电子教案　✓ 录像材料　录音材料 直播课堂　✓ CAI 课件　IP 课件　✓ 其他资源		
作业或练习			
教学内容	**问题导入：** 机器人如何螺栓拧入螺母这样一项简单的工作？ 3.0 机器人运动学 注意：运动学处理运动的几何学以及与时间有关的量，而不考虑引起运动的力。 ➢ 根据关节变量求手部位姿的位置运动学正问题； ➢ 根据手部位姿求关节变量的位置运动学逆问题，又称为手臂解。 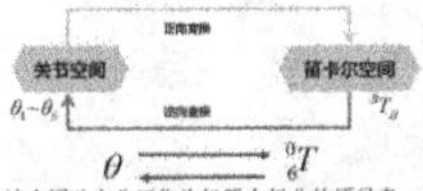 ➢ **思政元素：** 波士顿动力公司作为机器人行业的领导者，从最初的第一代 Atlas 机器人，到现在种类繁多的各种机器人，靠的就是**量变到质变的一点一滴的技术积累，不积跬步无以至千里。同学们也要脚踏实地的积累机**器人相关知识，待毕业时实现质的飞跃。 3.1 运动姿态和方向角 ➢ 机械手的运动方向 ➢ 旋转序列表示运动姿态		

第 5 讲课程教学教案

授课班级	机器人工程	课时数	2
教学章节	第三章 机器人运动学（2）		
教学目标和要求	（1）了解运动姿态和方向角、运动位置和坐标及连杆变换矩阵； （2）掌握三种不同机械手运动方程的求解方法； （3）理解 PUMA 560 机器人运动方程。		
教学重点	机械手运动方程的表示与求解		
教学难点	机器人连杆参数及其 D-H 坐标变换		
主要教学方式	✓ 课堂讲授　小组活动　实验演示　✓ 难点答疑　✓ 提问 ✓ 作业讲评　实践教学　考试测验　✓ 其他活动		
使用媒体资源	✓ 文字教材　✓ 电子教案　✓ 录像材料　录音材料 直播课堂　✓ CAI 课件　IP 课件　✓ 其他资源		
作业或练习			
教学内容	3.2 机器人运动方程的表示 $T=\begin{bmatrix} n_x & o_x & a_x & p_x \\ n_y & o_y & a_y & p_y \\ n_z & o_z & a_z & p_z \\ 0 & 0 & 0 & 1 \end{bmatrix}$ 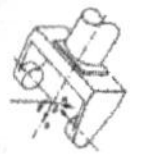 3.2.1 机械手的运动方向 3.2.2 旋转序列表示运动姿态 机械手的运动姿态往往由一个绕轴 x，y 和 z 的旋转序列来规定。这种转角的序列，称为转角排列设定法（欧拉（Euler）角和固定角）。 **有效的 12 种固定角设定法和 12 种欧拉角设定法** （1）X-Y-Z 固定角：$R=rotz(\alpha)roty(\beta)rotx(\gamma)$ （2）Z-Y-X 欧拉角：$R=rotz(\alpha)roty(\beta)rotx(\gamma)$ （3）Z-Y-Z 欧拉角：$R=rotz(\alpha)roty(\beta)rotz(\gamma)$ **总结：三次绕固定轴（X-Y-Z 固定角）旋转和按照相反顺序绕运动轴（Z-Y-X 欧拉角）旋转得到的最终姿态是相同的。** **思政元素：** 约翰·安布罗斯·弗莱明是英国电机工程师、物理学家，以发现物理电磁学中使用的左手定则、发明二极管（真空管）而闻名。**通过这些问题，目的是为了让学生发现问题时找出问题的原因和解决方法，使学生明白精益求精、坚持不懈的大国工匠精神。**		

图 2.26　课程教案体现课前、课中、课后内容并融合思政元素

课件关注并体现机器人前沿科技，如图 2.27 所示。

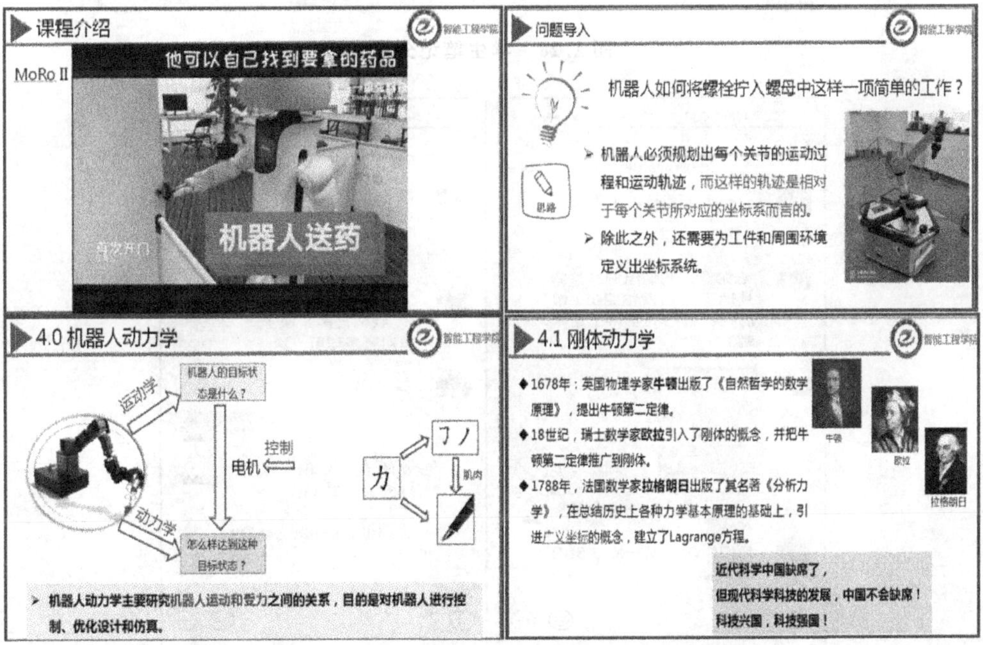

图 2.27　授课课件与前沿科技联系紧密

2.2.7 创新成果

① 通过网络资源和板块资料多方位多维度的知识网，在夯实基础的同时，提升学生的综合能力。

② 项目教学，小组内协作、组外比赛相结合，提升学生独立工作和团队协作能力（见图 2.28 和图 2.29）。

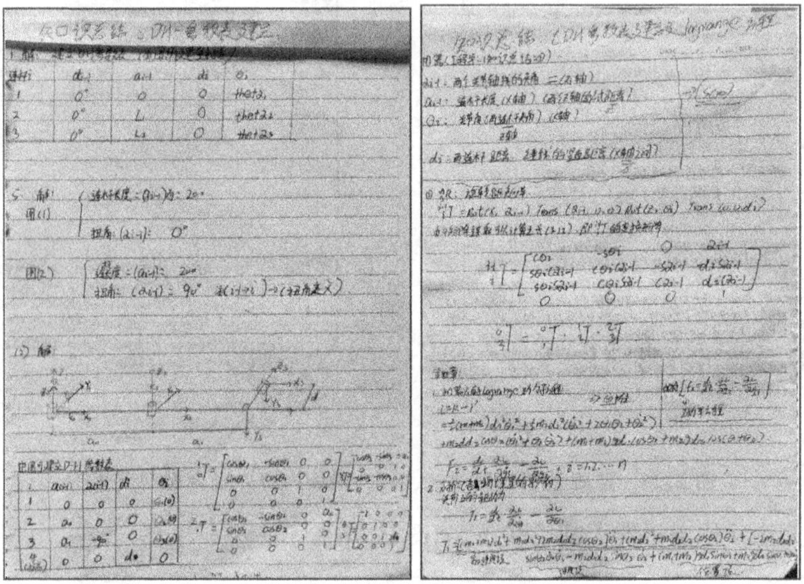

图 2.28 学生笔记分享

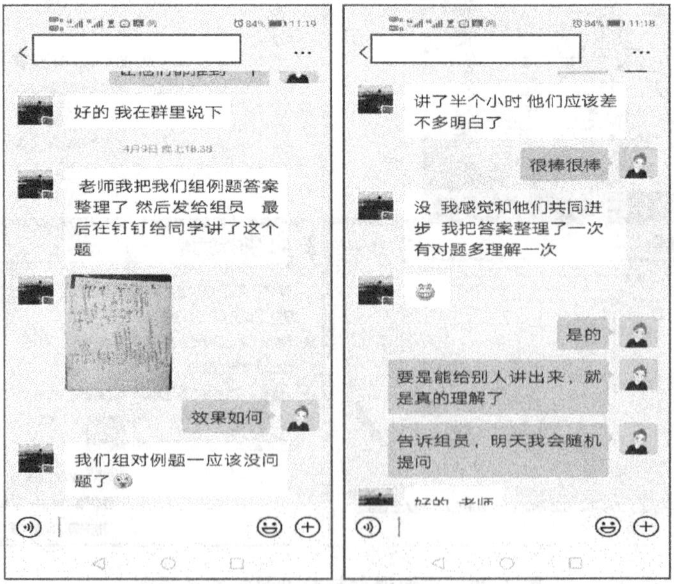

图 2.29 课后交流分享感受

③ 多方位多角度考核学生，提升学生自我提高的驱动力（见图 2.30 和图 2.31）。同时，激发学生参加各类比赛的兴趣（见图 2.32～图 2.34 和表 2.3）。

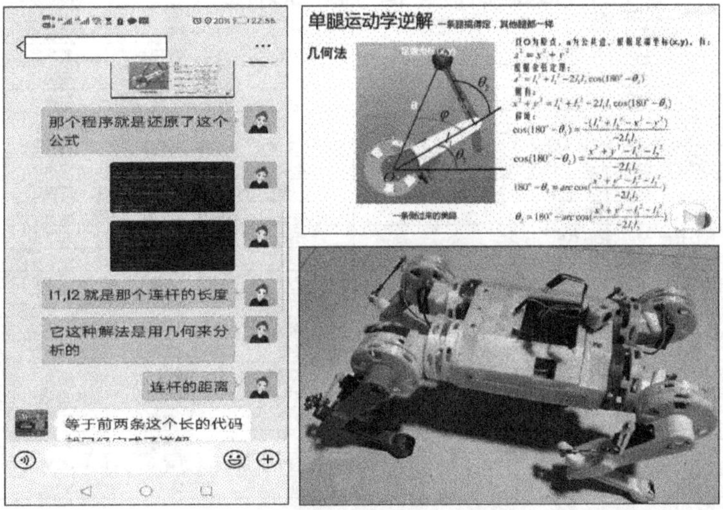

图 2.30　课后作品制作分享

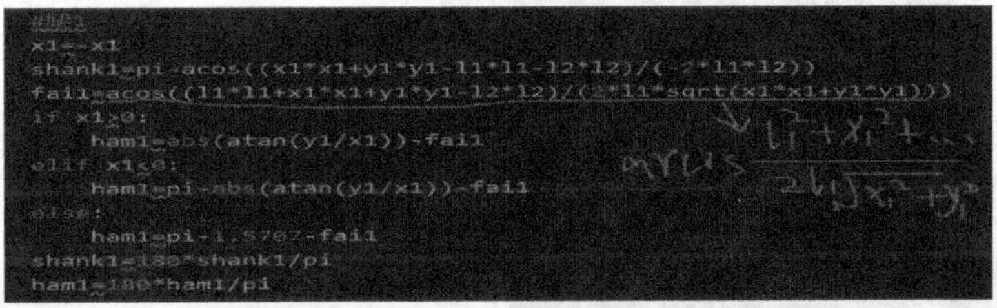

图 2.31　课中 MATLAB 代码解析

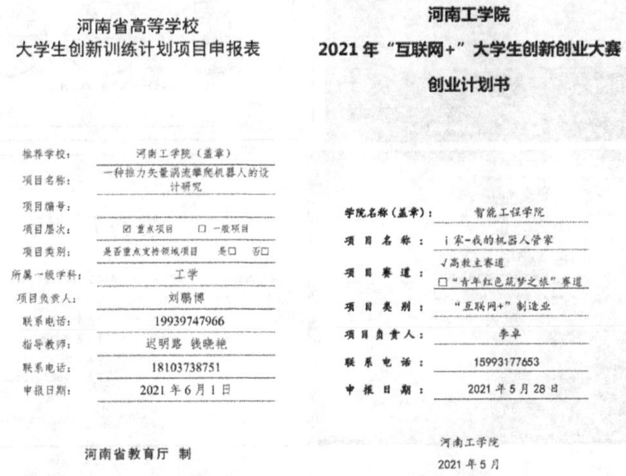

河南省高等学校
大学生创新训练计划项目申报表

推荐学校：	河南工学院（盖章）
项目名称：	一种推力矢量涡流攀爬机器人的设计研究
项目编号：	
项目层次：	☑ 重点项目　□ 一般项目
项目类别：	是否重点支持领域项目　是□　否□
所属一级学科：	工学
项目负责人：	刘鹏博
联系电话：	19939747966
指导教师：	迟明路　钱晓艳
联系电话：	18103738751
申报日期：	2021 年 6 月 1 日

河南省教育厅　制

(a)

河南工学院
2021 年“互联网+”大学生创新创业大赛
创业计划书

学院名称（盖章）：	智能工程学院
项目名称：	i 家-我的机器人管家
项目赛道：	√高教主赛道 □“青年红色筑梦之旅”赛道
项目类别：	“互联网+”制造业
项目负责人：	李卓
联系电话：	15993177653
申报日期：	2021 年 5 月 28 日

河南工学院
2021 年 5 月

(b)

图 2.32　申报大学生创新训练计划项目与“互联网+”大学生创新企业大赛

表 2.3　团队教师指导学生获批大学生创新训练计划项目

河南工学院2020年创新创业计划项目表				
项目名称	项目负责人	指导教师	项目类别	项目编号
基于协同过滤算法的课程推荐系统的研究	马奔腾	张志成，刘玉堂	创新一般项目	202011329001
基于物联网的楼宇外墙喷漆机器人	任瑞华	迟明路，王东岳	创新一般项目	202011329002
基于人脸识别与图像追踪的防疫追踪机器人	仝鑫	钱晓艳，李霞	创新一般项目	202011329003
基于机器视觉的安防、巡检四足机器人	赵晨星	邢倩，李学伟	创新一般项目	202011329004
基于视觉SLAM的智能搬运机器人设计	李银光/朱欣洋	崔纪超，张建霞	创新一般项目	202011329005
基于多传感器检测技术的智能悬浮求生背包	严亚鹏	王元利，刘荣升	创新一般项目	202011329006
iBand可穿戴智能安全防护手环	陈姿瑾	邱亚琴，吕广静	创新一般项目	202011329007
辐照杀菌电极驱动医疗胶囊机器人	徐浩博	迟明路，张建霞	创新一般项目	202011329008
物联网环境下具有智能感知功能的衣柜系统设计	贾佳文	钱晓艳，李静	创新一般项目	202011329009
三电平功率变换器开源试验平台开发与设计	张嘉旗	刘毅，廖青华	创新一般项目	202011329010
基于工业互联网云边协同计算的起重机故障实时智能诊断系统	杨权启	胡永涛，李婕	创新重点项目	202011329011
基于机智云平台的便携式故障诊断仪	张凯楠，张杰	韦佳宏，董明如	创新重点项目	202011329012
新型环保高效镁合金Al_2C_2Mg纳米晶粒细化剂	刘雨泊郭天瑶	张爱民，马天凤	创新重点项目	202011329013
“大学58”兼职中介平台	王兴龙	李静，刘荣升	创业训练项目	202011329014X
蜣螂回收	胡雨碟	杨雪莲，尚德峰	创业训练项目	202011329015X
纽特环保科技有限公司	韩嘉琪	李承斌，郑先锋	创业训练项目	202011329016X
“河小艺”文创产品设计与加工工坊	王静宇	丁海，马秉馨	创业训练项目	202011329017X
基于工科背景下的虚拟仿真软件制作工作室	李俊杰	苏光，马秉馨	创业训练项目	202011329018X
舒行科技—无人驾驶与私家车共享	崔迁源	刘毅，廖青华	创业训练项目	202011329019X
短视频推广社群营销服务	苗正	刁修慧	创业训练项目	202011329020X

图 2.33　学生参加与课程相关的竞赛获奖情况

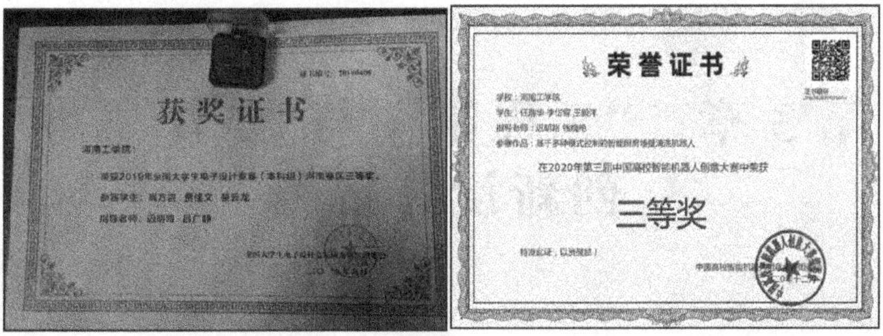

图 2.33　学生参加与课程相关的竞赛获奖情况(续)

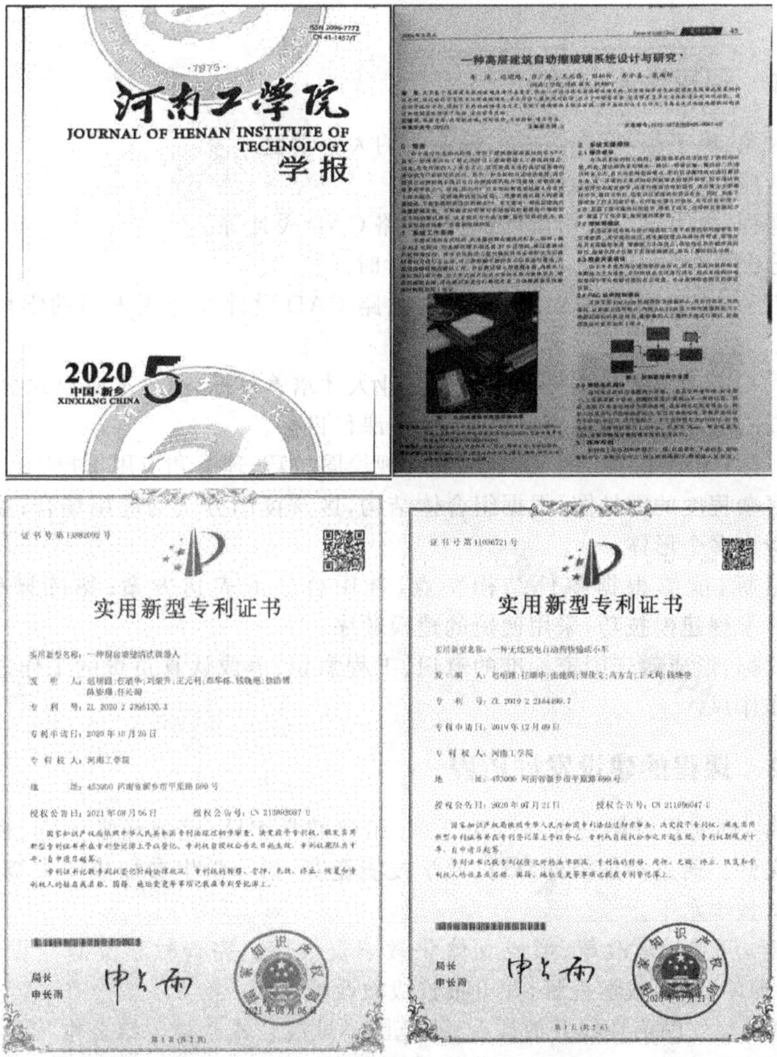

图 2.34　指导学生撰写论文和申请专利

第3章 “工程制图与CAD”教学创新设计案例

3.1 课程概况

3.1.1 课程性质与地位

授课对象：电子信息、电缆工程等专业的大一学生。

课程性质：学科基础必修课程。

后续课程：电力电缆结构设计、电子电路CAD设计等。

学时分配：工程制图40学时，CAD 8学时。

课程定位：电力电缆结构设计、电子电路CAD设计等课程入门的学科基础必修课程。

结合我校应用型本科的办学定位和专业人才培养目标，通过本课程的学习，为培养综合素质高的应用型人才助力，确定了如下课程目标。

知识目标：正确使用绘图仪器，掌握尺规绘图技巧；理解和应用正投影原理；阅读和绘制中等复杂程度的零件图；根据组合体结构，区辨读图方法的应用场合；能够根据视图创新构型出多个形体。

能力目标：能够根据零件结构特点，选用合适的表达方案；熟练操作SOLIDWORKS并掌握建模技巧，采用便捷的建模顺序。

素养目标：形成遵守国家标准的意识、工程意识；养成认真负责的工作态度和严谨细致的工作作风。

3.1.2 课程的建设发展历程

2016年，面向我校第一批本科生开课，组建教学团队，完成教学大纲、教学日历等相关教学文件。通过参加校外研讨、教学技能竞赛、指导学生参加成图大赛等方式，全面提高团队教学水平。

2017年，开展教学改革，形成立体化教学资源库。完善教学资源建设，创建试题库、三维动画库，录制教学视频，并申报校级教改项目。

2018年，建立网络在线开放课程，小范围尝试混合式教学。结合本校学情，围绕教学过程进行系统研究，建立了内容难度和范围适合我校学情的在线课程，基本实现了移动学习。

2019 年，大胆实施教学创新，申报河南省混合式一流课程。修订教学大纲、教学日历等文件，进一步优化混合式教学设计。

2020 年，不断更新优化在线课程，获批首批河南省混合式一流本科课程。被认定为校教学创新项目，在校内、校外推广。

3.2 教学安排

"工程制图与 CAD"是一门理论和实践性较强的课程。通过对教学内容进行梳理，将课程知识点进行分析和碎片化，将知识点分为三部分：事实性知识（基础、不抽象的知识）、概念性知识（抽象概括的、有组织的知识）、程序性知识（程序、步骤）。对于事实性知识和部分概念性知识，学生通过观看线上视频学习，完成线上章节测试进行巩固，可以完全掌握。较抽象的概念性知识和程序性知识需要老师重点讲解，强化练习，动手实践方可掌握。

通过对课程内容进行详细的梳理，进行了如表 3.1 所列的教学安排，将 48 学时划分为：12 个线上学时，占比 25%；36 个线下学时，占比 75%。经过 6 个学期的运行，实现线上和线下教学实质等效，应用效果良好。

表 3.1 教学内容安排

模 块	教学内容	学时分配		培养目标
		线 上	线 下	
基础模块	1. 国家标准有关制图的基本规定	1	5	认识国家标准； 正确使用绘图仪器，掌握尺规绘图技巧； 理解和应用正投影原理
	2. 投影法	2.5	3.5	
进阶模块	3. 立体的投影	1	7	根据组合体结构，区辨读图方法的应用场合； 能够根据视图创新构型出多个形体
	4. 组合体	2.5	7.5	
高阶模块	5. 图样画法	1	5	能够根据零件结构特点，选用合适的表达方案； 熟练操作 SOLIDWORKS 并领会建模技巧，采用便捷的建模顺序； 阅读和绘制中等复杂程度的零件图； 形成遵守国家标准的意识、工程意识； 养成认真负责的工作态度和严谨细致的工作作风
	6. 标准件与常用件	1	1	
	7. 零件图、装配图	1	1	
	8. 计算机绘图	2	6	
扩展模块	9. AutoCAD	课外延伸		提升国际视野和交流能力； 提升自主学习能力、挑战能力
	10. 电气工程图			
	11. 趣味制图			
	12. 制图大赛			
总 计	48	12	36	

3.3 教学实施

将教学阶段分为课前自主学习、课中合作学习、课后巩固提升三个阶段，形成完整的教学闭环，如图 3.1 所示。教学过程体现以学生为中心，形成教与学一体、学与练一体、练与测一体、测与教一体的四位一体教学理念。

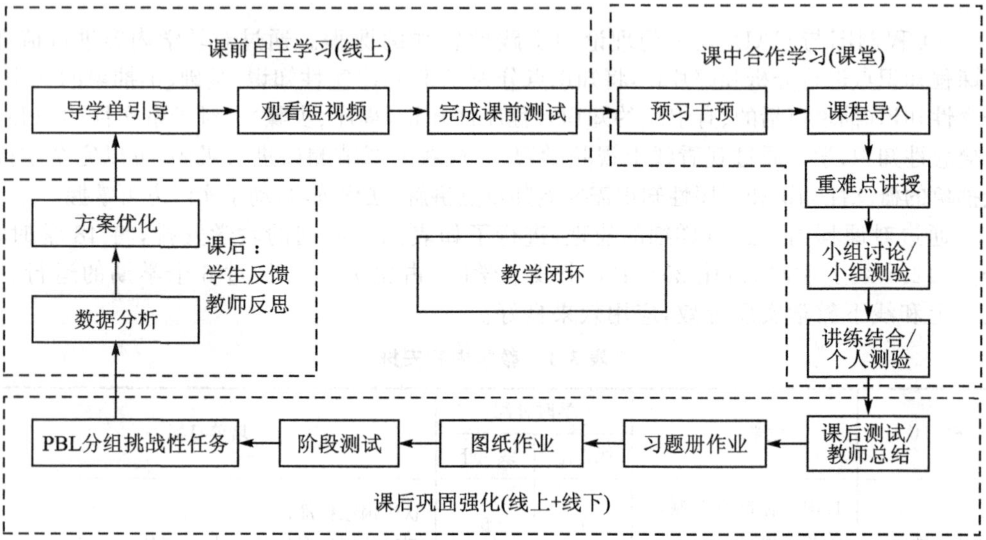

图 3.1 教学闭环图

3.3.1 课前三步引导法

课前三步引导法的步骤为：查看导学单→观看短视频→完成课前测试，如图 3.2 所示。

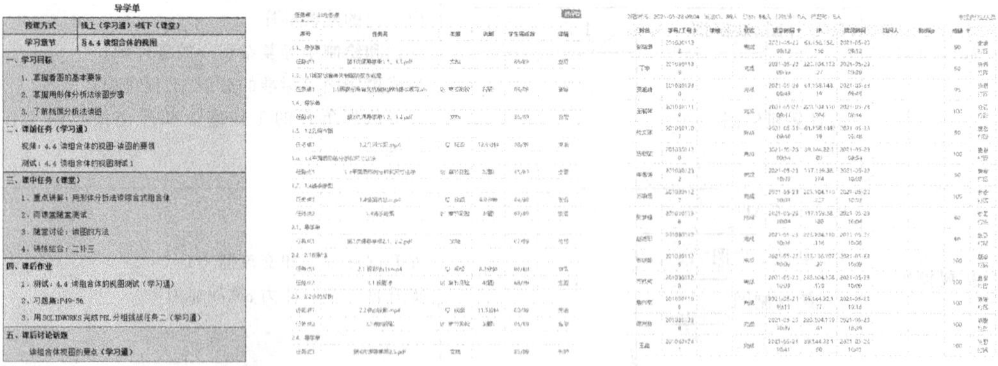

(a) 查看导学单　　(b) 观看短视频　　(c) 完成课前测试

图 3.2 课前三步引导法

通过发放导学单，对学生进行过程化引导，让学生明确本次课的学习方式、目标、任务等；学生通过完成线上任务对信息再加工，实现自主学习，有效培养学生的信息发现、归纳总结、知识应用的能力；通过完成线上测试对自学知识进行应用，实施过程化考核。

通过以上三步实现结果性检测，过程化考核，帮助学生走出迷茫、走向自信，激励和考核并进。

3.3.2　课中五步提升法

课中五步提升法的步骤为：预习干预→课程导入→课堂讲授→分组讨论→讲练结合，如图 3.3 所示。

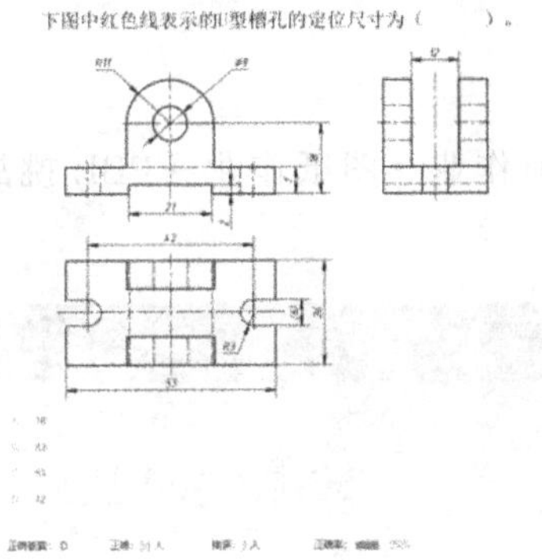

(a) 预习干预

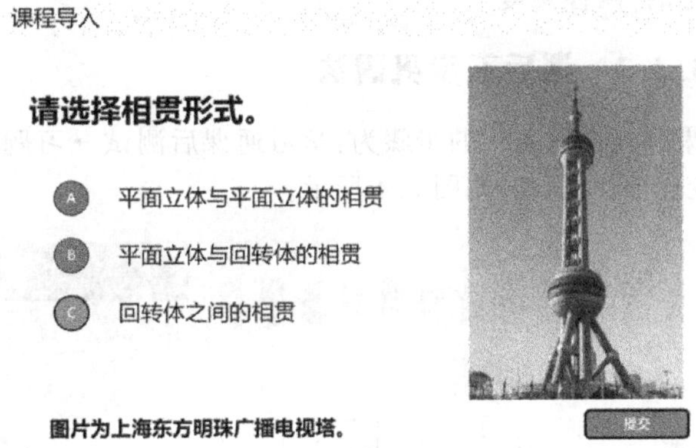

(b) 课程导入

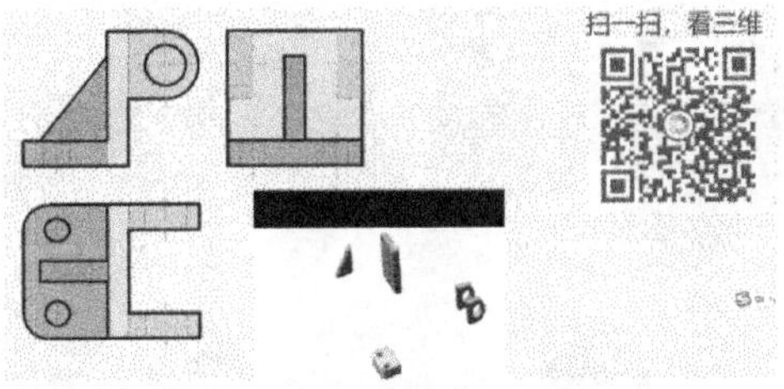

(c) 课堂讲授

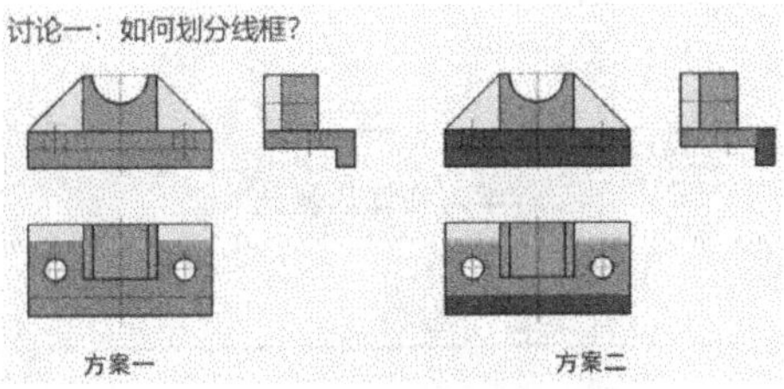

(d) 分组讨论

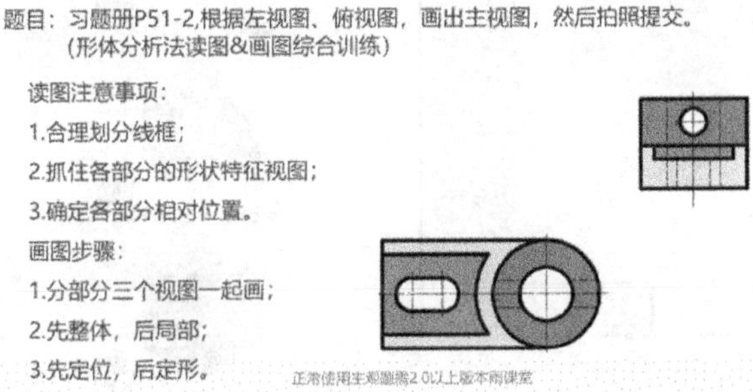

(e) 讲练结合

图 3.3　课中五步提升法

首先根据线上自学情况，有针对性地进行学习干预，解决线上自学出现的问题，如图 3.3(a)所示。

通过有趣的案例进行课程导入，打破沉闷，如图 3.3(b)所示。

在学习重难点过程中，首先用讲授法帮助学生快速高效地提炼重难点，如图 3.3(c)所示。接下来，采用分组讨论、讲测结合法，提高学生的参与度、团队协作能力和动手能力，如图 3.3(d)、3.3(e)所示。

以上五步根据情况适时地引入雨课堂，实时反馈学习效果，以提高课堂互动的有效性，如图 3.3(b)、3.3(e)所示。

课堂上通过以上五步教学法，注重教学形式的先进性和教学设计的多样性，保障教学目标的“两性一度”。

3.3.3　课后五步巩固法

课后五步巩固法的步骤为：学习通课后测试→习题册作业→图纸作业→PBL 挑战性任务→阶段测试，如图 3.4 所示。

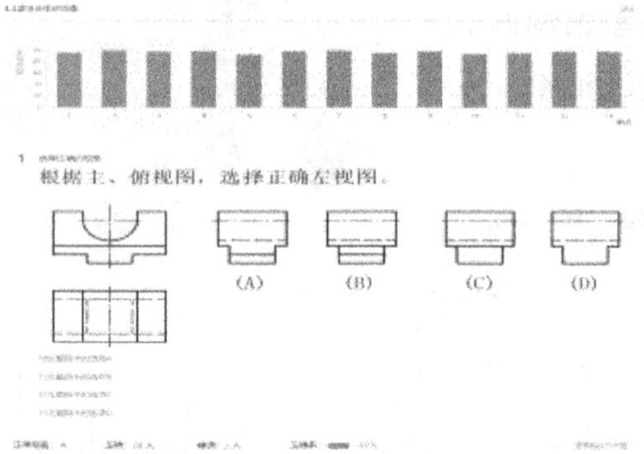

(a) 学习通课后测试

(b) 习题册作业

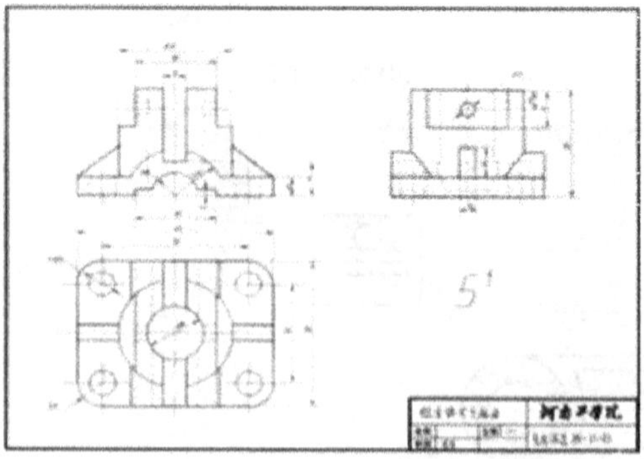

(c) 图纸作业

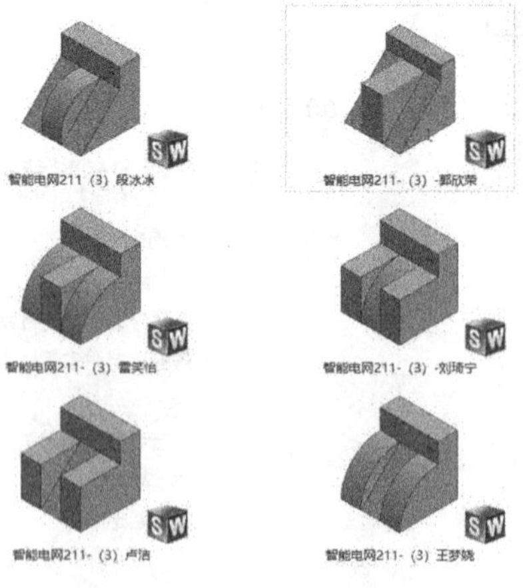

(d) PBL挑战性任务

图 3.4　课后五步巩固法

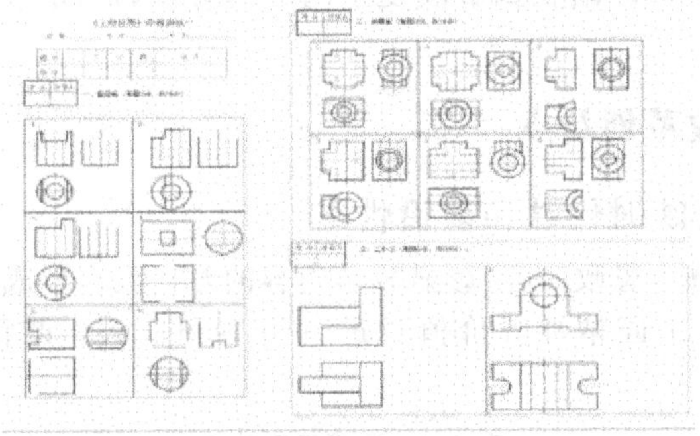

(e) 阶段测试

图 3.4 课后五步巩固法(续)

通过完成学习通课后测试，对课堂知识简单应用，强化和巩固知识点，如图 3.4(a)所示。

通过完成习题册作业，强化学生的动手能力，对形体分析法和线面分析法读图进行应用，如图 3.4(b)所示。

通过数次图纸作业，强化学生的动手能力和国家标准意识，以弥补对画图过程和图形整体性认知的训练，深刻理解绘图的步骤和方法，如图 3.4(c)所示。

将略超纲的题目作为 PBL 任务，学生须通过讨论及拓展学习方可完成，通过 2～3 次的挑战性任务，学生可逐渐找到解决复杂问题的方法，提高学生的团队协作能力，如图 3.4(d)所示。

通过三次阶段测试，学生可有效总结知识特点和规律，提高学生归纳总结、综合应用的能力，如图 3.4(e)所示。

通过以上五步巩固法，实现过程化考核，对知识进行归纳总结，有效巩固。

3.4 课程特色及创新点

3.4.1 课程特色

1. 根据本校学情，重塑课程结构

纳入思政小课堂、UG、电气工程图、制图大赛等内容，体现课程内容的时代性、创新性等；建设了适合我校学情的优质在线课程。

2. 以图感意识培养图学思维能力

强化信息技术与教学环节的深度融合，通过简单形体的高频度刺激，实现单一知识到图感意识的转变。

3. 应用挑战性任务与团队协作相结合

将略超纲的题目作为 PBL 任务，学生须通过讨论及拓展学习方可完成，通过 2～3

次的挑战性任务，学生可逐渐找到解决复杂问题的方法，形成“自信培养自信”的良性循环。

3.4.2 教学改革创新点

1. 教学内容反映时代性和前沿性

坚持立德树人，融入思政内容，彰显教学内容的时代性。形成了较为完整的课程思政体系，将爱国情怀、工匠精神等价值观进行引导和输入。课程思政体系如表 3.2 所列。

表 3.2 课程思政体系

章节	思政内容	切入的知识点	思政元素
1.国家标准有关制图的基本规定	党旗、党徽的国家标准 生活中的国家标准 制图国家标准	国家标准	工程意识 社会责任
2.投影法	轴测图、透视图、建筑图	投影法	开阔视野
3.立体的投影	蛇形机器人、鲁班锁、东方明珠等	截切、相贯	科技意识
4.组合体	制图大赛的构型 文墨公差	画图、读图	创新意识 工匠精神
5.图样画法	古代建筑图、锁等	剖视图	传承与创新
6.标准件与常用件	古代龙骨水车、齿轮传动等	齿轮	民族自信感 荣誉感
7.零件图、装配图	《器象显真》——机械图样	零件图、装配图的画法	爱国情怀 科技兴国
8.计算机绘图	第三角画法国际视野	SOLIDWORDS 的视图布局	国际视野

助力培养应用型人才，优化教学内容。提高第三角画法的学习深度，提升国际视野；加入电气工程图，增加课程内容的专业针对性，具体内容见表 3.1 所列。

考虑学生的长远发展，注重知识广度和深度。将趣味 AutoCAD 等纳入，增加内容的趣味性和挑战度；将制图大赛内容纳入，增加内容的前沿性和创新性，具体内容见表 3.1 所列。

2. 教学形式体现先进性和互动性

教学形式：线上、线下。

教学手段：智慧教室、黑板作图、三维建模平台、实物模型等。

教学方法：自主学习法、分组讨论法、PBL 分组任务法、讲练结合法等。

3. 课程评价注重过程性和多样性

过程化成绩组成：教学视频、在线测试、PBL 分组挑战性任务、讨论、图纸、阶段测试、CAD 上机测试等；期末试卷题型和题目难度层次丰富，具体见表 3.3、表 3.4 所列。

表 3.3 过程考核成绩组成

	评价内容	范围及次数等	比 例
过程性评价组成(40%)	线上——教学视频	涵盖各章节 (与教学日历一致)	5%
	线上——章节测试	涵盖各章节	10%
	线下作业	图纸作业 4 次	20%
		习题册 2 次	10%
		阶段测试 1～4 章	15%
		阶段测试 5～8 章	
		综合摸底	
	CAD 上机	机试 1—组合体的建模	15%
		机试 2—零件的建模	15%
	线上——分组任务	PBL 分组挑战性任务 2 次	5%
	线上——课堂讨论	涵盖各章节	5%

表 3.4 试卷结构及分值

序 号	题 型	分 值	考查目的
1	完成视图	30	应用正投影原理的能力； 形体分析法的应用能力； 截交线和相贯线的掌握程度； 严谨细致的工作作风
2	二补三	20	根据零件结构特点，区辨应用形体分析法和线面分析法进行读图和画图的能力
3	构型	10	根据视图创新构型出多个形体的能力； 考查空间思维能力和发散思维
4	视图改全剖	10	图样画法的综合能力； 贯彻国家标准的能力
5	视图改半剖	10	
6	尺寸标注	10	运用形体分析法进行尺寸标注的能力； 遵守国家标准的意识和工程意识
7	选择题	10	螺纹、零件图的技术要求等

3.5 学生改革成效

3.5.1 学生学习成绩对比

在试卷题型和难度相当的情况下，通过教学创新改革，电子信息专业 19 级的期末考试平均成绩较 17 级的提高了 22 分；19 级的综合成绩较 17 级的提高了 19 分，具体见表 3.5 所列。

表 3.5 电子信息专业 17—19 级考核成绩

年 级	班 级	期末考试平均成绩	综合平均成绩
19 级	电子信息 191	78.30	82.00
	电子信息 192	82.25	86.75
18 级	电子信息 181	76.78	80.22
	电子信息 182	72.41	78.53
17 级	电子信息 171	59.48	66.67
	电子信息 172	57.91	65.21

3.5.2 学生满意度高

通过问卷星对 212 位学生进行了教学手段和教学方法的调查，学生对教学改革后的教学方法等满意度均大于 80%，如图 3.5 所示。

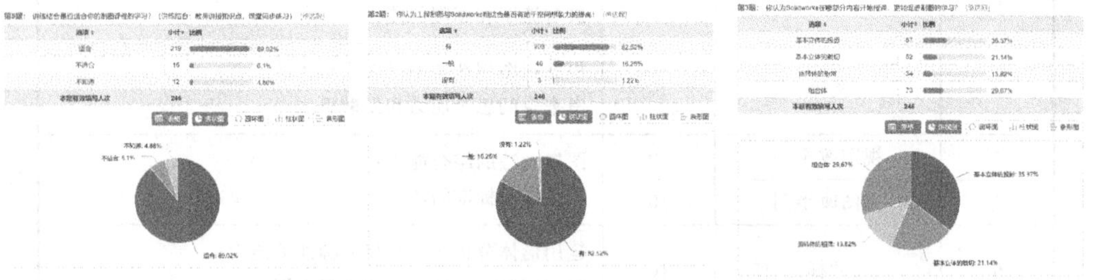

(a) (b) (c)

图 3.5 满意度问卷星调查

3.5.3 成图大赛

全国“高教杯”大学生先进成图技术与创新大赛是国内图学类课程最高级别的“国家级”赛事。课程团队积极组织学生参加成图竞赛，以成图竞赛为推动力，以创新教育理念为指导，从学生、教师、教学过程等方面着手，将创新思维贯穿于制图教学中，努力提高大学生先进成图的技术水平和团队协作能力，培养大学生的创新精神，并在此过程中形成了"以赛促教、以赛促学"的教学思路，制定了一套项目教学法。

在培训过程中，每三个学生组成一个团队，按照四种典型的零件分模块进行练习。教师提供零件所在的设备中其他零件的二维图纸和装配图，学生需独立完成材料的选择、构型设计、生产加工方式的选择、视图表达方案的确定、零件图和三维建模的绘制、装配动画制作，并将这些零件 3D 成型打印。

在项目教学中，教师通过改变教学方法，从单纯的知识传授者变成学生的学习引导者、合作者，教师与学生之间教学相长，共同进步。学生在历年的成图大赛中也取得了优异的成绩，详见表 3.6 所列。

表 3.6　2019 年以来成图大赛获奖人数统计

年　份	省　赛		国　赛	
	奖项	人数	奖项	人数
2019	一等奖	6	一等奖	0
	二等奖	1	二等奖	3
	三等奖	7	三等奖	9
2020	一等奖	7	一等奖	7
	二等奖	4	二等奖	4
	三等奖	3	三等奖	1
2021	一等奖	9	截止交稿时未进行	
	二等奖	3		

3.6　教师改革成效

3.6.1　提高团队的综合能力

我校多次获省、国家先进成图大赛指导教师一等奖、省线上教学优秀课程一等奖、省优质课大赛一等奖、校青年教师创新大赛一等奖等多次多项荣誉，详见表 3.7 所列。

表 3.7　2018 年以来教师技能竞赛获奖一览表

事　项	获奖人	组织单位	时　间	获奖等级
第十三届"高教杯"全国大学生先进成图技术与产品信息建模创新大赛	刁修慧 陈韵	全国大学生先进成图技术与产品信息建模创新大赛组委会	2020	国家级一等奖
第十一届"高教杯"河南省先进成图技术与产品信息建模创新大赛	刁修慧 陈韵	河南省工程图学会等	2018	省级一等奖
河南省教育厅信息技术与课程融合优质课大赛	刁修慧	河南省教育厅	2018	省级一等奖
校第一届青年教师教学创新比赛	刁修慧	河南工学院	2019	校级一等奖
校教育教学改革创新成长项目	刁修慧	河南工学院	2020	校级一等奖

续表 3.7

事　项	获奖人	组织单位	时　间	获奖等级
第二十三届全国教师教育教学信息化交流活动	焦芳敏	中央电化教育馆	2019	国家级三等奖
河南省教育厅第五届信息技术与课程融合优质课大赛	焦芳敏	河南省教育厅	2019	省级一等奖
“机械制图”获河南省本科教育疫情防控期间线上教学优秀课程一等奖	焦芳敏 李炎光	河南省教育厅	2020	省级一等奖
第十二届“高教杯”河南省先进成图技术与产品信息建模创新大赛	陈韵 焦芳敏	河南省工程图学会等	2019	省级一等奖
校第一届青年教师教学创新比赛	焦芳敏	河南工学院	2019	校级二等奖

3.6.2　推动课程建设与改革

我校组建了适合本校学情的网络在线开发课程;积极申报教改项目,教师参与占比100%;课程获首批省混合式一流本科课程;《工程制图》教材获批省“十四五”规划教材立项;课程被认定为校教学创新成长项目进行推广,并获一等奖等多项荣誉,详见表3.8所列。

表 3.8　2018 年以来课程建设情况一览表

类　别	事　项	负责人及参与人	组织单位	时　间	等　级
线上课程建设	“工程制图与 CAD”网络在线开放课程	刁修慧、钱文伟、陈韵、焦芳敏、李炎光	河南工学院	2018.10	校级网络在线开放课程
教材建设	修订《工程制图》“十二五”职业教育国家规划教材	刁修慧、钱文伟、陈韵、李炎光、焦芳敏等	高等教育出版社	2021.01	国家级规划教材
	河南省本科高等学校“十四五”规划教材获批立项	刁修慧、焦芳敏、陈韵、钱文伟等	河南省教育厅	2020.11	省级规划教材
教改项目	“工程制图与 CAD”被认定为首批河南省一流本科课程	刁修慧、钱文伟、陈韵、焦芳敏、李炎光	河南省教育厅	2020.05	省级一流课程
	“机械制图”获河南省本科教育疫情防控期间线上教学优秀课程一等奖	闫花茹、焦芳敏、李炎光	河南省教育厅	2020.05	省级一等奖
	校教学创新成长项目	刁修慧、陈韵、钱文伟、焦芳敏等	河南工学院	2020.12	校级一等奖

续表 3.8

类　别	事　项	负责人及参与人	组织单位	时　间	等　级
教改项目	在创新课堂形式下的基于"四位一体"的制图教学体系建设	李炎光、焦芳敏、刁修慧等	河南工学院	2020.01	校级在研
	基于"混合式教学模式"的"工程制图与 CAD"课程教学的探索与实践	陈韵、刁修慧、钱文伟等	河南工学院	2020.01	校级在研

3.7　教学设计样例

教学设计样例如图 3.6 所示。

一、课程基本信息

章节名称	读组合体的视图	授课形式	线上线下混合式
授课对象	电子信息专业(一年级)	授课时数	1
授课时间	2020 年 12 月	学生数	合班
使用教具	泛雅教学平台、手机(雨课堂、学习通)		

二、教学内容分析

(一) 课程来源：选自《工程制图》(第二版)，高等教育出版社，焦永和主编，第四章第 4 节读组合体的视图。

(二) 课程内容地位：读组合体的视图是工程制图的重点章节，是对点线面、基本立体的综合运用，是画图和读图能力的综合运用，也为后续图样画法的学习奠定基础，起到承上启下的作用。

(三) 课程内容作用：读组合体视图是对前面所学内容的综合运用和巩固，对帮助学生树立国家标准的意识起到推动作用，初步培养了学生对工程图样的阅读能力。

三、学情分析

(一) 对象：20 级电子信息本科专业，一年级学生，充满好奇心，到课率高；组织性、纪律性较好。

(二) 优势：1. 具有高中立体几何学基础；

2. 能阅读简单立体的图样；

3. 本次课之前，学生已经学习了形体分析法画图、线上自主学习了读图的基本要领。

(三) 劣势：1. 无专业基础，无认知实习，遇到工程实际问题，较难理解；

2. 爱玩手机，不擅长安排时间；

3. 空间想象能力差。

图 3.6　教学设计样例

四、明确教学目标

（一）**知识目标**：1. 应用形体分析法读图；

2. 区辨形体分析法和线面分析法，确定各自的应用场合。

能力目标：1. 分析形体分析法在三维建模过程中的应用；

2. 结合形体分析法，培养发散思维，提升创新构型能力。

素养目标：1. 树立国标意识；

2. 提升学生自主学习能力、融会贯通的能力。

（二）**教学重点**：1. 读图的基本要领；

2. 形体分析法读图；

教学难点：1. 形体分析法中的划分线框和抓住形状特征视图；

2. 如何引导学生的发散性思维，提升其创新能力；

3. 如何将形体分析法和三维建模方法与技巧联系起来。

五、教学实施过程

<table>
<tr><th>阶　段</th><th>教学活动与内容</th><th>设计意图</th></tr>
<tr><td>课前
三步引导
（线上）</td><td>

第一步：学生查看导学单

图 1　线上学习情况

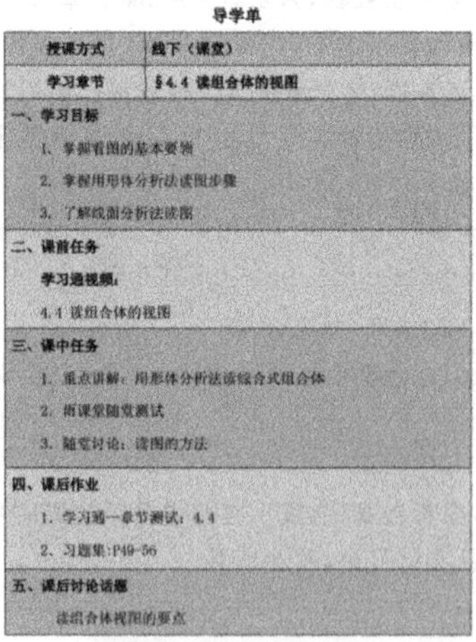

导学单

授课方式	线下（课堂）
学习章节	§4.4 读组合体的视图
一、学习目标 1、掌握看图的基本要领 2、掌握用形体分析法读图步骤 3、了解线面分析法读图	
二、课前任务 学习通视频： 4.4 读组合体的视图	
三、课中任务 1. 重点讲解：用形体分析法读综合式组合体 2. 雨课堂随堂测试 3. 随堂讨论：读图的方法	
四、课后作业 1. 学习通一章节测试：4.4 2、习题集：P49-56	
五、课后讨论话题 读组合体视图的要点	

图 2　读组合体的视图导学单

</td><td>让学生明确本次课的：
(1) 授课方式
(2) 学习目标
(3) 学习内容</td></tr>
</table>

图 3.6　教学设计样例(续)

<table>
<tr>
<td rowspan="2">课前
三步引导
(线上)</td>
<td>**第二步:学生观看学习通教学视频**
读图要领:
(1) 读图时应将几个视图联系起来看;
(2) 从反映形体特征的视图看起;
(3) 封闭线框和图线的含义。

图 3 读组合体的视图教学视频</td>
<td>(1) 实现自主学习
(2) 有效培养学生的信息发现、归纳总结、知识应用</td>
</tr>
<tr>
<td>**第三步:学生完成学习通—4.4 课前测试**

图 4 课前测试完成情况</td>
<td>(1) 过程化考核
(2) 帮助学生走出迷茫、增强自信
(3) 激励和考核并进
(4) 检测线上学习效果</td>
</tr>
<tr>
<td>课中
五步提升
(线下)</td>
<td>**第一步:预习干预(7 分钟)**
查看学生线上测试题目完成情况,有针对性地进行课堂答疑,巩固自学知识点。
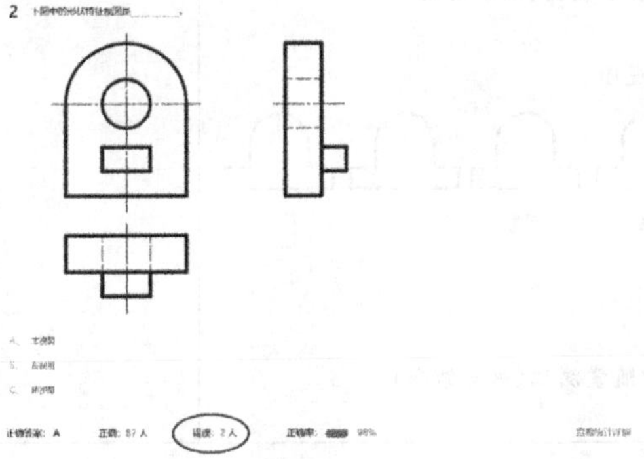
图 5 课前测试学习效果</td>
<td>(1) 对线上自学内容答疑解惑
(2) 提高课堂教学的针对性和精准性</td>
</tr>
</table>

图 3.6 教学设计样例(续)

	第二步：课程导入(3分钟) 通过有趣案例进行课程导入，打破沉闷！ 融入课程思政：坚持立德树人，把思想政治教育贯穿教育全过程，将社会责任、工匠精神等价值观进行引导和输入，彰显教学内容的时代性。 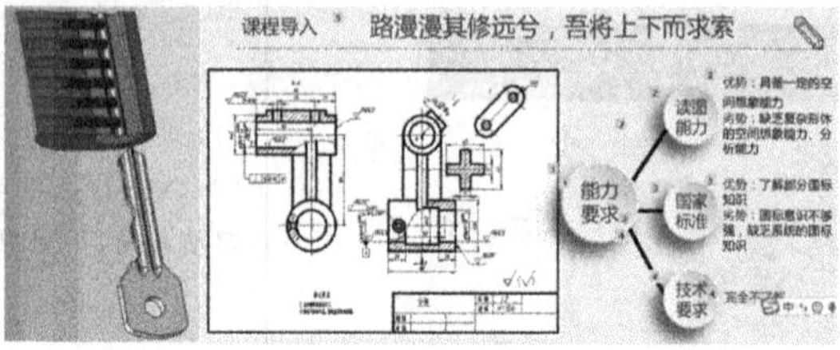 **图6　课程导入、课程思政**	(1)兴趣引导，打破沉闷 (2)融入课程思政
课中 五步提升 （线下）	**第三步：课堂讲授(15分钟)** 利用讲授法讲解形体分析法读图步骤(图7)，让学生在最短时间内、最高效地掌握形体分析法读图重点内容；接下来用测试法(图8)进一步巩固重点内容，同时培养学生的创新构型能力；根据学生出现的问题引出难点内容。 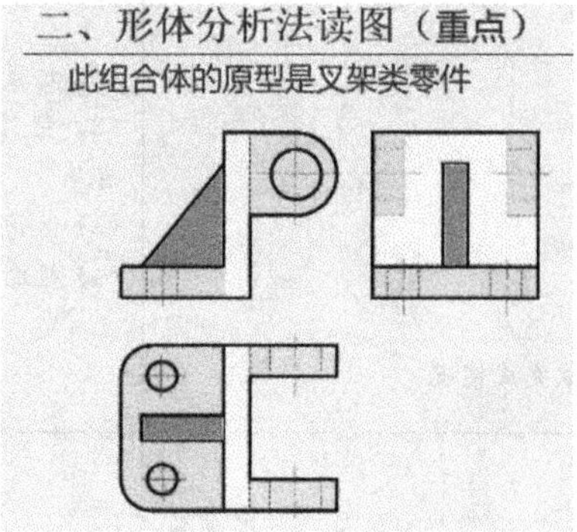 **图7　形体分析法读图(教学案例一)** 根据俯视图，选择正确的主观图。 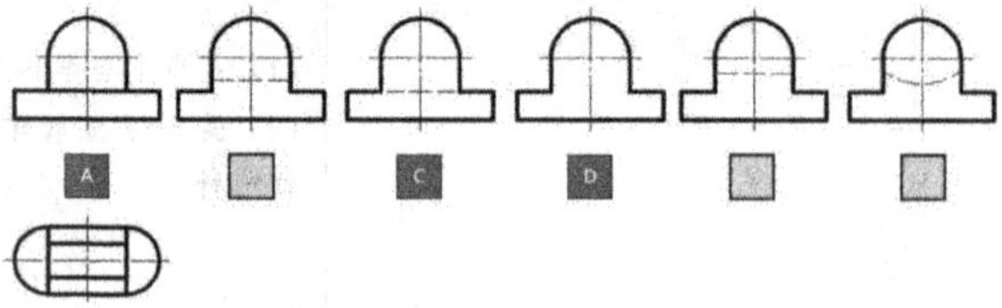 **图8　雨课堂随堂测试(讲测结合)**	(1) 发挥教师的主导作用 (2) 高效讲解重点知识 (3) 引入雨课堂，实时反馈学习效果，以提高课堂互动有效性

图3.6　教学设计样例(续)

<table>
<tr>
<td rowspan="2">课中
五步提升
（线下）</td>
<td>

第四步：课堂讨论（10分钟）

用互动性比较强的分组讨论法，由老师给出两个问题（图9），引导学生去合作、讨论（图10）、纠错，老师起引导作用，突出学生的主体地位，进一步解决难点问题。

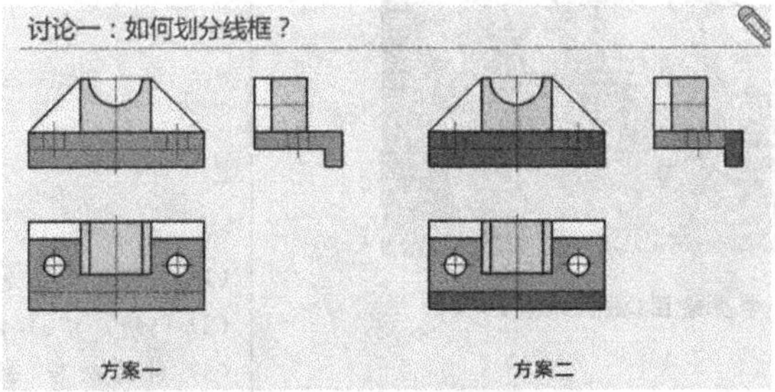

图9　课堂讨论话题（教学案例二）

图10　分组讨论

</td>
<td>(1) 提高课堂参与度和互动性
(2) 提升团队协作能力</td>
</tr>
<tr>
<td>

第五步：讲练结合（15分钟）

最后，通过练习法，给学生习题册上的题目（图11），老师先引导，引导学生划分线框和找到形状特征视图后（3分钟），让学生动手画图（图12）（10分钟），并上传至雨课堂，老师全面了解学生的学习情况后，进行集中点评（2分钟），并说明评分标准，发起生生互评，激发了学生的学习积极性，进一步巩固了重点和难点。

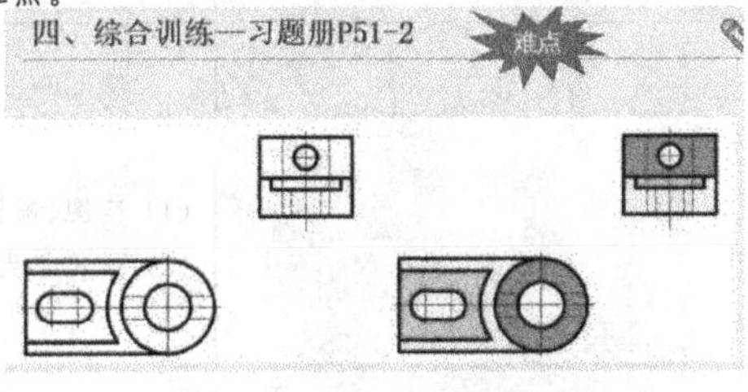

图11　讲练结合（教学图例三）

</td>
<td></td>
</tr>
</table>

图3.6　教学设计样例（续）

课中 五步提升 (线下)	 图 12　学生绘图(讲练结合) 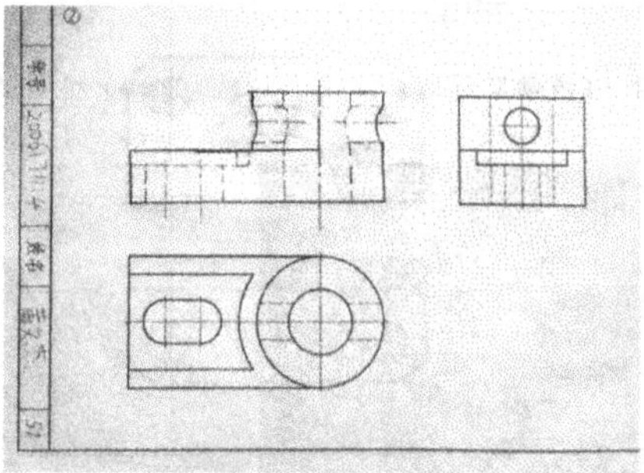 图 13　学生随堂作业	(1) 提高动手能力 (2) 归纳总结、知识应用 (3) 讲练结合,强化知识点应用,并培养学生创新发散思维
课后 四步巩固 (线上+线上)	第一步:学习通课后测试  图 14　课后测试完成情况	(1) 对课堂知识简单应用 (2) 强化和巩固知识点
	第二步:习题册作业 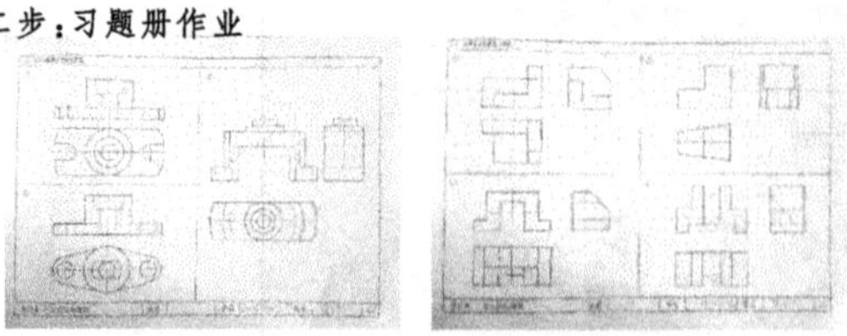 图 15　学生习题册作业	(1) 读图、画图的综合应用 (2) 强化学生的动手能力

图 3.6　教学设计样例(续)

课后 四步巩固 (线上+ 线上)	**第三步:图纸作业** 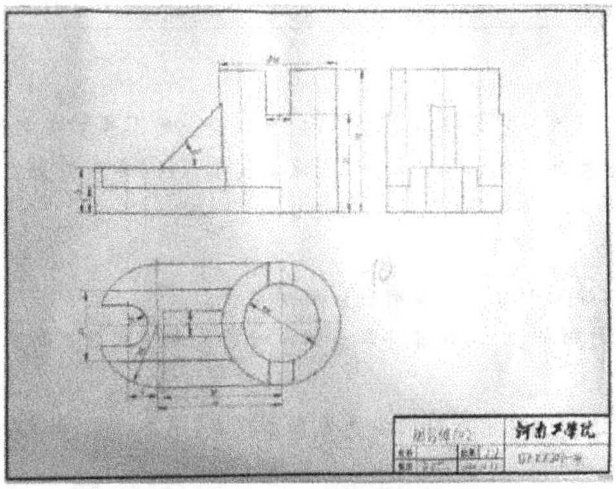 图 16　学生图纸作业	(1) 读图、画图、尺寸标注的综合应用 (2) 提升贯彻国家标准的能力 (3) 提高图形整体性认知的能力 (4) 深刻理解绘图的步骤和方法
	第四步:PBL 分组挑战性任务 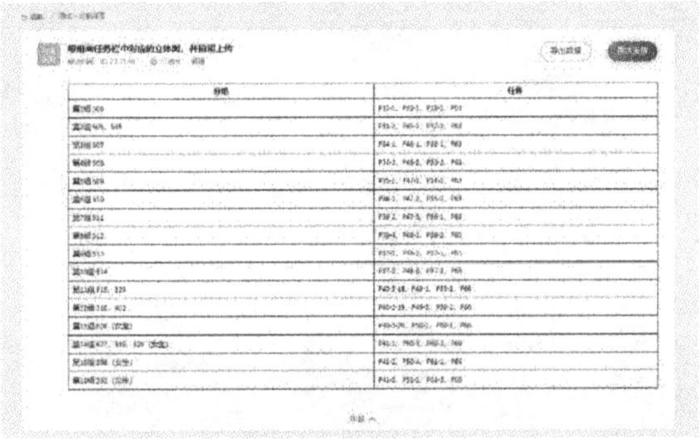 图 17　PBL 分组挑战性任务单 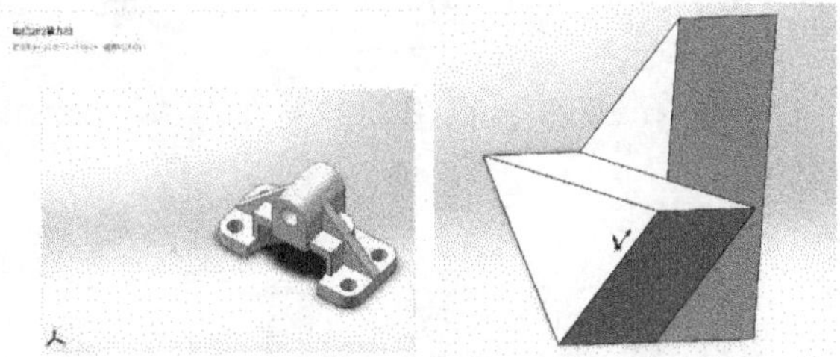 图 18　学生 PBL 作业展示	(1) 提升团队协作能力 (2) 提升空间想象能力 (3) 将形体分析法和三维建模方法与技巧联系起来 (4) 培养学生解决复杂问题的方法

图 3.6　教学设计样例(续)

六、教学反思与改进

教学效果：

(1) 通过课前三步引导、课中五步提升、课后四步巩固达到教学目的，达到线上线下教学实质等效。

(2) 通过设计小组讨论，讲练结合，学生由被动听课转为主动学习，课堂气氛活跃，学生课堂参与度提高，学生学习兴趣被充分调动。

教学不足：

(1) 合班上课人数较多，在小组讨论环节，导致部分学生没有机会展示自我。

(2) 学生接受度不一致，部分学生未跟上教师节奏，导致部分学生的学习效果未达到理想高度。

应对措施：

(1) 上课时充分利用雨课堂的弹幕功能，让每个学生可以同步发表自己观点，展示自我；另外，如果条件允许，以后尽量小班教学。

(2) 将非线上学习内容也录成教学视频上传至学习通，但不作为任务点，未跟上教师进度的学生可以自行观看，补齐进度。

图 3.6 教学设计样例(续)

第4章　新工科背景下的“汽车服务工程专业导论”混合式教学探讨与实践

“汽车服务工程专业导论”是一门针对汽车服务工程专业本科新生开设的学科基础必修课程，该课程的主要内容包括汽车工业发展情况、汽车服务工程专业课程体系、汽车构造与新技术、新工科背景下汽车服务体系、汽车性能研发流程、学习生涯规划与时间管理方法等。通过该课程的学习，有助于学生在较短的时间内对汽车服务工程专业的发展现状、未来趋势、行业定位等进行系统性、概要性认识，引导学生科学合理地安排自己的大学学习与生活，为学生后续的学习起到铺垫和启蒙作用。

4.1　课程基本信息

“汽车服务工程专业导论”2019年被评为河南工学院校级精品网络课程，2020年被评为河南省精品网络在线课程，课程内容覆盖汽车服务后市场各个领域，将为汽车服务工程专业学生提供很好的线上学习平台，为开展线上线下混合式教学提供服务。

4.1.1　课程建设背景

为了积极响应国家关于建设精品在线开放课程的号召，践行习近平总书记关于教育的重要论述，重视教育资源开发建设，推动信息技术与教育教学深度融合，促进优质教育资源应用与共享，创新教育教学模式，提升高等教育质量，引领教学内容和教学模式改革，实现以教为主向以学为主转变、以课堂教学为主向课堂教学与课外教学相结合转变、以结果评价为主向结果评价与过程评价相结合转变，深入推进人才培养模式的改革与创新，为我国汽车行业发展培养高素质人才。

随着我国汽车工业的快速发展，我国汽车保有量已经跃居世界第一，以汽车服务为中心的汽车后市场人才需求量越来越大，培养“懂技术、会经营、善服务”的汽车服务工程人才显得非常有必要。近年来，我国高等教育改革呼吁以多学科交叉融合发展为内涵的“新工科”建设，汽车服务工程专业建设遵循现代教育改革发展要求，融合传统汽车课程资源与汽车科技金融课程优势，旨在培养学生在汽车技术服务、汽车营销服务、汽车金融服务等领域从事技术或管理工作。在信息化时代背景下，学生对知识的需求不再是固定单一的专业知识层面，而是渴望以专业知识为基础，学习更广泛、更前沿、更活跃的综合型知识。“认汽车 知服务”课程包括从汽车构造、课程设置、培养方案、前沿知识、大学生学习方法等方面内容，具有知识面广泛、内容有浅及深、多维度、多层次等特点，因此本课程采用团队授课，模块化教学，教师结合自身专业特长与章节特点，有针对性地进行授课，旨在全面而准确地帮助学生认识汽车服务工程专业，激发学生的学习兴趣，培养学生对专业的全面认识，切实践行教育初心，时刻牢记育人使命。汽车服务体系如图 4.1 所示。

(a) 汽车技术服务　　(b) 汽车金融服务

图 4.1　汽车服务体系

4.1.2　课程开设情况

“汽车服务工程专业导论”课程是汽车类专业学生全面了解汽车服务工程专业概况和行业现状的核心课程，为培养新型汽车后市场人才而设定，主要授课对象是汽车服务工程专业学生，同时也面向各类专业的在校学生以及社会上汽车爱好者开放资源。该课程开设于 2018—2019 学年秋季学期，线上和线下共 32 课时，目前已经向汽车服务工程专业 18 级、19 级、20 级专升本等学生开展混合式教学，授课总人数 340 人，通过学习通在线开放平台等方式学习次数达 36223 次。课程的建设大大提高了学生学习的积极性和灵活性，取得了较好的教学效果。

4.1.3　课程教学目标

通过该课程的学习，学生应该达到如下目标：

① 知识目标：引导汽车服务工程专业新生尽快熟悉本专业知识框架，掌握汽车基本结构、汽车技术服务、汽车营销服务、汽车金融服务以及汽车后市场行业基本情况等方面的基本知识。

② 能力目标：培养具有突出学习能力、良好动手实践能力、扎实专业知识能力、创新能力的高素质应用型人才。引导学生合理规划大学生活，科学管理学习时间，充分利用大学学习时间，学业有成。

③ 素质目标：培养德智体全面发展，具有专业素质、科学素养、工匠精神、人文精神和社会责任感的工程素质人才。

④ 思政目标：在教学过程中无痕融入思政元素，把“立德树人”作为教育的根本任务，把政治认同、国家意识、文化自信、人格养成等思想政治教育导向与课程的知识、技能传授有机融合，促进学生的自由全面发展，实现知识教育与思想教育的协同育人目标。

4.1.4 课程视频和社会的开放情况

为响应国家精品在线开放课程建设号召，实践教学改革，扩大教育资源的受益面，我院结合“汽车服务工程专业导论”课程内容特点，在课程名称和章节内容设置上进行创新，课程重命名为“认汽车 知服务”，并对课程章节进行了艺术加工，旨在增强教学吸引力，并将优化后的课程分享到智慧树平台，使汽车类、非汽车类在校学生以及社会上的汽车爱好者慕名而来，从课程中受益，为我国汽车后市场人才培养添砖加瓦，如图 4.2 和图 4.3 所示。

(a) 课程门户

(b) 教师团队

(c) 课程章节

图 4.2 “汽车服务工程专业导论”课程超星学习通课程建设信息

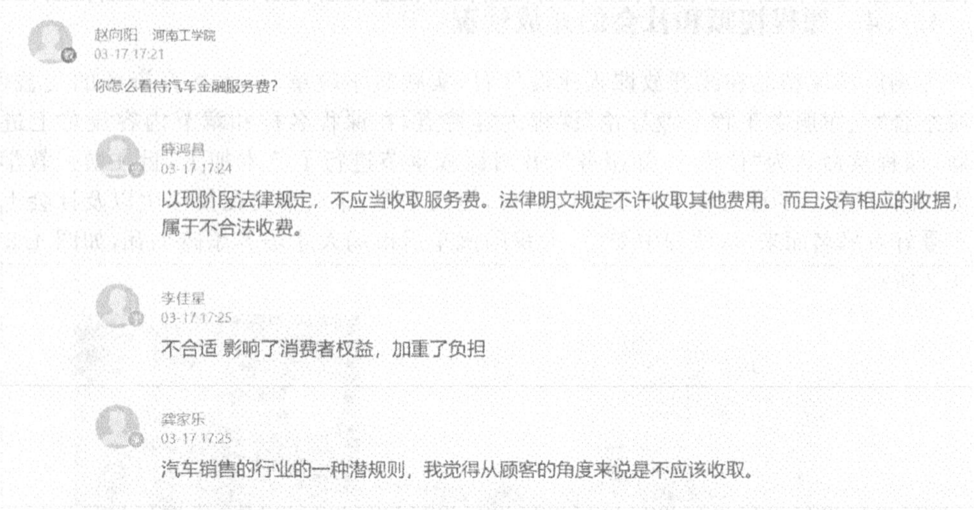

(d) 课程问题讨论

图 4.2 “汽车服务工程专业导论”课程超星学习通课程建设信息(续)

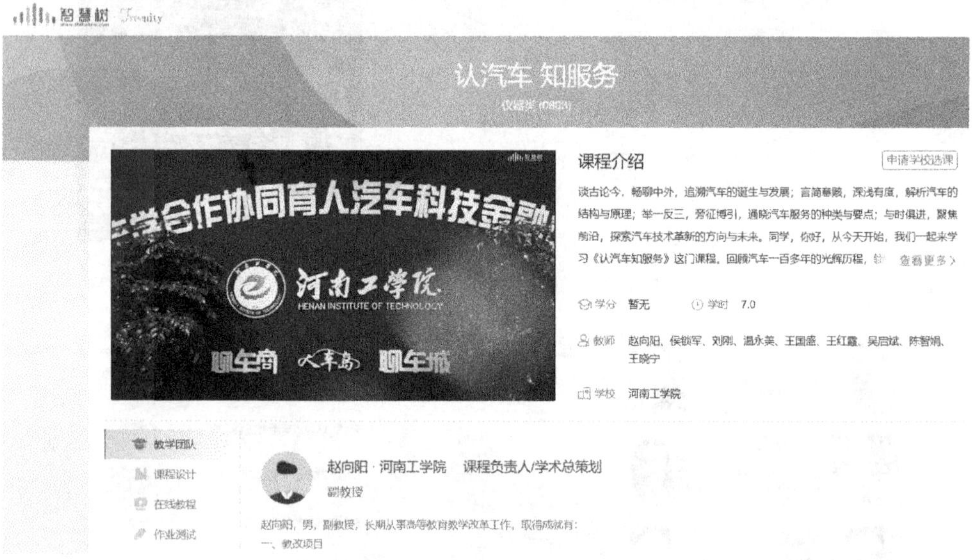

图 4.3 “汽车服务工程专业导论”课程智慧树平台课程建设信息

目前课程已经录制了相关教学视频 21 个、教学 PPT 课件 21 个、辅助教学资料 100 余项，学习任务点 42 个。课程视频以及相关教学资料已经通过超星学习通平台面向全国高校和社会公开，在教学过程中充分收集学生和社会学习者的反馈意见并不断完善。在后续的课程建设中，根据精品在线课程申报相关文件的规定，把完善后的课程视频学习资料上传至精品在线课程平台。该课程在超星学习通平台的具体地址为：

https://moocl.chaoxing.com/course/202824517.html.

4.2 创新教学方案设计

4.2.1 课程定位

“汽车服务工程专业导论”是汽车服务工程专业本科新生了解专业基本内容的先行课程，在整个人才培养体系中起到桥梁的作用，该课程引导汽车服务工程专业新生尽快地进入学习汽车服务工程知识领域，掌握汽车服务工程、汽车后市场行业基本知识，提升学习能力，培养工程素质。此外，本课程面向汽车类专业学生以及社会上爱好汽车的人士，目的在于让学习者掌握汽车服务工程专业基本情况，包括课程框架、汽车基本结构、汽车后市场知识储备、汽车金融、汽车营销、大学生学习生涯规划以及汽车服务行业现状等。本课程作为汽车服务工程专业基础课程，具有概括性强、知识面广、信息量丰富等特点，因此需要对传统“汽车服务工程专业导论”课程的内容进行改革创新，以适应新形势下的行业发展需要。

4.2.2 课程所获荣誉

“汽车服务工程专业导论”课程知识点坚持更新维护，不断进行优化升级，保证教学资源符合时代和行业发展需要，同时借助互联网技术优势，开发精品在线开放课程资源，利用在线课程共享平台，实现课程资源共享，服务在校大学生和社会上的爱车人士，起到汽车后市场技术推广与普及的作用。目前，课程已经获得的荣誉包括：

① 该课程成功立项河南工学院 2019 年校级在线开放课程建设项目，如图 4.4 所示。

② 该课程成功立项 2020 年度河南省高等学校精品在线开放课程建设项目，并在超星学习通和智慧树平台共享资源，如图 4.5 所示。

③ 该课程采用线上＋线下混合式教学，成功申报学校教学创新项目，被评为校级课程创新成长项目，荣获校级创新项目比赛二等奖，如图 4.6 所示。

4.2.3 课程创新教学设计

(1) 设计原则

“汽车服务工程专业导论”课程设计注重基础性、实用性、前沿性、创新型。本课程是汽车服务工程专业新生了解专业情况的第一课，在教学内容设计时要由浅入深、循序渐进、逐步引入，突出课程基础性，同时面向社会上的学习者要突出课程的实用性和前沿性，在响应国家“新工科”建设号召方面，要突出课程的创新性。

(2) 设计思路

课程内容涵盖汽车发展历程、汽车总体结构认识、汽车后市场行业分析、汽车前沿技术、大学生学习规划等方面的内容，课程内容的设计思路如图 4.7 所示。

河南工学院教务处文件

河南工学院教务处〔2019〕5号

关于立项建设2019年校级在线开放课程的通知

各部门（单位）：

为落实教育部一流课程建设“双万计划”，打造线上线下结合混合式“金课”，推进教育教学与信息技术深度融合，推动课堂革命，我校启动了校级在线开放课程的申报立项工作。经过自主立项、申报、建设和网上监测、答辩，专家评审，拟立项《走进液压传动——感知力量之源》等15门课程为校级在线开放课程，具体名单附后。

2019年校级在线开放课程

序号	院（部）	课程负责人	课程名称
1	机械工程学院	田长留	走进液压传动——感知力量之源
2	机械工程学院	张春梅	理论力学
3	材料科学与工程学院	李发闯	走进新能源
4	车辆与交通工程学院	赵向阳	认汽车 知服务
5	电气工程与自动化学院	姚娟	电工技术
6	电子信息工程学院	闫雷兵	电磁场与电磁波
7	电子信息工程学院	陈学锋	数字电子技术

图4.4 2019年校级在线开放课程建设项目

(3) 课程创新教学模式设计

针对校内学生采用线上+线下相结合的混合式教学，线上22个知识点教学视频，线下讨论、案例分析，共32个学时。线上观看知识点视频、课程PPT和相关教学辅助材料，观看视频过程中学生需要完成问题弹幕，每个章节结束后需要完成章节测试、作业安排、问题讨论等。线下针对课程重点、难点、疑点进行谈论、讲解，结合经典教学案例进行剖析。针对校外学习者主要完成课程线上知识点学习、完成课程任务点、参加章节测试、问题谈论等。具体教学模式如图4.8所示。

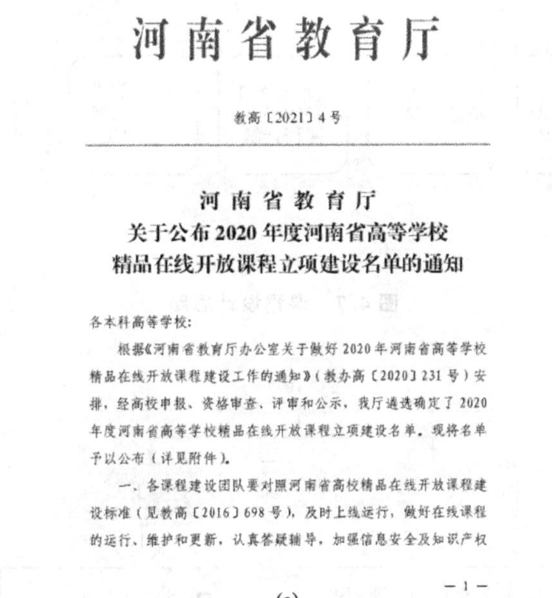

河南省教育厅

教高〔2021〕4 号

河南省教育厅
关于公布 2020 年度河南省高等学校
精品在线开放课程立项建设名单的通知

各本科高等学校：

根据《河南省教育厅办公室关于做好 2020 年河南省高等学校精品在线开放课程建设工作的通知》（教办高〔2020〕231 号）安排，经高校申报、资格审查、评审和公示，我厅遴选确定了 2020 年度河南省高等学校精品在线开放课程立项建设名单。现将名单予以公布（详见附件）。

一、各课程建设团队要对照河南省高校精品在线开放课程建设标准（见教高〔2016〕698 号），及时上线运行，做好在线课程的运行、维护和更新，认真答疑辅导，加强信息安全及知识产权

— 1 —

(a)

168	大学英语读写	河南牧业经济学院	陈延潼	杨 梅、刘冬知、王 靖、贾 甫、孙晓静、于立波、康大伟、李 磊	
169	数字图像处理	河南牧业经济学院	连卫民	李 丹、曹 昶、石 燕、王晓芳、张志明、王桂芝、蔡中民、田 露	
170	成本与管理会计	河南财政金融学院	李爱红	王齐华、戴自力、翟登峰、郜春秋、张桂丽、牛秀粉、王金鑫、贾大明	
171	电磁场与电磁波	河南工学院	何雷兵	牟光臣、魏 岭、张 靓、高智贤、张 瑜、田旸燕、郭某争、刘 晨	
172	汽车服务工程专业导论	河南工学院	赵向阳	侯锁军、吴启斌、温水美、陈智娟、王国鑫、王红霞、刘 刚、王晓宁	
173	体育保健学	黄淮学院	王会凤	王玉清、李慧娟、李军锐、李春亮	
174	大学写作	黄淮学院	王 倩	高 上、曹 娜、邓铁芳、冯伟泳、魏 娜	

(b)

图 4.5　2020 年河南省高等学校精品在线开放课程立项

荣誉证书

HONORARY CREDENTIAL

赵向阳 同志：

在河南工学院 2019-2020 学年“教育教学改革创新成长项目”比赛中，成绩显著，被评为“二等奖”，特发此证，以资鼓励。

河南工学院

二〇二〇年十一月

图 4.6　教育教学改革成长项目二等奖

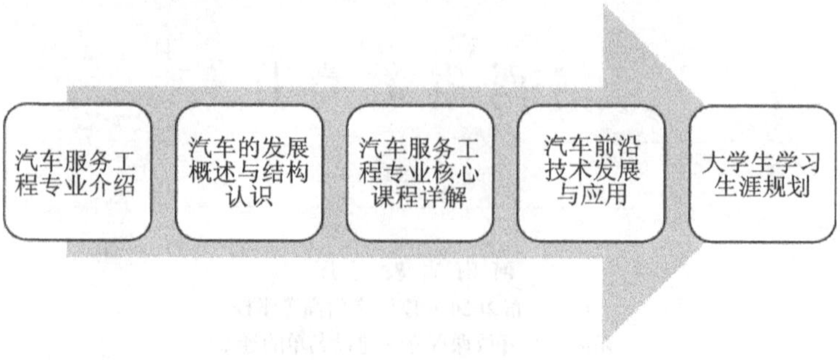

图 4.7 课程设计思路

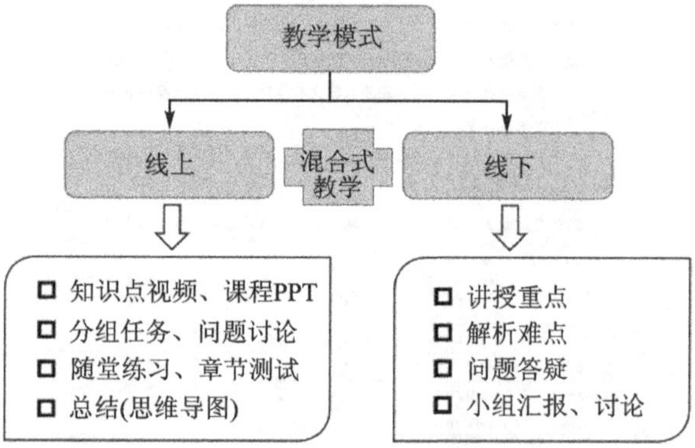

图 4.8 混合式教学模式设计

4.3 课程创新内容及实施

4.3.1 教学内容及对应的教学资源

“汽车服务工程专业导论”的教学内容分为六个章节，第一章是认识汽车服务工程，第二章是汽车的来世今生，第三章是汽车的骨肉之躯，第四章是汽车服务知多少，第五章是汽车守护生命安全，第六章是积极探索学习之妙。每个章节又根据知识点进行细分，每个知识点对应一个教学视频、PPT、教案等，每个章节结束后配备有章节测试，检验学生的学习效果。具体的教学内容及对应的教学资源如表 4.1 所列。

表 4.1　教学内容及对应的教学资源

章　名	节　名	知识点	教学资源
一、认识汽车服务工程	1.1 开门见山话本行	汽车服务工程专业介绍	视频、PPT、教案
	1.2 百年树人育栋梁	汽车服务工程专业人才培养方案	视频、PPT、教案
	1.3 就业升学抉与择	专业就业与升学前景	视频、PPT、教案
	章节测试		作业、测试、拓展学习材料
二、汽车的来世今生	2.1 追根溯源忆开端	汽车发展简史	视频、PPT、教案
	2.2 万象更新论发展	我国汽车后市场发展现状	视频、PPT、教案
	2.3 亦利亦弊皆其中	汽车对社会发展的影响	视频、PPT、教案
	2.4 家国担当汽车梦	新能源汽车的发展	视频、PPT、教案
	章节测试		作业、测试、拓展学习材料
三、汽车的骨肉之躯	3.1 化繁为简讲构造	汽车总体构造	视频、动画、PPT、教案
	3.2 深入浅出释原理	汽车行驶原理	视频、动画、PPT、教案
	3.3 驰骋稳步需衡量	汽车的性能指标	视频、动画、PPT、教案
	章节测试		作业、测试、拓展学习材料
四、汽车服务知多少	4.1 顶层设计话汽车营销	新车营销	视频、PPT、教案
	4.2 精打细算谈二手车	二手车交易与评估	视频、PPT、教案
	4.3 循循善诱说汽车金融	汽车消费信贷与融资租赁	视频、PPT、教案
	4.4 面面俱到讲汽车服务	汽车服务行业	视频、PPT、教案
	4.5 描眉画黛理红妆	汽车维护与保养	视频、动画、PPT、教案
	4.6 望闻问切得安康	汽车维修标准流程	视频、动画、PPT、教案
	4.7 学以致用真本领	汽车技术服务	视频、动画、PPT、教案
	章节测试		作业、测试、操作视频、拓展学习材料
五、汽车守护生命安全	5.1 千锤百炼求平顺	汽车操稳性能开发、汽车平顺性能开发	视频、动画、PPT、教案
	5.2 匠心独运谋新技(一)	汽车主动安全新技术	视频、动画、PPT、教案
	5.3 匠心独运谋新技(二)	新能源汽车技术	视频、动画、PPT、教案
	章节测试		作业、测试、拓展学习材料
六、积极探索学习之妙	6.1 高瞻远瞩规划学习生涯	大学生学习生涯规划	视频、PPT、教案
	6.2 时不我待充实大学时光	大学生时间管理方法	视频、PPT、教案
	章节测试		作业、测试、拓展学习材料

4.3.2 教学方法分析

在本课程的教学过程中，践行“教师为主导，学生为主体”的教学理念，综合应用了多种教学方法，借助超星学习通网络在线教学平台进行教学、学习、互动、辅导等，充分发挥学生的主观能动性，提高学生学习的自主性和便捷性，提高教学效果。具体教学方法如下。

① 以课堂思政为引导。高校课程思政是正确引导学生的世界观、人生观和价值观，认清时代责任和历史使命的关键环节，教师结合课程特点将思政元素融入知识讲解过程中。用新时代中国特色社会主义思想铸魂育人，引导学生增强中国特色社会主义道路自信、理论自信、制度自信、文化自信，厚植爱国主义情怀，把爱国情、强国志、报国行自觉融入坚持和发展中国特色社会主义、建设社会主义现代化强国、实现中华民族伟大复兴的奋斗之中。课程中的思政元素如图 4.9 所示。

(a) 中国汽车的诞生历程　(b) 中国汽车自主创新阶段

(c) 中国汽车人的杰出代表　(d) 中国汽车人的初心

图 4.9　课堂思政元素

② 互动式教学法：互动式教学就是通过营造多边互动的教学环境，在教学双方平等交流探讨的过程中，达到不同观点碰撞交融，进而激发教学双方的主动性和探索性，达成提高教学效果的一种教学方式。这种方法主题明确，条理清楚，探讨深入，能充分调动学员的积极性、创造性。学生通过线上资源学习，对相关知识点有初步的认识，记录课程中的重点难点问题，同时要完成教师发布形式多样的主题讨论、分组任务、问卷调查、随机提问等课堂活动，如图 4.10 所示。线下学习在多媒体教室进行，学生根据课堂活动内容进行小组讨论，并以小组为单位进行小组汇报，整个过程以教师为引导，较

多地采用互动式教学方式，避免老师"一言堂"的传统式教学，整个学习过程以学生为主体开展。

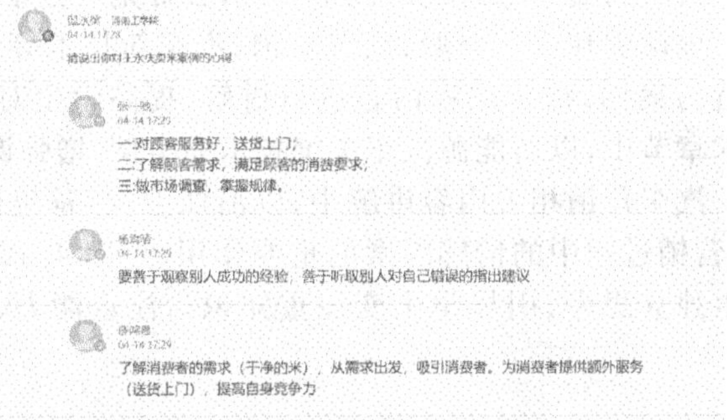

(a) 问题讨论案例

姓名	学号/工号	院系	专业	班级	参与数	平均分
周宇航	19340181150080	车辆与交通工...	汽服工程	汽服工程19...	11	45.27
吕元博	19410312150756	车辆与交通工...	汽车服务工程...	汽服工程19...	11	45.27
白天明	19410501151656	车辆与交通工...	汽服工程	汽服工程19...	11	45.27
王庚鑫	19411114152586	车辆与交通工...	汽服工程	汽服工程19...	11	45.27
魏昭清	19411613151325	车辆与交通工...	汽服工程	汽服工程19...	11	45.27
薛帅	19341182151633	车辆与交通工...	汽车服务工程	其他	11	45.27
赵彪璇	19411514151683	车辆与交通工...	汽服工程	汽服工程19...	11	45.27
崔磊	19411014150299	车辆与交通工...	汽车服务工程...	汽服工程19...	11	45.27
彭世奇	19411612151020	车辆与交通工...	汽服工程	汽服工程19...	11	45.18
李程威	19411416152493	车辆与交通工...	汽车服务工程...	汽服工程19...	11	45.18
叶慧旖	19411511150920	车辆与交通工...	汽车服务工程	其他	11	45.18
段文秀	19411401152245	车辆与交通工...	汽服工程	汽服工程19...	11	45.18
何瑞	19411401150433	车辆与交通工...	汽服工程	汽服工程19...	11	45.18

(b) 问题讨论汇总情况

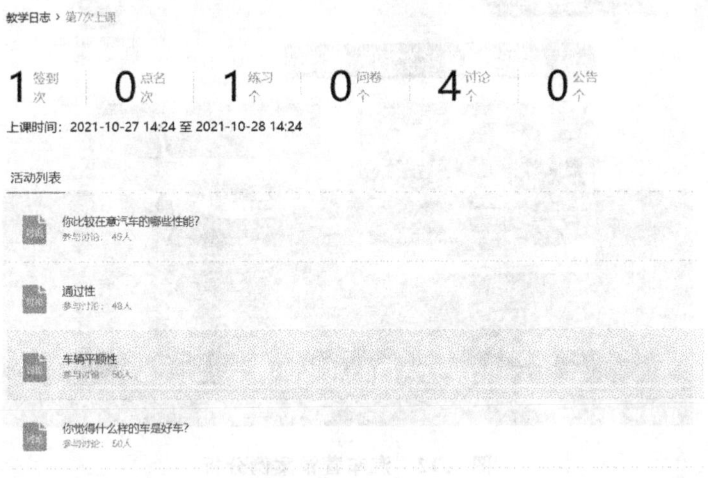

(c) 其他课程教学活动

图 4.10 课程活动内容

③ 案例教学法：案例教学法是一种以案例为基础的教学法，案例本质上是提出一种教育的两难情境，没有特定的解决之道，而教师于教学中扮演着设计者和激励者的角色，鼓励学生积极参与讨论，而不像传统的教学方法，教师是一位很有学问的人，扮演着知识传授者的角色。该课程在汽车金融、汽车营销、汽车新技术等章节的教学过程中，以企业相关业务运营为案例，结合课程内容进行讲解，提高学生对学习的兴趣和积极性。在汽车前沿技术章节中，以新能源汽车关键技术为案例，增强课程的实用性和前沿性，如图 4.11 所示。汽车营销相关内容讲解中，以浙江卫视《爸爸回来了》亲情类综艺节目为案例，分析了营销过程中的情感因素的重要作用，如图 4.12 所示。案例教学的作用主要有鼓励学生独立思考、引导学生变注重知识为注重能力、促进师生交流的效果等。

图 4.11　红旗 HS7 平顺性分析

图 4.12　汽车营销案例分析

④ 任务驱动教学法：任务驱动教学法是一种教学方式。任务驱动的教与学的方式，能为学生提供体验实践的情境和感悟问题的情境，围绕任务展开学习，以任务的完成结果检验和总结学习过程等，改变学生的学习状态，使学生主动建构探究、实践、思

考、运用、解决高智慧的学习体系。在汽车结构认识章节教学过程中，课前以任务工单的形式向学生布置任务，要求学生课前讨论汽车的基本组成和作用，汽车的行使原理，使学生课前对汽车的结构有初步认识，并带着任务开始课程学习，如图 4.13 所示。

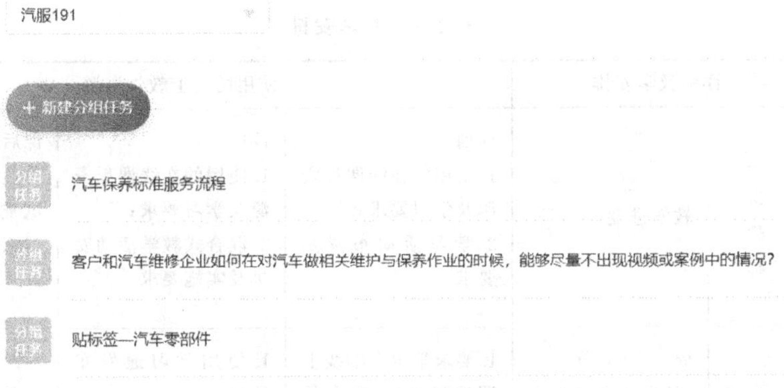

图 4.13　课程分组任务

⑤ 思维导图法：思维导图是有效的思维模式，应用于记忆、学习、思考等的思维“地图”，利于人脑的扩散思维的展开。思维导图运用图文并重的技巧，把各级主题的关系用相互隶属与相关的层级图表现出来，把主题关键词与图像、颜色等建立记忆链接，思维导图充分运用左右脑的机能，利用记忆、阅读、思维的规律，协助人们在科学与艺术、逻辑与想象之间平衡发展，从而开启人类大脑的无限潜能。在汽车结构认识、汽车服务知多少、积极探索学习之妙等章节中，要求学生使用思维导图法进行知识点的总结，培养学生使用思维导图的能力，具体如图 4.14 所示。

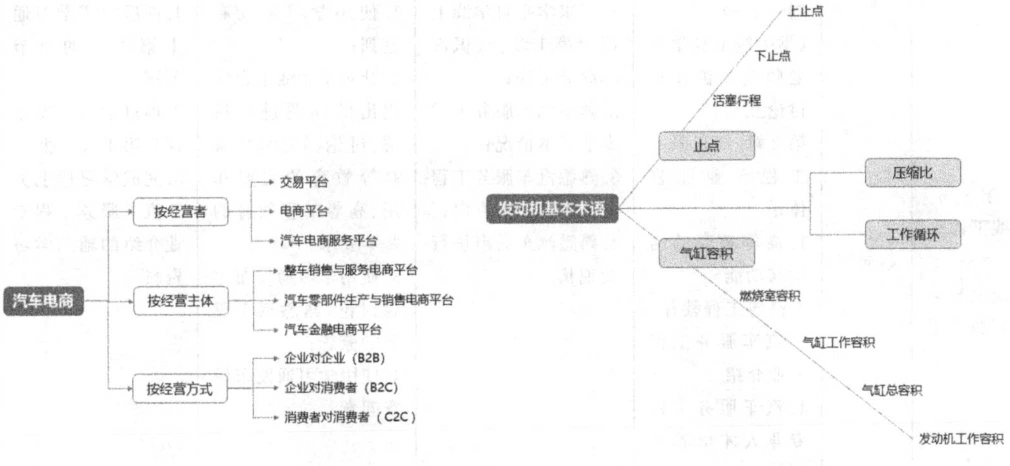

(a) 汽车电商知识点思维导图　　(b) 汽车发动机知识点思维导图

图 4.14　课程知识点思维导图

4.3.3 教学过程实施

"汽车服务工程专业导论"课程采用线上+线下的混合式教学,混合式教学在实施过程中需要根据课程内容进行详细的教学安排,具体的教学安排如表 4.2 所列。

表 4.2 教学安排

<table>
<tr><td rowspan="2">教学周次</td><td colspan="2">详细教学安排</td><td colspan="3">使用的线上教学资源</td></tr>
<tr><td>主讲教师</td><td>教学进度</td><td>课前
1. 使用的在线课程资源及学习要求;
2. 学习活动布置及要求</td><td>课中
1. 使用的在线课程资源及学习要求;
2. 混合式教学活动安排及实施要求</td><td>课后
作业要求、课后测试测验评价要求、讨论话题等</td></tr>
<tr><td>第 2 周
线下课堂
+
线上教学资源使用</td><td>吴启斌</td><td>周一 7~8 节
(学生线上自学+老师线下讲授+讨论互动)
第 1 章 汽车产业发展现状与展望
1. 汽车发展简史
2. 我国汽车产业发展现状
3. 我国汽车产业发展前景</td><td>1. 要求学生自学线上课程第 2 章:汽车的前世与今生;
2. 初步熟悉汽车工业发展史;
3. 熟悉我国汽车工业发展历程和现状;
4. 熟悉我国汽车未来发展方向</td><td>1. 使用学习通发布签到;
2. 针对学生线上自学提出的问题进行讲解、讨论、答疑,熟悉现代汽车发展历程;
3. 使用学习通的选人功能,讨论国产汽车的优势和劣势</td><td>1. 课后完成学习通上第二章的章节测试;
2. 完成学习通上关于汽车发展历史的辅助学习资料</td></tr>
<tr><td>第 3 周
线下课堂
+
线上教学资源使用</td><td>赵向阳</td><td>周一 7~8 节
(学生线上自学+老师线下讲授+讨论互动)
第 2 章 汽车服务工程专业课程体系
1. 高等教育的结构与功能
2. 高等工程教育
3. 汽车服务工程专业介绍
4. 汽车服务工程专业人才培养计划与实施</td><td>1. 要求学生自学线上课程第 1 章:认识汽车服务工程;
2. 熟悉汽车服务工程专业基本情况;
3. 熟悉汽车服务工程专业人才培养方向;
4. 熟悉汽车后市场行业现状</td><td>1. 使用学习通发布签到;
2. 针对学生线上自学提出的问题进行讲解、讨论、答疑,理解高等教育的主要作用、高等工程教育的基本要求;
3. 使用学习通发布主题讨论,熟悉汽车服务的概念;
4. 使用学习通发布调查问卷</td><td>1. 课后完成学习通上第 1 章的章节测试;
2. 通过学习通发布课程第 1 次作业;
3. 完成学习通上关于汽车服务工程专业介绍的辅助学习资料</td></tr>
</table>

续表 4.2

教学周次	详细教学安排		使用的线上教学资源		
	主讲教师	教学进度	课前 1.使用的在线课程资源及学习要求； 2.学习活动布置及要求	课中 1.使用的在线课程资源及学习要求； 2.混合式教学活动安排及实施要求	课后 作业要求、课后测试测验评价要求、讨论话题等
第4周 线下课堂 ＋ 线上教学资源使用	陈智娟	周一 7～8节 (学生线上自学＋老师线下讲授＋讨论互动) 第3章 汽车的初步认识 1.汽车的定义与分类； 2.汽车的总体构造与行驶原理； 3.汽车新技术	1.要求学生自学线上课程第3章：汽车的骨肉之躯任务点学习； 2.掌握汽车的定义； 3.掌握汽车的整体结构； 4.能正确运用汽车性能相关评价指标科学合理评价汽车； 5.了解新能源汽车类型； 6.了解无人驾驶技术	1.使用学习通发布签到； 2.能够根据汽车定义判断图片车辆是否属于汽车范畴； 3.使用学习通选人功能讨论汽油机与柴油机结构上的不同； 4.熟练绘制发动机前置后轮驱动汽车传动系统结构简图； 5.通过分组任务，准确找出便签纸上零部件的位置	1.通过学习通发布第2次作业； 2.完成在线课程第3章章节测试； 3.通过作业讨论未来汽车的外观与功能； 4.完成学习通上关于汽车结构认识的辅助学习资料
第5周 线上教学	于汇泳	周一 7～8节 (学生线上自学＋老师线下讲授＋讨论互动) 第4章 汽车服务 1.汽车保养与维修	1.要求学生自学线上课程第4章：汽车服务知多少中关于汽车保养与维修内容； 2.熟悉汽车日常保养常识； 3.熟悉汽车基本维修知识	1.使用学习通发布签到； 2.使用学习通上选人功能，讨论汽车日常保养常识与技能	课后完成学习通上关于汽车保养与维修的辅助学习资料
第6周	王国盛	周一 7～8节 (学生线上自学＋老师线下讲授＋讨论互动) 第4章 汽车服务 2.汽车消费信贷与融资租赁	1.要求学生自学线上课程第4章：汽车服务知多少中关于汽车金融内容； 2.熟悉汽车消费信贷的基本知识； 3.熟悉汽车融资租赁的主要方式	1.使用学习通发布签到； 2.使用学习通发布主题讨论，讨论汽车消费信贷的优点； 3.使用学习通发布随堂练习，检验学生学习效果	课后完成学习通上关于汽车消费信贷与融资租赁的辅助学习资料

续表 4.2

教学周次	详细教学安排		使用的线上教学资源		
	主讲教师	教学进度	课前 1.使用的在线课程资源及学习要求； 2.学习活动布置及要求	课中 1.使用的在线课程资源及学习要求； 2.混合式教学活动安排及实施要求	课后 作业要求、课后测试测验评价要求、讨论话题等
第 7 周	温永美	周一 7～8 节 (学生线上自学＋老师线下讲授＋讨论互动) 第 4 章 汽车服务 3.汽车营销策划 4.汽车保险与理赔	1.要求学生自学线上课程第 4 章：汽车服务知多少中关于汽车营销与保险的内容； 2.掌握汽车营销的基本常识； 3.熟悉汽车保险与理赔的主要内容	1.使用学习通发布签到； 2.使用学习通发布问题抢答。谈论汽车营销的常用方式； 3.使用学习通选人功能，讨论汽车保险的险种	1.课后完成学习通上第 4 章的章节测试； 2.课后完成学习通上关于汽车营销与保险理赔的辅助学习资料
第 8 周	侯锁军	周一 7～8 节 (学生线上自学＋老师线下讲授＋讨论互动) 第 5 章 汽车平顺性开发流程	1.要求学生自学线上课程第 5 章：汽车守护生命安全； 2.熟悉汽车平顺性	1.使用学习通发布签到； 2.使用学习通发布问题抢答，谈论汽车平顺性的评价指标； 3.使用学习通选人功能，讨论研究汽车平顺性的意义	1.课后完成学习通上第 5 章的章节测试； 2.完成学习通上关于汽车性能的辅助学习资料
第 9 周	王晓宁	周一 7～8 节 (学生线上自学＋老师线下讲授＋讨论互动) 第 6 章 工科大学生学习方法与时间管理	1.要求学生自学线上课程第 6 章：工科大学生学习方法与时间管理； 2.要求学生明确大学生学习方法； 3.熟悉大学生时间管理的方法与作用	1.使用学习通发布签到； 2.使用学习通发布主题讨论，关于大学生学习方法发表意见； 3.使用学习通发布投票功能，使学生发表关于时间管理的见解	1.课后完成学习通上第 6 章的章节测试； 2.通过学习通发布课程第 3 次作业； 3.完成学习通上关于学习方法的辅助学习资料
总学时：24 学时			线上教学 8 学时，线下教学 16 学时		

4.3.4 教学考核方式

混合式教学效果评价是检验学生学习效果的必要环节，包括学习过程和结课考试的综合考核，这既是学生综合素质的体现，又是学习技能与学习效果的客观评价。混合式教学评价将学习结果的重要性与学习过程的必要性科学有效的结合，有利于调动学生的学习积极性，使学生真正地融入课堂。因此，混合式教学效果评价的设计要多角度多维度考量，针对不同层次学生，充分考虑学生的个体差异，因材施教，因材施评，为教师提供真实的教学结果反馈信息，进而进一步优化教学设计和方法。“汽车服务工程专业导论”课程基于“线上线下相结合的混合式教学”的模式，实现“过程性考核和期末考核评价结合”“多元化评价”“线上与线下相结合”的综合评价体系，关注学生在整个学习过程中的综合表现。课程考核方式如图 4.15 所示。

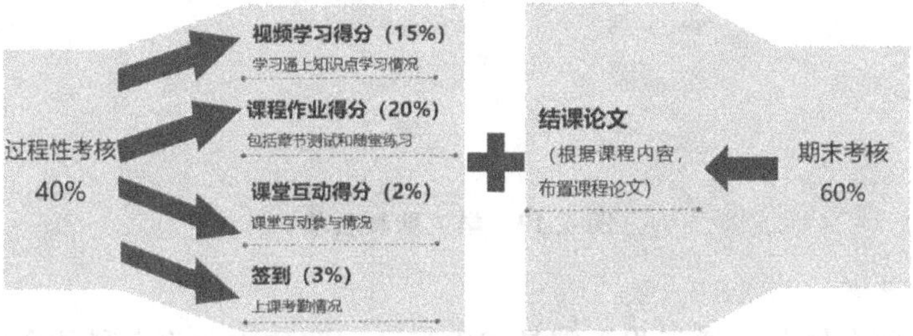

图 4.15　课程考核方式

4.3.5　教学建设保障

(1) 师资力量保障

① 教师团队：“汽车服务工程专业导论”在线课程由河南工学院汽车服务工程教研室承担，如图 4.16 所示，该教研室曾先后荣获 2015 年省级优秀教学团队、2019 年省级优秀基层教学组织。课程教师团队由 10 名教师组成，其中教授 1 人，副教授职称 3 人，讲师 4 人，助教 2 人。具有博士学位 2 人，硕士学位 7 人，省教育厅学术技术带头人 2 人，赴德访问学者 2 人，职称及学历结构合理，教学经验丰富，工程实践能力突出。

图 4.16　“汽车服务工程专业导论”课程团队

② 学生助教：每学期从汽车服务工程专业学生中挑选 2～4 名品学兼优的学生担任课程助教，如图 4.17 所示。学生助教主要负责教学资料整理、教学平台信息更新、协助教师完成线下课堂教学等工作，有利于充分发挥学生的主体作用，促进教师和学生的互动交流。学生助教拉近学生与教师之间的距离，起到信息传递、问题反馈、学情交流

的作用。

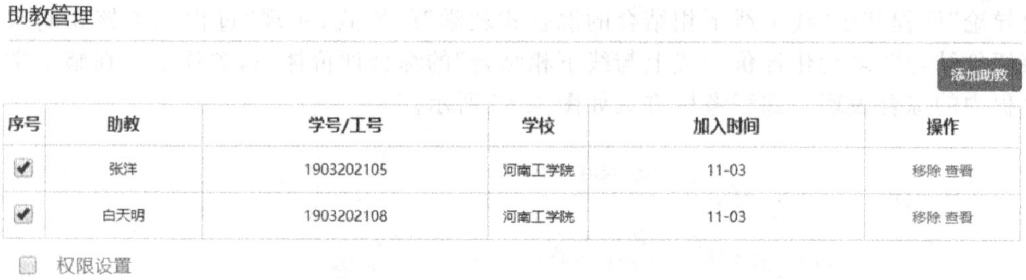
助教管理

添加助教

序号	助教	学号/工号	学校	加入时间	操作
✔	张洋	1903202105	河南工学院	11-03	移除 查看
✔	白天明	1903202108	河南工学院	11-03	移除 查看

权限设置

图 4.17　学生助教名单

(2) 项目支撑

河南工学院车辆与交通工程学院是省内唯一一家致力于汽车科技金融项目研究的高校，2018 年 11 月，我院以汽车服务工程专业建设为基础，通过校企合作与上海巧园文化投资有限公司合作申报的教育部产学合作协同育人汽车科技金融专业项目顺利立项，为汽车服务工程专业建设提供坚实的保障，如图 4.18 所示。“汽车服务工程专业导论”课程教学资源的更新与维护需要项目支撑，以保证课程建设持续开展。

教育部产学合作
协同育人项目鉴定证书

项目名称：汽车科技金融专业建设项目
项目编号：201801031002
项目类型：新工科建设
项目负责人：段维峰
项目完成人：侯锁军、赵向阳、温永美、闫君杰、王国盛、袁霞、吴启斌、陈智娟、王红霞、朱命怡、娄云、赵开新、王耀耀、王晓宁
完成单位：河南工学院

百长教育科技（上海）有限公司　　上海巧园投资发展有限公司
2019年5月27日　　2019年5月27日

图 4.18　教育部产学合作协同育人项目

(3) 硬件设施支撑

① 团队支撑。成立在线课程建设团队，具备课件制作、视频录制、视频处理、后期制作、平台维护等能力，保证在线课程可持续更新。

② 创新平台支撑。我院教育部产学合作协同育人汽车科技金融创新中心为学生提供线下学习平台，如图 4.19 所示。

③ 硬件和软件设施。我院专门组建课程录制录播室，设备齐全，满足录课要求。组建计算机系统，具备课程后期处理、演示、培训、教学功能，如图 4.20 所示。

④ 优秀教材支撑。机械工业出版社出版，鲁植雄主编，普通高等教育“十三五”规划类教材《汽车服务工程专业导论》。

⑤ 在线开放课程平台支持。学生和社会人员可通过 PC 端或者手机 APP 登陆超星学习通和智慧树在线平台学习该课程全部教学资源，学习时间和空间均可自由把握。

⑥ 教学资源支撑。21 个课程知识点视频，21 个课程 PPT，100 余项辅助教学资料。

图 4.19 教育部产学合作协同育人汽车科技金融创新中心

图 4.20 汽车金融实验室及在线课程拍摄基地

4.4 课程特色

(1) 响应国家“新工科”建设号召，实践多学科交叉融合

基于汽车服务工程专业融合汽车基础、管理学、金融学等多学科的特点，“汽车服务工程专业导论”在线课程，分模块概述各学科知识结构，讲述各学科发展前沿，帮助学生建立对汽车服务工程专业内容最基本的认知，促进学生对后期学习内容的预知和主动学习，为学生大学生活的学习管理与规划、职业生涯的规划奠定基础。学生参加职业生涯规划大赛如图 4.21 所示。

图 4.21　汽服工程专业学生参加学校职业生涯规划大赛

(2) 模块化教学，充分发挥教师特长

本课程按照专业介绍、时间规划与管理、汽车发展史、汽车专业基础、汽车金融、汽车维修服务、汽车性能试验等内容分模块教学。由 10 位专业教师根据模块内容特点并结合自身教学和科研方向与特长，分模块进行授课，一方面能够提高教师的专注度，深入挖掘行业发展趋势，并做到以研促教，提高讲授质量和学生的学习效果；另一方面，为专业技能大赛(全国高校"汽车金融管理师与二手车鉴定评估师"技能大赛、全国大学生交通科技大赛、全国新能源汽车关键技术技能大赛等)奠定基础，方便学生参加不同大赛时选择与研究方向更加相关的指导老师，具体如图 4.22 所示。

图 4.22　全国高校汽车金融管理师与二手车评估师技能大赛

(3) 以学生为中心，设置富有文采的个性化章节名称

通过在线课程建设团队和教学团队集思广益，将章节标题命名为既能吸引学生，又富有文采、对仗工整的名称，激发学生的学习兴趣，如图 4.23 所示；同时，本在线课程的

建设以服务社会为宗旨，个性化的章节名称更能够提高社会上汽车爱好者、汽车金融服务人员的关注度。

图 4.23 富有文采的个性化章节名称

(4) 开展本科课程考核方式创新

开展课程考核方式改革，考核方式科学多样，注重形成性评价和过程化考核，考核标准明确，资料齐备。混合式教学效果评价的设计要多角度多维度考量，针对不同层次的学生，充分考虑学生的个体差异，因材施教，因材施评，为教师提供真实的教学结果反馈信息，进而进一步优化教学设计和方法。该课程基于“线上线下相结合的混合式教学”的模式，实现“过程性考核和期末考核评价结合”“多元化评价”“线上与线下相结合”的综合评价体系，关注学生在整个学习过程中的综合表现。课程具体考核方式如图 4.15 所示。

(5) 融入课程思政，指导学生树立正确的价值观

以汽车发展历程、汽车新技术发展态势、汽车金融服务业的快速发展等知识点为基础，挖掘课堂思政元素，串联起现代大学生的责任与使命，把价值观培育和塑造“基因式”地融入课程，润物无声，立德树人。既要在课程教学中发挥思政教育的功能、让专业课教学有思政味儿，又要结合专业教育开展思政课教学、让思政课教学具有专业色彩，即结合汽车服务工程专业特点实施学生爱国主义教育，让思政教育服务于专业教育，促进大学生成才成长。

(6) 开启国内高校专业导论在线开放课程建设先河

国内高校关于专业导论课程的在线开放课程资源较少，对专业导论课程重视不够，课程内容简单，不够全面，教学时基于传统教学体系和内容，教学设计、教学方法和教学资源都没有进行创新和改革，对培养新形势下汽车后市场人才的作用有限。针对以上问题，我校“汽车服务工程专业导论”在线开放课程在内容设置、教学设计、教学方法等方面进行了改革，有机整合了汽车文化、汽车结构、汽车金融、汽车营销、汽车技术服务、汽车新技术、大学生学习生涯规划等方面的知识，采用模块化、混合式、任务驱动等形式多样的教学方法，保证切实提高教学效果。

(7) 重视高等教育服务社会的功能

高校是为国家培养人才的前沿阵地，高校课程建设要勇于承担服务社会的责任。“汽车服务工程专业导论”在线开放课程建设既满足于高校学生的学习需要，又兼顾了社会上学习者的学习需求。课程名称、章节名称都进行了艺术加工，课程在中国大学生慕课平台和智慧树平台同时上线，在智慧树平台共享命名为《认汽车 知服务》，便于社会学习者接受，扩大教育资源受益面，顺应时代对汽车后市场人才培养的要求，充分体现了高校课程服务社会的功能，具体如图 4.24 和图 4.25 所示。

图 4.24　课程在中国大学慕课平台上线

图 4.25　课程在智慧树平台共享

第5章 “电磁场与电磁波”融合式教学创新探索

当今世界几乎所有的电子信息系统，包括通信、雷达、广播、电视、导航、遥测等，都是通过电磁波来传递信息工作的。与亲朋好友交流信息，“神舟”飞天、“嫦娥”奔月，游弋在世界各地的雷达、导弹、战机、军舰等，都是依靠电磁波这样一个宝贵的信息或能量的通道。因此，高科技产品均是电磁理论的产物，欢迎大家一起学习“电磁场与电磁波”，探索神秘而有趣的电磁世界。

5.1 教学方案总体设计

本课程以培养“德才兼备、实践应用”的高素质创新型工程人才为目标，以学生为中心进行课程设计，在整个教学过程中始终突出学生的主体地位，教师做好引导工作。课程教学分为三个部分：课前、课中、课后，课前先学、课中再教、课后练习，从而实现知识的内化、迁移与应用。结合地方经济的发展，随时添加工程项目，锻炼学生的动手能力和解决实际工程问题的能力。同时在课程中有效融入思政元素，培养学生热爱祖国，拥护中国共产党领导，树立科学的世界观、人生观、价值观，具有良好的思想品德、道德修养，敬业爱岗、热爱劳动。

5.1.1 课程地位

“电磁场与电磁波”课程是电子信息工程与通信工程专业的一门基础课，其教学内容是后续微波通信类课程及日后微波通信相关工作的基础。本课程主要涉及电磁基本理论，电磁基本理论主要研究电磁场的源与场的关系以及电磁波在空间传播的基本规律。电磁基本理论是一些交叉领域的学科生长点和新兴边缘学科发展的基础，学好电磁基本理论将增强学生的适应能力和创造能力。本课程的作用不仅是为进一步学习准备必要的基础，更为深远的是关系到所培养学生的基本素质。

5.1.2 教学理念及教学目标

本课程始终秉承“以学生为中心”的教学理念，实现多层次复合型人才的培养目标。

1. 教学目标

(1) 知识目标

通过“电磁场与电磁波”课程的学习，使熟练掌握标量场与矢量场梯度物理意义与计算方法、矢量场的旋度与斯托克斯定理、拉普拉斯运算与格林定理、真空中静电场的基本规律、真空中恒定磁场的基本规律、媒质的电磁特性、电磁感应定律的微分与积分表示形式，理解位移电流的物理意义并掌握计算方法，熟练推导麦克斯韦方程组并可以利用方程组求解电磁场。熟练掌握电磁波的极化以及均匀平面波的传播特性。

(2) 能力目标

使学生能够通过数学方法分析一些基本和实际问题，对实际工程问题进行抽象建模，应用数学、电磁场和电磁波知识分析实际的工程问题并提出相应的解决方案，培养学生解决和研究问题的能力。

(3) 素质目标

具有与电子信息工程实践相关的人文、历史、环境、法律、安全、伦理等知识，能够在电子信息领域的工程实践中理解并遵守工程职业道德和规范，履行责任。热爱祖国，拥护中国共产党领导，树立科学的世界观、人生观、价值观，具有良好的思想品德、道德修养，敬业爱岗、热爱劳动。

2. 教学理念

本课程的作用不仅是为进一步学习准备必要的基础，更为深远的是关系到所培养学生的基本素质。为了实现上述教学目标，本在线课程将遵循以下教学理念进行教学活动，如图 5.1 所示。

图 5.1　教学理念

① 以学生为中心，突出学生的主体地位。教学过程中，注重学生的主体地位，教师起到启发引导的作用。依据专业的差异、学生个体之间的差异制定相应的授课计划。

② 先学后教再练，提高学生的自主学习能力。利用在线课程资源平台，通过学生课前的先学，教师在课堂重点处理疑难点问题、课后有针对性地进行训练，使学生真正成为教学活动中的“主体”，提高学生的自学能力。

③ 项目式教学，培养学生的创新精神。通过问题式教学、项目式教学，锻炼学生的动手能力，培养学生的创新意识。

④ 融入思政元素，实现铸魂育人。课程内容加入思政元素和学科前沿技术，用习近平新时代中国特色社会主义思想铸魂育人。

5.1.3 所获荣誉

1. 研究课题及教研论文

① 2019年第二批产学合作协同育人项目:人工智能背景下师资培训探索与实践,主持;

② 2019年第二批产学合作协同育人项目:基于数字信号处理的混合式课程教学改革,主持;

③ 2020年河南省高等学校精品在线开放课程项目:"电磁场与电磁波"课程,主持;

④ 2020年河南工学院教育教学改革创新成长项目:基于"数字信号处理"的混合式教学创新,主持;

⑤ 2019年第一批产学合作协同育人项目:新工科背景下高校教师教学能力提升,第二;

⑥ 2019年河南工学院教育教学改革研究与实践项目:新工科背景下线上线下混合式"金课"的研究与实践,第二;

⑦ 2019年河南省高等教育教学改革研究与实践项目:以学生为中心的机器人工程专业教学方法探索与实践,参与;

⑧ 电子信息工程专业获批2020年度河南省一流本科专业建设点,第二名;

⑨ 闫雷兵,王建玲. 数字信号处理线上线下混合教学模式设计及研究. 教育发展研究[J],2021,7(3):153-154;

⑩ 闫雷兵,牟光臣. 五星教学法在"电磁场与电磁波"课堂中的教学设计与实践[J],2021,17:36-39。

2. 所获教学荣誉

① 2018年河南工学院举办创新课程暨混合式教学示范观摩,主讲;

② 2019年荣获河南工学院"课程思政"教学观摩课一等奖;

③ 2020年荣获河南省本科教育疫情防控期间线上教育优秀课程一等奖,第一;

④ 2020年荣获全省教育系统教学技能竞赛(大学工科)一等奖,被授予"河南省教学标兵"称号;

⑤ 2020年荣获河南工学院教育教学改革创新成长项目教学竞赛一等奖;

⑥ 2020年荣获河南工学院校长教学质量奖。

3. 指导竞赛及专利

① 2019"挑战杯"大学生课外学术科技作品竞赛省级三等奖;

② 闫雷兵,韦俊红,等. 一种异构网络下快速精准的目标定位与跟踪方法,发明专利,专利号:ZL20810107348.9;

③ 闫雷兵,王翠钦,等. 一种电子通信天线支架,实用新型,专利号:ZL202022619728.6;

④ 闫雷兵,王翠钦,等. 一种通信设备散热装置,实用新型,专利号:ZL202022619813.2;

⑤ 闫雷兵,庄晓利. 一种计算机散热装置,实用新型,专利号:ZL201820231858.2;

⑥ 闫雷兵,庄晓利. 一种改进型电路板焊接夹紧装置,实用新型,专利号:

ZL201820231860. X；

⑦ 闫雷兵，庄晓利．一种自动切削装置，实用新型，专利号：ZL201820231987. X。

5.2 教学创新内容及实施

5.2.1 教学内容及线上资源

1. 教学内容

“电磁场与电磁波”课程体系结构如图 5.2 所示。

（1）矢量分析与场论概要

掌握矢量函数的微分、积分；建立场的概念，了解标量场和矢量场各自的描述方法，了解梯度、散度和旋度的概念，熟练掌握在常用坐标系下梯度、散度和旋度的计算方法；熟练掌握散度定理和斯托克斯定理。目的是奠定本课程所必需的工程数学基础。

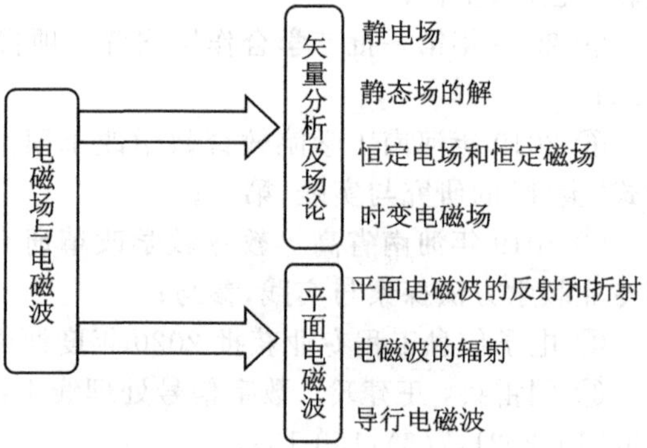

图 5.2　课程体系结构

（2）静电场

真空中静电场的基本方程；电位，泊松方程和拉普拉斯方程；电偶极子；介质的极化，极化介质中的场方程；边界条件；导体系统的部分电容；静电场的能量密度，静电能；电场力。目的之一是系统而全面地掌握静电场的规律，之二是系统而全面地了解矢量场的研究方法。

（3）恒定电场和恒定磁场

电流密度，恒定电场的基本方程；电位，拉普拉斯方程，边界条件；静电比拟法；真空中恒定磁场的基本方程，矢量磁位，矢量泊松方程；磁偶极子；磁介质的磁化，磁化介质中的场方程；边界条件；电感；恒定磁场的能量密度，静磁能；磁场力。目的是系统而全面地了解恒定磁场。

（4）静态场的解

镜像法；分离变量法（直角坐标系中和圆柱坐标系中分离变量法为基本要求，球坐标系中分离变量法为提示要点自学）；有限插分法简介（其他数值解法提示）。目的之一是熟练掌握静态场（静电场、恒定电场和恒定磁场）的基本解析解法，目的之二是了解静态场数值解法的步骤和要点。

（5）时变电磁场

法拉第电磁感应定律的推广形式；位移电流；麦克斯韦方程组，辅助方程；时变电磁场的边界条件；坡印廷定理，坡印廷矢量（能流密度）；正弦电磁场；波动方程；时变电磁场的位函数，非齐次波动方程。目的是系统而全面地了解时变电磁场的运动规律和描述方法。

(6) 平面电磁波

无耗媒质中非齐次波动方程的均匀平面波解；导电媒质中平面电磁波；平面电磁波的极化；电磁波的色散与群速；各向异性媒质中的平面电磁波(提示要点自学)。目的是系统而全面地了解平面电磁波的传播特性。

(7) 电磁波的反射和折射

反射和折射定律的一般形式；垂直入射；斜入射；全透射，全反射。目的之一是掌握电磁波遇媒质界面时的分析方法，之二是了解平面电磁波在不同区域的场结构特征及波的传播特性。掌握均匀平面电磁波与非均匀平面电磁波的判别方法。

(8) 导行电磁波

矩形波导、圆柱形波导波的传输模式，场结构，主模及传输特性。(提示要点自学，系统知识留给“微波技术”)

(9) 电磁波的辐射

滞后位；电基本振子的场；近区场；远区场，辐射功率，辐射电阻，方向图。目的是掌握电磁波辐射的基本规律。

2. 线上资源

“电磁场与电磁波”课程线上资源主要包括大纲、电子课件及教案、章节测试、模拟动画演示、线上试题思政园地等在线资源。根据专业知识体系结构需要，目前录制的在线课程资源主要包括：静电场、静态场的解、恒定电场和恒定磁场、时变电磁场、平面电磁波的反射和透射，共计录制了 69 个知识点、近 1000 分钟的视频教学资源，具体内容及学时分配如表 5.1 所列。

表 5.1　视频知识点及学时分布

教学章节	知识点数量及资源	理论学时	实验学时
绪论	2 个，PPT、视频、动画	1	
第一章　矢量分析	13 个，PPT、视频、图片、试题	10	
第二章　电磁场的基本规律	15 个，PPT、视频、图片、试题	12	静电场的描绘(4 学时)
第三章　静态电磁场及边值问题	15 个，PPT、视频、图片、试题	12	边值问题的解(2 学时)
第四章　时变电磁场	10 个，PPT、视频、动画、试题	8	
第五章　平面电磁波	10 个，PPT、视频、动画、试题	8	电磁波传播规律(2 学时)
第六章　均匀平面波的反射和投射	6 个，PPT、视频、动画、试题	5	

5.2.2　教学设计

“电磁场与电磁波”课程采用全方位、立体化、多视角的教学模式，发挥老师的引导作用，确定学生的主体地位。采取一切手段帮助学生拓展思路，激发潜能；在教给学生专业知识和学习方法的同时，全面培养他们的创新意识、实践能力和综合素质。教学设计总体框架如图 5.3 所示。

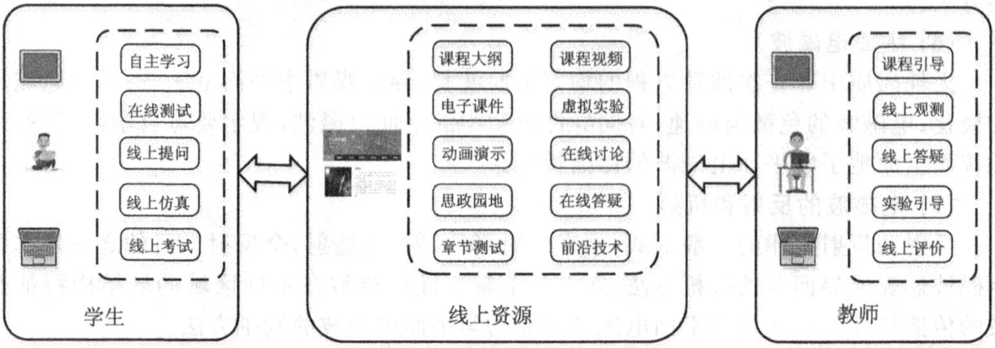

图 5.3　精品在线开放课程整体设计框架

1. 教学模式

课程的具体教学模式为线上线下混合式教学，同步课堂为翻转课堂教学，应用五星教学法等多种方法进行课堂教学，教学过程如图 5.4 所示。

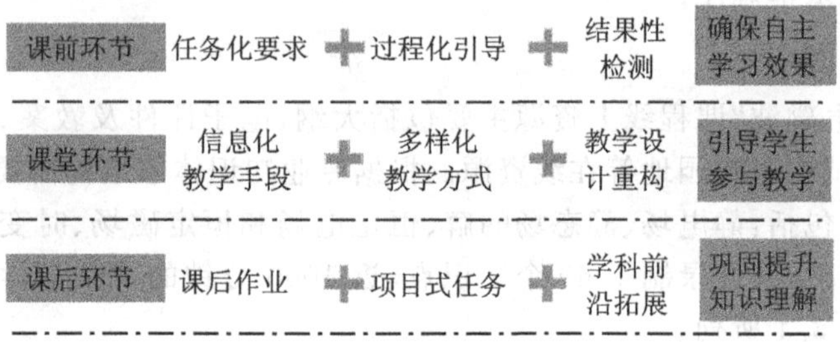

图 5.4　教学过程

整个教学过程主要包含课前环节、课堂环节、课后环节。

(1) 课前环节

通过在泛雅教学平台建设的课程资源实现知识的初步获得和内化。教师提供线上教学资源，同时提前一周根据课程内容下发学习任务，学生带着任务自主完成线上学习；线上自主学习过程中遇到问题随时通过平台、微信、QQ 等交流工具与老师进行沟通，通过老师的引导完成低阶知识的学习；课堂教学前期，通过线上的简单测试了解学生对知识的理解程度以及存在的问题。课前环节主要是通过任务化的要求、过程化的指导、结果性的检测确保学生自主学习的效果。

(2) 课堂环节

课堂环节主要用来解决课程的教学重点、难点，以及学生在线自主学习遇到的问题，通过翻转课堂的教学模式实现教书育人的目的。

① 内容回顾：由 1～2 位学生通过思维导图的形式回顾上节课的知识点，其他学生给予补充。

② 内容总结：通过线上的自主学习，由学生对线上学习的内容进行总结并提出遇到的问题。针对存在的问题，在教师的引导下学生以小组的方式进行讨论寻求答案，回

答问题的小组将获得相应积分，并计入过程化考核。

③ 疑难点解答：针对学生讨论无果或者答案片面的问题由教师讲解。同时对本节课程的重点、难点，通过信息化的手段、项目应用等进行总结、强化理解。

④ 随堂测试：通过线上的试题测试，了解学生对新知识的掌握情况，为后续的课堂教学提供理论依据。

⑤ 总结评价：最后教师对本次课堂教学做出总结评价，主要包括知识点的总结、学生参与课堂的评价、分析存在问题的原因及改进措施。

⑥ 任务下发：线上下发课后任务，一般以小组形式完成项目式任务或学科前沿知识的查阅，通过任务的完成使学生学习到的知识得以迁移与应用。

课堂环节主要通过信息化的教学手段、多样化的教学方式、教学设计重构（翻转课堂）引导学生积极参与教学，合理运用五星教学法加深学生对知识的理解。整个教学过程中适时融入“思政元素”，用习近平新时代中国特色社会主义思想教书育人。线下课堂教学具体时间分配如图5.5所示。

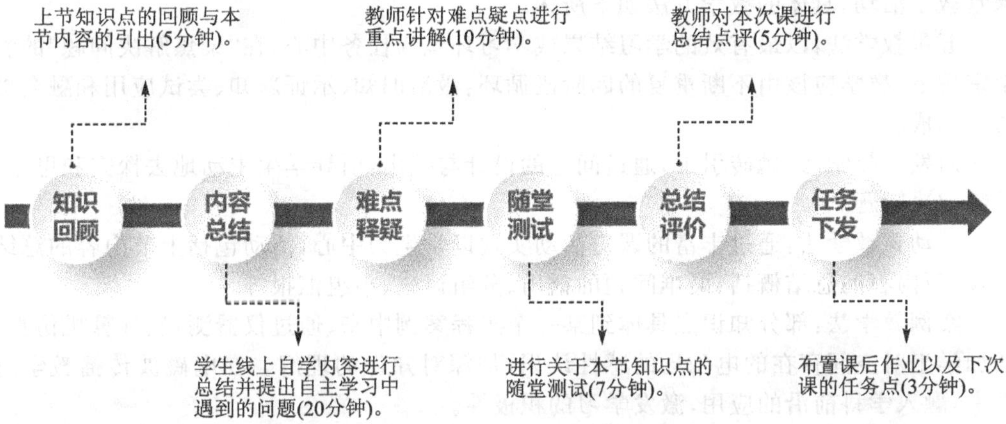

图5.5 课堂时间分配

(3) 课后环节

针对课堂教学反映出的问题，有针对性地布置线上作业以加深学生对重点知识的理解；发布教师的科研项目、与课程相符合的竞赛题目，供学生动手实践，实现知识的巩固；引导学生探索学科前沿知识、技术的阅读和研究，达到高阶目标的学习，拓展学科知识领域。

基于信息化的教学平台和信息化的教学手段，知识的传授不再局限于课堂，可以实现随时随地的教与学，利用一切可利用的时间将知识的学习碎片化，极大地提高了教学效率。

2. 教学方法与手段

本课程以“学生为主体、教师为主导”为教学理念，结合现代化的信息平台实施线上线下混合模式的教学。学生先学、教师后教，学生线上学习、教师线下释疑，创建以虚拟项目、问题带动知识自主学习的翻转课堂。课堂教学的前期教学准备活动如图5.6

所示。

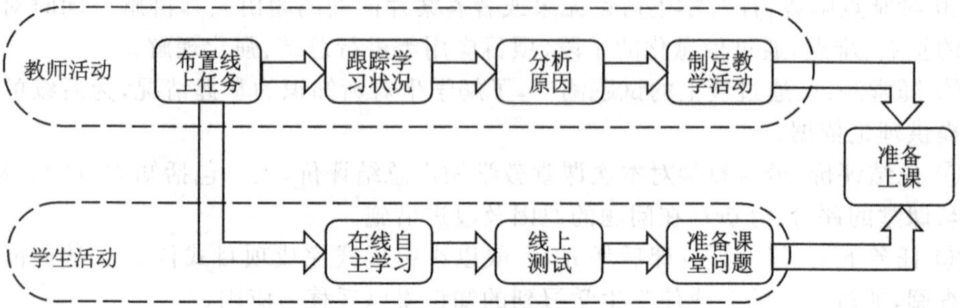

图 5.6 教学准备活动

(1) 教学方法

教学方法由教师讲授为主型向学生学习为主型转变,通过精心设计的教学活动,充分调动学生的学习积极性,具体内容为课前学习内容的分析、确定课堂目标要点、确定课堂教学活动,具体的教学方法如下所述。

五星教学法:以最有效的学习结果或学习环境为任务中心,在“聚焦解决问题”的教学宗旨下,教学应该由不断重复的四阶段循环:激活旧知、示证新知、尝试应用和融会贯通等构成。

启发式教学法:抛砖引玉,通过问题的设计与提出,引导学生主动地去探究和思考,最终解决问题。

互动式教学法:通过丰富的课堂活动实现以学生为中心,活动包括上节内容的总结回顾、新内容的总结概括、疑难问题的提出、分组讨论、小组汇报等。

案例教学法:部分知识点具体到某一个工程案例中来,通过仪器测量、计算机仿真,增加学生对空间存在的电磁场的感性认识,加深对知识的理解。在电磁波传播教学过程中,融入学科前沿的应用,激发学习的积极性。

演示教学法:特点是直观生动,形式多样,例如使用动态仿真图模拟电磁波在真空的传播与有耗媒质中的传播,通过动态传播模型加深对电磁波传播规律的理解。

游戏教学法:体现寓教于乐,有脑筋急转弯、谜语、电磁波小游戏等形式,例如本课程设计的“心有灵犀”游戏:每组两人,教师给出 10 个知识点的题目,一个人描述,另一个人猜,这样可以有效地促进学生对电磁波的理解和运用。

(2) 教学手段

充分利用现代信息化的教学手段,以提高教学效率,增强教学效果。目前现代信息教育技术应用的工作正在积极开展,授课教案、习题测试、教学大纲、电子课件等教学资源已经上网,授课录像已在网上开放,尤其是动态化的模型把抽象的原理具体化,加深学生的理解。同时,通过微信群、QQ 群、课程平台的讨论答疑区、微信公众号等工具随时随地进行交流,实现了知识的碎片化学习,达到了知识的迁移与应用。

3. 课程考核

课程考核融入过程化成绩,具体考核方案如图 5.7 所示。

课程最终成绩由期末试卷成绩与过程成绩两部分组成,其中试卷成绩占课程总成

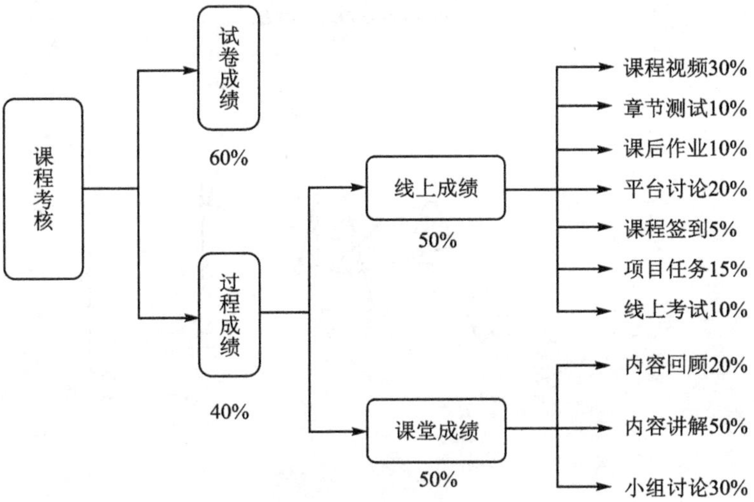

图 5.7 课程考核方案

绩的60%,过程成绩占课程总成绩的40%。过程成绩分为线上成绩和课堂成绩,各占50%。线上成绩主要包括视频的观看时长、章节测试的分值、课后作业、线上考试、签到以及任务的完成情况等。课堂成绩主要包括学生对上节课知识点的总结以及回顾讲解、新知识点的讲解、小组讨论以及问题的回答情况。最终课程成绩由各项内容按一定的比例加权得到。

4. 课程特色

(1) 以学生为中心,基于能力导向的教学理念

学校的所有教学活动都是围绕着教育的对象——学生开展的,学生是教学活动的中心。围绕学生的能力培养这条主线,结合课内和课外,按专业培养目标和毕业要求分成几个核心知识能力模块,每个核心知识能力模块的教学内容应包含:获取知识、掌握知识、运用知识、解决工程问题、创新知识等。本课程将按照以下三个递进的培养层次予以实现。

① 注重学习方法指导,创新以线上自主学习、翻转课堂和讨论课等为代表的课堂教学模式,提高学生的自主学习能力。

② 设计虚拟项目,围绕本课程的知识模块,构建基于项目的教学实践环节,培养学生运用知识、解决工程问题的能力。

③ 创设主动探索空间,开展以各类学科竞赛的个性化的科创活动和工程实训项目,培养学生的创新意识、工程实践能力和创新能力。

(2) 仿真抽象的场量,提高感性认识

由于“电磁场与电磁波”课程涉及的知识比较抽象、对高等数学要求较高,因此大部分学生感到本门课程的知识点难以理解。为此在教学过程中添加了静态场量和电磁波动态传播规律的图库,加深学生对知识点的理解。理想介质中均匀平面波电场和磁场的传播如图5.8所示,导电媒质中均匀平面的传播如图5.9所示。

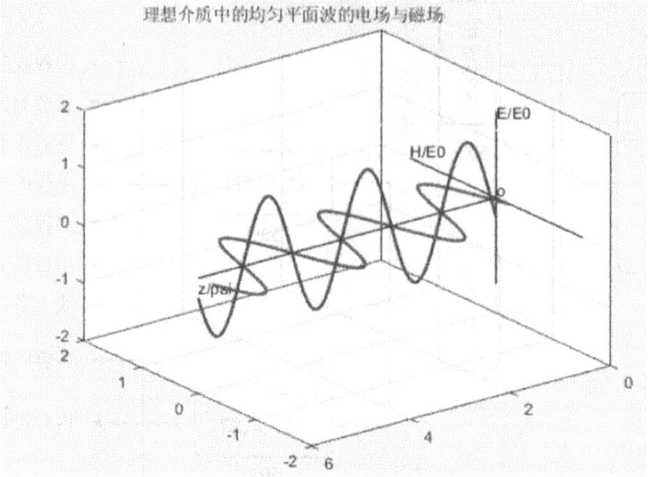

图 5.8　理想介质中的均匀平面波电场与磁场

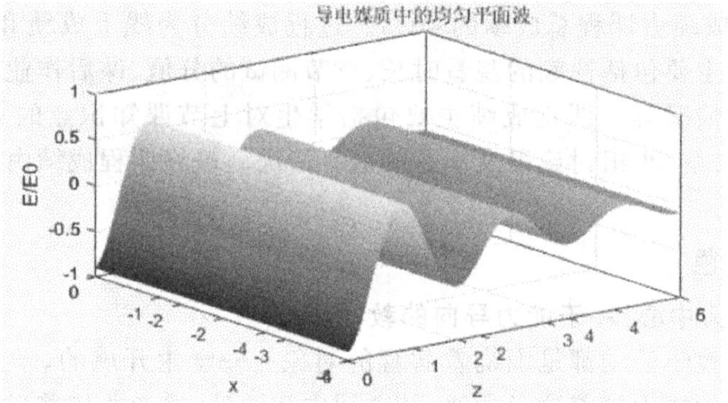

图 5.9　导电媒质中的均匀平面波

(3) 融入课程思政,实现教书育人

将思想政治教育的相关内容融入"电磁场与电磁波"课堂知识传授中,采用学科融入的方式达到思想政治教育的目的,通过价值引领,达到"课程育人"的目标。将思政教育中三观教育、中国梦、社会主义核心价值观等与"电磁场与电磁波"课程中的矢量分析、电磁场的宏观运动规律、电磁波传播等问题相关联,在潜移默化中让学生接受主流价值观的熏陶,努力实现具有"全球视野、家国情怀、创新精神、专业素养"的人才培养目标。线上平台思政元素如图 5.10 所示。

(4) 引入学科前沿,激发学习兴趣

部分章节的知识点与现实工学应用结合紧密,适时引入学科前沿科技,激发学生努力学习、科技强国的积极性。比如讲到电磁波的极化时必然提到天线,从而引出"中国天眼";基于电磁波的传播规律讲解发射不久的"天问一号"等,如图 5.11 所示。

5. 课程评价

我校的"电磁场与电磁波"线上课程建设相比于国内外其他高校虽起步较晚,但近

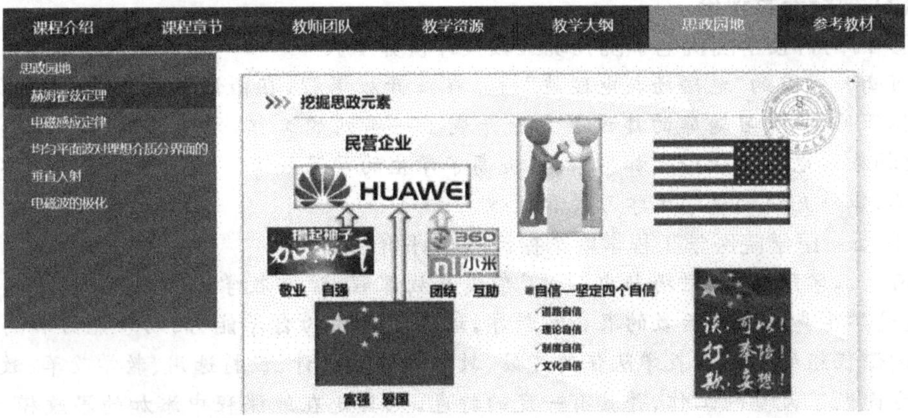

图 5.10 课程思政

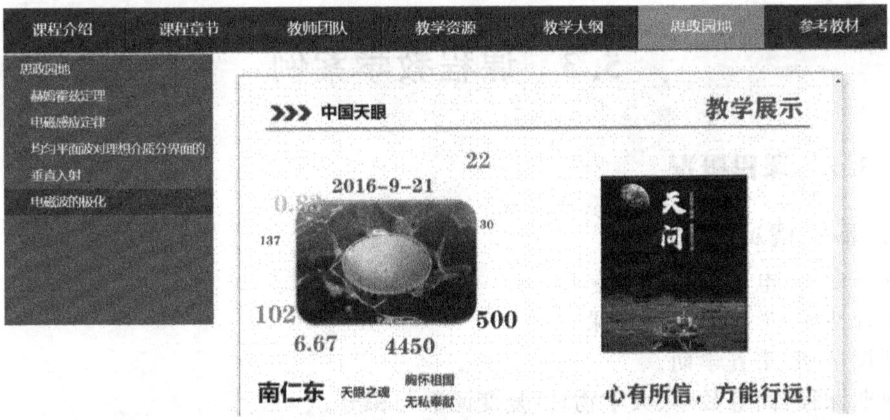

图 5.11 学科前沿科技

几年来学校加大对在线开放课程的建设力度，“电磁场与电磁波”在线课程快速发展，目前在线课程体系建设完善、资源丰富、特色突出，尤其是大力推进教学改革后，采用线上线下混合教学模式，收效良好。

(1) 学生评价

本课程自开设以来，受到了学生的认可和好评，学生评教成绩优秀。学生对本课程的简要评价如下：

① “电磁场与电磁波”在线课程为我们自主学习提供了很好的平台。

② 线上线下混合模式的教学，翻转课堂的应用能够最大限度地调动学生学习的积极性和主动性。

③ 老师讲课熟练、生动，条理清晰，重点突出，理论结合实践。课程中引入的工程案例，既有利于巩固理论又能拓展知识面。课下通过网络更有针对性地学习，老师在线答疑，和同学们互相交流，提高了学习效果。

(2) 同行专家评价

① 河南科技学院机电学院孔晓红教授评价如下:

河南工学院的“电磁场与电磁波”精品在线开放课程,在微课慕课建设、内容优化、多媒体课件制作、习题库的建设等方面开展了一系列的工作,尤其是动态仿真图的制作,把抽象的电磁场理论更加形象化,提高了学生的学习效果。通过翻转课堂教学方式的改革,能够充分调动学生学习的积极性。

② 新乡医学院医学工程学院李振新教授评价如下:

河南工学院的“电磁场与电磁波”在线开放课程,注重教学方式改革,以学生为中心,通过学生先学老师后教的混合式教学,培养了学生的自学能力、动手能力和创新能力。该课程组的老师在教学队伍的建设、教学内容的设计、教材选用、教学改革、教学研究等方面做了大量的工作,并具有一定的特色,尤其是在线课程中添加的思政模块,能够实现在传授知识的同时达到育人的目的。

5.3 课程教学案例

5.3.1 课程概况

1. 基本情况

开设专业:电子信息类各专业。

课程性质:学科基础必修课。

开设学期:第五学期。

前期课程:高等数学、大学物理、复变函数与积分。

使用教材:谢处方,饶克勤著《电磁场与电磁波》(第五版)普通高等教育“十一五”国家级规划教材。

讲授内容:5.3 电磁波的极化。

2. 教学目标

知识目标:理解电磁波极化的内涵,掌握电磁波各种极化方式的判别方法。

能力目标:训练学生的团队协作能力、创新能力、解决实际工程问题的能力。

素质目标:培养学生具有良好的科学素养、人文精神、社会责任感和职业道德,系统掌握现代电子技术、信息通信的基础理论、基本知识,具备电子开发、信息处理,通信系统应用能力,具备较强实践能力、创新创业能力和持续学习能力,能够在电子信息行业的信息通信、智能终端、电子技术等领域从事生产、设计和管理工作的高素质应用型人才。

德育目标:用习近平新时代中国特色社会主义思想培养学生的使命感、责任感以及无私奉献的爱国主义精神。

在课堂教学过程中主要通过两条主线实现课程目标,一条为传授知识、锻炼能力,另一条为思政育人,两条教育主线融合在一起,最终达到教书育人的目的。课堂教学目标实现过程如图 5.12 所示。

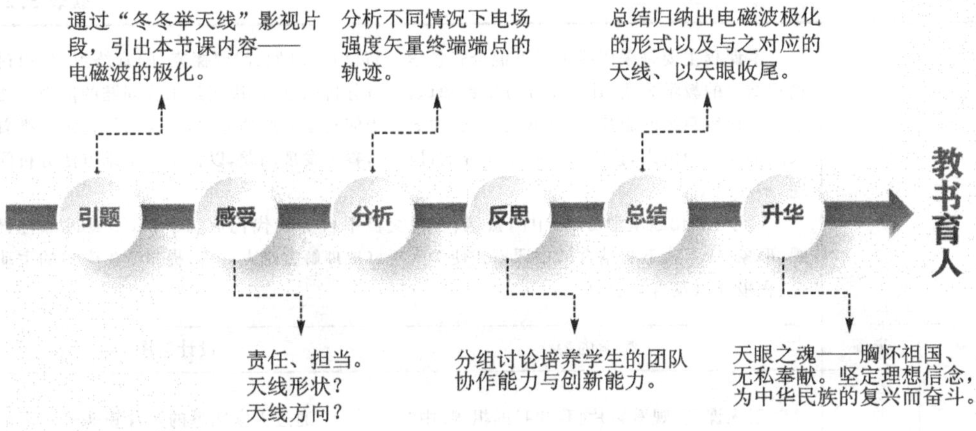

图 5.12　教学过程

3. 学情分析

电子信息类的学生在第五学期已经修完了前期课程，掌握了独立操作实验的能力，学会了使用部分软件进行仿真素质。经过前四个学期的学习，学生已经能够熟练掌握信息化的教学平台，全部能够运用"学习通"或"雨课堂"等学习平台完成线上自主学习、习题测试、任务的完成等。学生普遍存在的问题是缺乏独立思考、目标不明确、协作能力较差，尤其是对实际问题的分析解决问题能力较弱。

4. 应对措施

针对学生存在的问题，教学过程中通过学科前沿技术与应用激发学生的学习动力，明确目标；通过项目式的任务，分组完成锻炼学生团队协作能力、分析解决问题的能力；通过课程思政元素的融入，培养学生的刻苦奉献精神以及无私奉献的爱国主义精神。

5.3.2　教学设计

在"教师为主导，学生为主体，探究为主线，创新为主动，思政为主攻"的教学思想的指导下，使教师的"教"更好、更有效地服务于学生的"学"。本次课程设计以教材中"5.3 电磁波的极化"为例进行课程设计。首先通过影片《我和我的祖国》中冬冬为了让街坊邻居观看女排决赛而调整天线并"举天线"为引入点，提出"冬冬为何调整天线的防线"的疑问后，在引入电磁波的极化、逐步分析、解决问题的过程中，让学生理解并掌握本节的知识点，并结合学科前沿的"中国天眼"实例，以此激励学生们努力学习，为中华民族的伟大复兴而奋斗，最终实现教学目的。课堂教学设计如表 5.2 所列。

表 5.2　课堂教学设计

教学内容	5.3 电磁波的极化
重点 难点	重点：电磁波极化的物理意义； 难点：直线极化波的判断、形成及应用

续表 5.2

<table>
<tr><td colspan="2">教学方法
与工具</td><td colspan="2">本课程主要是采用线上线下混合式教学，通过引导启发、问题探究、随堂练习、分组讨论相结合的教学方法，让学生充分掌握知识，具备分析问题、解决实际工程问题的能力。通过大家比较熟悉的影片《我和我的祖国》中冬冬为何转动天线的方向，并且信号稳定后举着天线不动作为引入，让学生在探索研究的过程中，善于发现问题，以科学的思维方法分析问题、解决问题。
充分利用超星学习通、中国慕课、各种交流平台等现代化信息平台，多媒体课件直观、形象，线上线下相结合的授课模式使学生更好地理解重难点内容，提高学生学习的主动性、积极性以及自学能力</td></tr>
<tr><td rowspan="6">教
学
安
排</td><td>步骤</td><td>教学内容</td><td>设计意图</td></tr>
<tr><td>第一步</td><td>引入课题：观看影片《我和我的祖国》中“冬冬举天线”的片段，引导学生思考：冬冬为什么转动天线的方向？信号稳定后为何一直举着天线不动？从而引出本节课的内容——电磁波的极化</td><td>通过大家熟悉的影片镜头——天线方向的调整，引出课题，引导学生进行思考，激发学生的学习科学知识的求知欲，同时培养学生善于观察，勤于思考的科学探索精神</td></tr>
<tr><td>第二步</td><td>探究问题：让学生带着疑问来探究知识，转动天线的方向与什么因素有关，进而想到天线的接收原理，联想到电磁波传播中电场强度矢量的方向问题，从而引出电磁波的极化，分析决定因素，并深刻理解电磁波极化的含义</td><td>利用已学过的知识，通过建立物理模型，引导学生来分析问题，培养学生的抽象思维能力，以及分析和解决问题的能力</td></tr>
<tr><td>第三步</td><td>解决问题：通过决定电磁波极化的决定因素，在传播方向上固定点处、特定的方位角下，推导出电场强度矢量终端轨迹为一条线段，称之为直线极化。进而说明接收天线应与电磁波的极化方式相同，故选择线形天线，同时介绍极化方向来说明天线的转动问题</td><td>通过对问题的解决，培养学生用科学的思维方法来看待问题，进一步认识科学的重要性，激发学生的学习兴趣，培养学生分析问题的能力以及解决实际问题的动手能力</td></tr>
<tr><td>第四步</td><td>以“中国天眼”为例收尾，进一步联系生活中的实例，多角度了解天线、电磁波的极化，引导学生分析，进一步加强学生对电磁波的极化应用的分析能力</td><td>通过“中国天眼”的引入，激发学生努力学习、科技强国的积极性。将思政教育融入课堂，培养学生认真学习科学文化知识，为早日实现中国梦奉献自己的力量</td></tr>
<tr><td>第五步</td><td>知识点总结</td><td>课程最后，对本节课程所讲授的知识点进行总结，以便学生从整体上对本节知识点有所掌握，同时下发课后预习任务</td></tr>
</table>

续表 5.2

预习任务	利用超星学习通上课前预习问题和电子课件以及视频教学，超星泛雅平台上指定的视频资料，预习下节课内容：6.1 均匀平面波对分界平面的垂直入射
课后作业	1. 预习内容完成后，分组讨论：直线极化波与圆极化波有何不同？请举出现实生活中与之相关的实例，并进行分析。每组把讨论的结果按时上传到超星学习通。 2. 完成超星学习通上的章节测试

电磁波的极化课堂教学将以五星教学法为主，辅以其他教学方法和手段进行课堂教学。具体的教学流程及内容如下所述。

1. 五星教学法的基本原理

五星教学法以最有效的学习结果或学习环境为任务中心，在“聚焦解决问题”的教学宗旨下，教学应该由不断重复的四阶段循环：激活旧知、示证新知、尝试应用和融会贯通等构成。五星教学法的具体教学模式如图 5.13 所示。

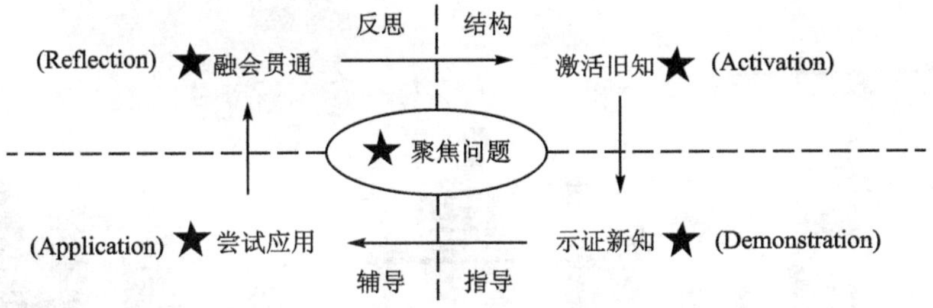

图 5.13 五星教学法

五星教学法的具体教学过程为：

第一步聚焦问题，把即将要讲解课程的知识点与现实问题相结合呈现给学生；

第二步激活旧知，通过聚焦的问题引导学生努力激活先前的相关知识和经验，便于导入新知；

第三步示证新知，展示（实际举例）与教学内容相结合论证，从而使学生掌握新知识；

第四步尝试应用，课堂上教师向学生提供必要的实例或练习；

第五步融会贯通，教师适当地下发项目式任务，用以促进学生把新的知识和技能应用（迁移）到日常生活中。

五星教学法实质上是把具体的教学任务置于循序渐进的解决实际问题的情境中完成，即先向学生呈现实际问题，然后通过有针对性地教学设计进行教学，接着再引导学生将学到的新知识或技能运用到解决问题或完成整体任务的过程中去。教学过程只有满足了这样的要求，才是符合学生认知学习的过程（由“结构—指导—辅导—反思”构成的循环圈）和学生心理发展要求的优质高效教学。

2. 基于五星教学法的课堂教学案例

“电磁场与电磁波”的课程教学采取线上线下混合教学模式，其中在整个教学过程中以五星教学法为指导思想进行教学设计，该课程运用五星教学法已进行了两个学期的教学过程，教学效果良好。下面将以“电磁波的极化”这节内容详细地描述教学过程。

(1) 聚焦问题

课程的教学设计应以聚焦解决问题为指导思想，首先应结合要向学生传授的知识点精准找出其在生活应用中的实际问题，进而提出需要解决的实际问题，有了问题需求才能激发学生的主动学习兴趣，进而引发他们探究解决问题的欲望。讲解教材中“电磁波的极化”这一节的知识点时向学生播放影片《我和我的祖国》中的一段视频：上海市某小区的整个弄堂，街坊四邻男女老少围着一台电视机，争看女排争夺冠军的情形，为了让大家能够顺利清晰地观看女排夺冠的整个过程，冬冬爬房顶披床单举天线的镜头感动了很多人，如图 5.14 所示。

图 5.14 《我和我的祖国》截图

通过观看整个过程，引导学生思考冬冬为何要转动天线，最终朝向某一个方向一直举着不放？图中天线的形状可否改变？由此激发学生的学习兴趣，并引出本次课堂教学的内容——电磁波的极化，什么是电磁波的极化？同时也可从冬冬的行为引入思政教育，培养学生们的无私奉献以及爱国主义精神。

(2) 激活旧知

激活旧知识并作为学习新知识的基础，教师通过指导学生回忆、联想、描绘或者应用相关的原有知识经验、技能分析并转化新知识，从而变成自己掌握的知识，掌握新知的实质就是将新知转化为旧知的过程，其中旧知识和学习经验是基础。本节中通过矢量场的合成规则、均匀平面波在理想媒质中的传播特性引发学生思考电磁波传播过程中电场强度的方向如何变化？通过聚焦问题中冬冬举天线的案例，让学生观察冬冬所举天线的形状，同时列举出现实生活中还有何种类型的天线，思考改变天线的方向与电视画面清晰之间的关系，通过导体中电流产生的条件、矢量的合成以及电磁波传播特性，探索新问题，激发学生探索新知识的兴趣。

由案例给出电磁波极化的概念：表征在空间给定点上电场强度矢量的取向随时间

变化的特性,电场矢量幅度随时间按正弦规律改变。具体描述为:在电磁波传播空间定点处,电场强度矢量的终端端点随时间变化的轨迹形状。通过旧知识推出电场强度的表达式为

$$E = e_x E_m \cos(\omega t - kz) \tag{1}$$

式(1)中 e_x 为 x 方向的单位矢量,故电场强度只有 x 方向,E_m 为电场强度的振幅,ω 为角频率,kz 为空间相位。

按照电磁波极化的描述,在 $z=0$ 的平面上观察电场强度的终端端点的随时间变化的轨迹形状,通过分析知道电场强度的终端端点的轨迹为一条线段,我们称这种单一方向的电磁波为直线极化波,从而引出新知识点:如果是两个相互垂直方向的电场强度矢量相叠加,那么合成电磁波电场强度矢量终端端点的随时间变化的轨迹形状又该怎么样?既激活了旧知识——矢量场的合成与分解,又引出了新知识。

(3) 示证新知

示证新知是整个教学过程的主题,教师要善于应用信息化的教学手段指导学生接受新知识。课堂教学设计需要满足三个原则:紧扣目标施教原则、提供学习指导原则、善用相关媒体促进原则,只有在教学中逐层论证新知识点,而非直接告知,才能有效促进学习。假设存在 x 和 y 两个方向的电场强度矢量,通过电场强度矢量的合成以及电磁传播特性分析得出合成电磁波电场强度的表达式为

$$E = E_x + E_y = e_x E_{xm} \cos(\omega t - kz + \varphi_x) + e_y E_{ym} \cos(\omega t - kz + \varphi_y) \tag{2}$$

通过已具备的旧知识和经验,经过教师的指导,学生能够分析推导出合成电场强度 E 终端端点轨迹(幅度)的表达式为

$$|E| = [E_{xm}^2 \cos^2(\omega t - kz + \varphi_x) + E_{ym}^2 \cos^2(\omega t - kz + \varphi_y)]^{1/2} \tag{3}$$

由式(3)分析可知,随着时间相位 ωt 的变化将形成轨迹,那么影响电场强度的终端端点的随时间变化的轨迹形状的因素有两个:幅度 E_{xm}^2、E_{ym}^2 与空间相位 φ_x、φ_y,因此决定合成波极化方式的因素为两个线极化波的幅度及相位。从而让学生更深入地理解并掌握电磁波极化的本质,可以有效地帮助学生循序渐进地掌握新知识。

(4) 尝试应用

教师指导学生运用新知识解决聚焦出的实际问题,让学生有机会尝试应用或练习他们刚刚理解的知识或技能,这样既强化了学生对所学知识的掌握,又能够实现新知识的迁移应用。课堂中通过合成电场强度的幅度和相位推导出具体电磁波的极化方式,引导学生分析得出天线的形状应与电磁波极化方式一致的结论。

① 直线极化波

假设 x 方向的电场强度矢量为 $E_x = E_{xm}\cos(\omega t - kz + \varphi_x)$,$y$ 方向的电场强度矢量为 $E_y = E_{ym}\cos(\omega t - kz + \varphi_y)$,均向 $+z$ 方向传播。

• 在 $z=0$ 的平面上,若电场的 E_x 分量和 E_y 分量的相位相同,即 $\varphi_x = \varphi_y$,则 E_x 和 E_y 两个方向的电场强度矢量变为

$$\begin{cases} E_x = E_{xm}\cos(\omega t + \varphi_x) \\ E_y = E_{ym}\cos(\omega t + \varphi_x) \end{cases} \tag{4}$$

按照矢量场的合成法则得到,合成波电场强度 E 的大小为

$$|E| = \sqrt{E_x^2 + E_y^2} = \sqrt{E_{xm}^2 + E_{ym}^2}\cos(\omega t + \varphi_x) \tag{5}$$

合成波电场强度 E 与 E_x 分量之间的夹角为

$$\alpha=\arctan\left(\frac{E_y}{E_x}\right)=\arctan\left(\frac{E_{ym}}{E_{xm}}\right)=\text{const} \tag{6}$$

由式(5)可知合成波电场强度 E 的幅度变化范围为 $-\sqrt{E_{xm}^2+E_{ym}^2}\leqslant|\vec{E}|\leqslant\sqrt{E_{xm}^2+E_{ym}^2}$，由式(6)可知合成波电场强度 E 与 E_x 分量之间的夹角常量。由此可见，合成波电场强度 E 的大小虽然随时间变化，但其矢量终端轨迹与 E_x 分量之间的夹角始终保持不变，如图 5.15(a)所示，因此为直线极化波。

• 在 $z=0$ 的平面上，若电场的 E_x 分量和 E_y 分量的相位相差 π，即 $\varphi_y-\varphi_x=\pm\pi$，按照同样的方法讨论得到合成波电场强度 E 的大小为

$$|E|=\sqrt{E_x^2+E_y^2}=\sqrt{E_{xm}^2+E_{ym}^2}\cos(\omega t+\varphi_x) \tag{7}$$

合成波电场强度 E 与 E_x 分量之间的夹角为

$$\alpha=\arctan\left(\frac{-E_y}{E_x}\right)=-\arctan\left(\frac{E_{ym}}{E_{xm}}\right)=\text{const} \tag{8}$$

由此可见，合成波电场强度 E 的大小虽然随时间变化，但其矢量终端轨迹与 E_x 分量之间的夹角始终保持不变，如图 5.15(b)所示，因此同样为直线极化波。

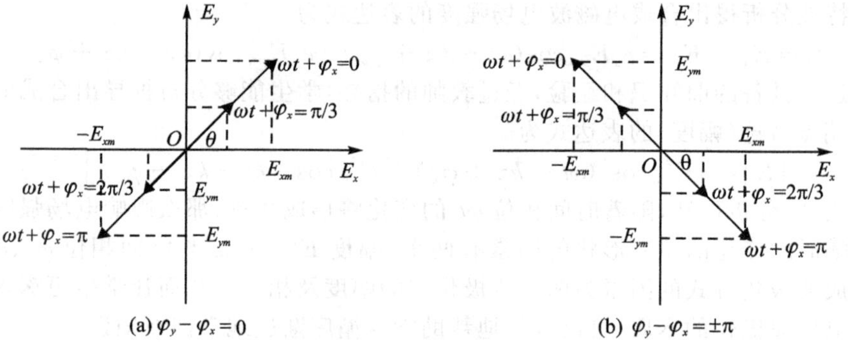

图 5.15　直线极化波

从以上讨论可以得出结论：任何两个同频率、同传播方向且极化方向相互垂直的直线极化波，当它们的相位相同或相位相差 π 时，其合成波为直线极化波。

② 圆极化波

• 在 $z=0$ 的平面上，若电场的 E_x 分量和 E_y 分量的振幅相等，但相位相差 $\pi/2$，即 $E_{xm}=E_{ym}=E_m$、$\varphi_y-\varphi_x=\pi/2$ 时，由式(4)可得到 E_x 和 E_y 两个方向的电场强度的表达式为

$$\begin{cases}E_x=E_m\cos(\omega t+\varphi_x)\\ E_y=E_m\cos\left(\omega t+\varphi_x+\dfrac{\pi}{2}\right)=-E_m\sin(\omega t+\varphi_x)\end{cases} \tag{9}$$

故合成波电场强度 E 的大小为

$$|\vec{E}|=\sqrt{E_x^2+E_y^2}=E_m \tag{10}$$

合成波电场强度 E 与 E_x 分量之间的夹角为

$$\alpha=\arctan\left(\frac{E_y}{E_x}\right)=-(\omega t+\varphi_x) \tag{11}$$

由此可见，合成波电场强度 E 的大小不随时间变化，但其方向随时间变化，矢量终端轨迹在一个圆上以角速度 ω 旋转，如图 5.16(a)所示，因此称为圆极化波。

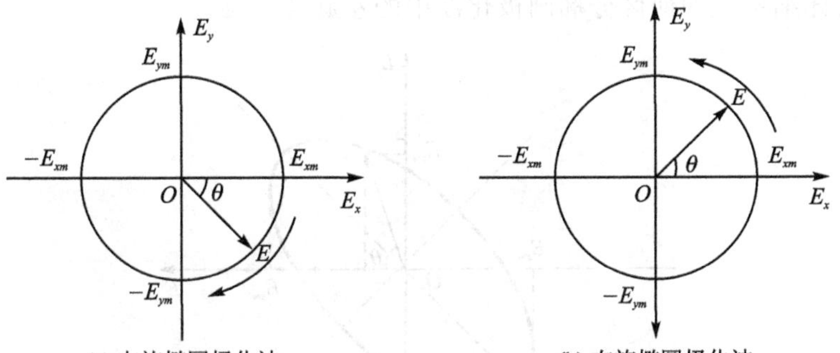

图 5.16 圆极化波

在图 5.16(a)中，若以左手大拇指朝向波的传播方向（这里为 z 方向），则其余四指的转向与电场强度 E 的端点运动方向一致，这种满足左手螺旋关系的圆极化波的圆极化波称为左旋圆极化波。

- 在 $z=0$ 的平面上，若电场的 E_x 分量和 E_y 分量的振幅相等，但相位相差 $-\pi/2$，即 $E_{xm}=E_{ym}=E_m$、$\varphi_y-\varphi_x=-\pi/2$ 时，按照上述讨论方法合成波电场强度 E 的大小为

$$|E|=\sqrt{E_x^2+E_y^2}=E_m \tag{12}$$

合成波电场强度 E 与 E_x 分量之间的夹角为

$$\alpha=\arctan\left(\frac{E_y}{E_x}\right)=\omega t+\varphi_x \tag{13}$$

由此可见，合成波电场强度 E 的大小不随时间变化，但其方向随时间变化，矢量终端轨迹在一个圆上以角速度 ω 旋转，如图 5.16(b)所示，因此称为圆极化波。同样图 5.16(b)中若以右手大拇指朝向波的传播方向，则其余四指的转向与电场强度 E 的端点运动方向一致，称为右旋圆极化波。

从以上讨论可以得出结论：任何两个同频率、同传播方向且极化方向相互垂直的直线极化波，当它们的振幅相等且相位相差 $\pm\pi/2$ 时，其合成波为圆极化波。

③ 椭圆极化波

- 在 $z=0$ 的平面上，若电场的 E_x 分量和 E_y 分量的相位差 $\Delta\varphi=\varphi_y-\varphi_x$ 是最一般的情况，即不等于 0，相差 $\pm\pi$ 和 $\pm\frac{\pi}{2}$，或 $\varphi_y-\varphi_x=\pm\frac{\pi}{2}$ 但 $E_{xm}\neq E_{ym}$ 时，为简化计算在式(4)中令 $\varphi_x=0$，$\varphi_y=\varphi$，则 E_x 和 E_y 两个方向的电场强度的表达式为

$$\begin{cases}E_x=E_{xm}\cos\omega t\\E_y=E_{ym}\cos(\omega t+\varphi)\end{cases} \tag{14}$$

将方程组(14)消去时间 t，可以得到

$$\frac{E_x^2}{E_{xm}^2}+\frac{E_y^2}{E_{ym}^2}-\frac{2E_xE_y}{E_{xm}E_{ym}}\cos\varphi=\sin^2\varphi \tag{15}$$

式(15)是一个椭圆方程,因此合成波电场强度 E 的终端端点在一个椭圆上旋转,如图 5.17 所示,故称为椭圆极化波。同样也分为左旋椭圆极化和右旋椭圆极化波,请同学们课后详细推导如何区分椭圆极化波中的左旋与右旋。

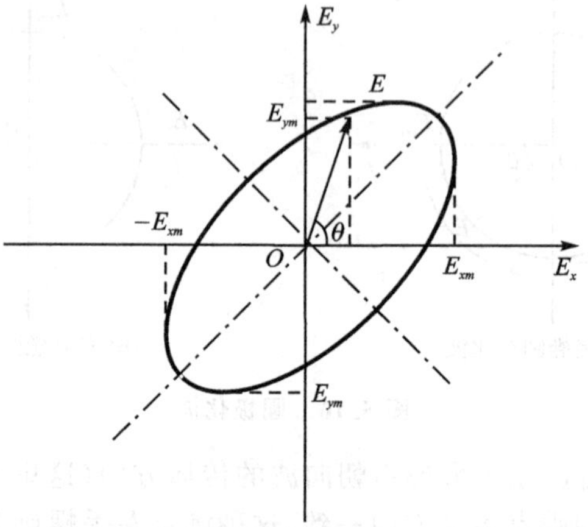

图 5.17 椭圆极化波

小结:电磁波的极化方式有三种形式:直线极化波、圆极化波、椭圆极化波。

- 电场强度矢量的端点轨迹为一条直线称为直线极化波;
- 电场强度矢量的端点轨迹为一个圆称为圆极化波;
- 电场强度矢量的端点轨迹为一个椭圆称为椭圆极化波。

(5) 融会贯通

融会贯通在于促使学生把掌握的新知识和新技能迁移应用到日常生活中,能够运用已掌握的关于电磁波极化方式的知识,解释现实生活中关于电磁波极化与天线关系的事例。回到最初的引题,影片中冬冬为何要把天线朝向一个固定方向的问题,深入了解电磁波极化方向的问题来解释生活中的实际应用,以此达到所学知识的融会贯通。

在工程上,常将垂直于大地的直线极化波称为垂直极化波,而将与大地平行的直线极化波称水平极化波,如图 5.18 所示。

在直线极化波中,中波广播天线架设与地面垂直,发射垂直极化波。收听者要得到最佳的收听效果,就应将收音机的天线调整到与电场强度 E 平行的位置,即与大地垂直;电视发射天线与大地平行,发射平行极化波,这时电视接收天线应调整到与大地平行的位置,我们所见到的电视共用天线都是按照这个原理架设的。

在很多情况下,系统须利用圆极化波才能进行正常工作,例如火箭等飞行器在飞行过程中其状态和位置在不断地改变,因此火箭上的天线方位也在不断地改变,此时如用线极化的信号来遥控,在某些情况下则会出现火箭上的天线收不到地面控制信号而造成失控。在卫星通信系统中,卫星上的天线和地面站的天线均采用了圆极化天线。在电子对抗系统中,大多也采用圆极化天线进行工作。

在整个融会贯通教学环节,教师要时刻引导学生完成相似问题的分析,达到学以致

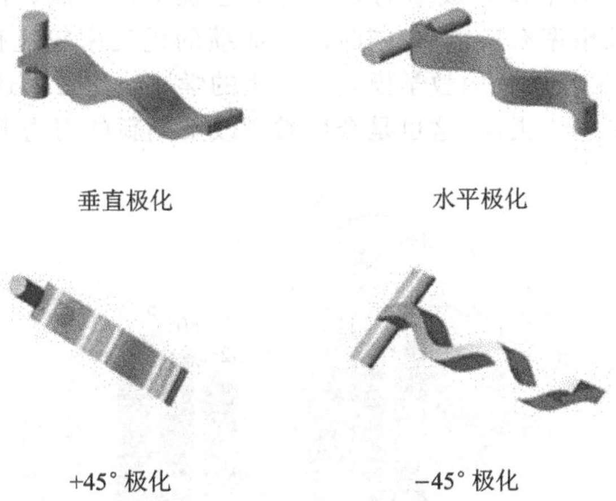

图 5.18 电磁波的极化方向

用。对于有难度的练习或任务，在学生完成后教师应给予及时的鼓励和表扬，提升学生运用新知识解决实际问题后的自豪感。最后讲解知识点天线的选择与电磁波极化的关系，引出 2016 年建成的 500 米口径球面射电望远镜，别名“中国天眼”。“中国天眼”的科学目标是：巡视宇宙中的中性氢，研究宇宙大尺度物理学，以探索宇宙的起源和演化；观测脉冲星，研究极端状态下的物质结构与物理规律；主导国际低频甚长基线干涉测量网，获得天体超精细结构；探测星际分子，研究恒星形成与演化、星系核心黑洞一级探索太空生命起源；搜索可能的星际通信信号，搜寻外星文明。以此来激发学生的学习动力，培养学生的学习兴趣、对知识的渴望。同时引出“中国天眼之父”，中国天眼的设计和建造者南仁东先生，他朴素宽厚，淡泊名利，待人诚恳，胸怀全局，鞠躬尽瘁。“中国天眼”从论证立项到选址建设历时 22 年，他主持攻克了一系列技术难题，为 FAST 重大科学工程建设发挥了关键作用，实现了中国拥有世界一流水平望远镜的梦想，推动了经济发展和社会进步。他的爱国情怀、科学精神和勇于担当堪称楷模，激励着广大科技工作者、学生继往开来，不懈奋斗。用南仁东先生为了祖国的事业而无私奉献的精神教育学生，真正达到教书育人的目的。

3. 教学成效

教学过程是教与学相互作用的过程，学生是教学工程的主题，也是最佳的课程评审者，重点是学生的参与度以及学习效率。因此“电磁场与电磁波”课程的五星教学模式效果评价主要来源于学生成绩对比分析以及学生问卷调查，分别用电子信息工程专业三个年级学生的资料用于评价教学效果，电子信息工程专业 2017 级为传统教学模式教学、电子信息工程专业 2018 级为线上线下混合教学模式、电子信息工程专业 2019 级为采用五星教学法的混合教学模式，图 5.19 为三个年级的成绩分布，其中，图(a)、图(b)分别为过程成绩与试卷成绩的分布情况。图(a)中成绩分析结果表明运用了混合教学模式或五星教学法后将传统教学模式中过程成绩的 17%不及格率降到了零，同时优良率有大幅度提高，尤其是运用了五星教学法的混合式教学更能够确保学生平时的学习效果，问题的聚焦、过程的监控、翻转课堂的应用，同时也极大地提高了学生的积极主动性和学习效率,从图(b)中试卷成绩的分布也能够说明这一点。但试卷成绩的不及格率较过程成绩的不及格率有所增高,同时试卷成绩的优良率较过程成绩的优良率有所下降,说明运用了五星教学法的教学模式在学生的学以致用方面还存在问题、解决实际问题的能力还有待进一步提高,这也是今后教学改革创新的努力方向。

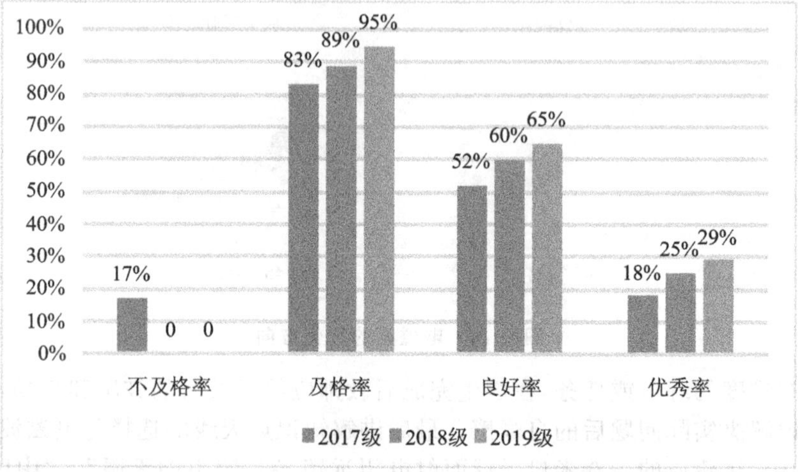

(a) 过程化成绩分布

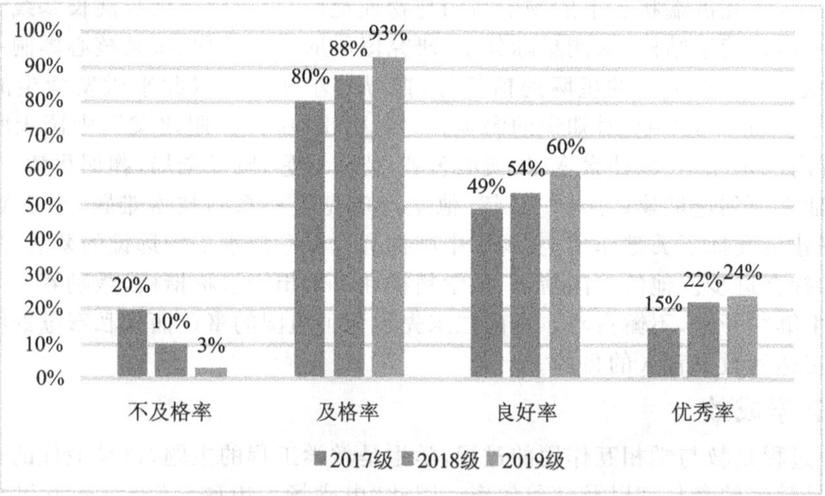

(b) 试卷成绩分布

图 5.19　电子信息工程专业 2017 级、2018 级和 2019 级的成绩分布

在 2019 级 152 名学生中进行问卷调查,设置不同的调查内容进行教学改革学生认同度的测评,具体测评内容与测评结果如表 5.3 所列。

表 5.3 2019 级学生对教学效果满意度调查结果

调查内容	满意度(%)
“电磁场与电磁波”教学效果	92.67%
教学目标注重学生的能力培养	90.21%
注重理论与实际问题相结合	80%
线上教学资源丰富	82.12%
教书育人相结合体现课程思政	83.36%
充分调动学生的积极性,学生的参与度高	80.25%
以学生为中心为主题,教师主导教学全过程	89.36%
学生学习效率较高,能够学以致用	87.24%

结果表明 2019 级学生对“电磁场与电磁波”线上教学整体效果认同度较高,尤其是教学目标注重能力的培养,以学生为中心、以教师为主导的教学全过程等方面学生满意度较高。翻转课堂环节主要通过聚焦实际问题、运用信息化的教学手段引导学生积极参与教学,同时整个教学过程中适时融入“思政元素”,用习近平新时代中国特色社会主义思想教书育人。基于信息化的教学平台和信息化的教学手段,知识的传授不再局限于课堂,可以实现随时随地的教与学,利用一切可利用的时间将知识的学习碎片化,极大地提高了教学效率。

第6章　以学生为中心的“金融学”混合式教学

“金融学”课程自开展以来，全学期依托智慧教室授课，辅助运用智慧教学工具实施教学，教学创新成效显著，该课程于2020年获评河南省本科教育线上教学优秀课程、河南工学院教学改革创新成长项目，2021年获评河南省线下一流本科课程。

6.1　方案总体设计

本课程自开设起进行教学改革与创新，将课堂“以教师的教为主”转化为“以学生的学为主”，同时在雨课堂及超星学习通平台建设课程资源。在4个学期的教学实施过程中，不断完善课程资源，更新教学内容，紧密结合时事适时嵌入课程思政，通过项目引领式教学、探究式教学、同伴式教学等实现课堂翻转，提升课程教学的高阶性、创新性与挑战度，为推动高等教育提质创新提供了参考。

6.1.1　课程基本信息

“金融学”是金融数学、商务经济学、汽车服务工程专业的专业基础必修课，主要面向大学二年级本科生，48学时，其先修课程有西方经济学，后续课程有“公司金融学”“金融风险管理”等。课程自2019年9月首次开课，目前已完整运行4个学期，覆盖两个专业10个本科班级，累计上课人数427人。

课程全学期依托智慧教室授课，辅助运用智慧教学工具实施混合式教学，线上课程选自中央财经大学李健教授主讲的国家级精品在线开放课程“金融学”；配套教材为国家级精品在线开放课程教材，由高等教育出版社出版的由李健教授主编的《金融学(第三版)》。

6.1.2　课程地位

“金融学”课程体系庞大、知识面广、理论性强，其教学内容是中国乃至全球经济生活中的枢纽部分，特别是在当今世界百年未遇之大变局的特殊时期，金融知识和金融思维尤为重要。“金融学”作为经济学科中的一门基础理论课程，在整个财经类课程中处于核心地位，是经济学相关专业课程的基础。

6.1.3　课程团队教学获奖情况

“金融学”课程教学团队共有4名教师，其中讲师2名、副教授1名、教授1名，年龄结构、职称结构合理，具体信息如表6.1所列。

表6.1 课程团队主要成员

姓 名	出生年月	单 位	职 务	职 称	授课任务	备 注
赵梦	1989.02	河南工学院	无	讲师	主讲教师	课程负责人
魏芳	1974.01	河南工学院	教学副院长	教授	教学理念设计	团队主要成员
李爱真	1979.02	河南工学院	无	副教授	素材收集	团队主要成员
翟文静	1989.08	河南工学院	无	讲师	资源整理	团队主要成员

1. 课程负责人教学获奖情况

课程负责人，赵梦，女，1989年出生，主要承担"金融学""公司金融学"等多门理论及实践课程的授课，年均课时量达600以上，教学效果评价连续多年"优秀"。近年来，基于建构主义学习理论，积极探究及践行教学改革与创新，组织课堂翻转，激发学生主动学习的兴趣与动力，多次主持河南工学院教育教学改革研究与实践项目、教育教学改革创新项目，积极参与教育部产学合作协同育人项目及河南工学院课程思政优秀课程建设。基于以上教学创新与实践，课程负责人及"金融学"课程所获荣誉如下：

① 2021年"金融学"获评"河南省线下一流本科课程"；

② 2020年课程负责人获"河南省第二届本科高校课堂教学创新比赛特等奖"；

③ 2020年"金融学"获评"河南工学院教育教学改革创新成长项目二等奖"；

④ 2020年"金融学"获评"河南省本科教育线上教学优秀课程三等奖"；

⑤ 2019年课程负责人获"河南工学院教坛新秀"称号；

⑥ 2019年课程负责人获"河南工学院第一届青年教师教学创新比赛特等奖"。

2. 教学团队其他主要成员教学及获奖情况

本着提升学生的学习积极性与学习效果的理念，教学团队成员积极参与教育教学改革创新，近年来所获荣誉如下：

① 2021年团队成员魏芳负责的"财会基础"获评"河南省线上一流本科课程"；

② 2020年团队成员魏芳获评"河南省教学名师"；

③ 2021年团队成员李爱真获评"河南省高等学校青年骨干教师"；

④ 2020年团队成员李爱真获评"河南工学院优秀教学成果奖"。

6.1.4 课程教学创新设计总体方案

1. 教学内容

本课程以开放经济为环境，以实体经济运作为基础，从各经济主体的财务活动中引出金融的供求；以货币、信用及其价格等基本要素为基础，阐明各要素之间的关联性；以金融机构和金融市场为载体，阐释金融运作的基本原理；以利率为联结微观金融与宏观金融的纽带，说明其作用机理；以金融总量与结构均衡为目标，讨论宏观金融的理论与实践问题。通过课程学习，使学生对金融学的基本理论有全面的理解和较深刻的认识，了解国内外金融问题的现状，掌握观察和分析金融问题的正确方法，培养辨析金融理论和解决金融实际问题的能力。

2. 学生特征

本课程授课对象为金融数学专业、商务经济学专业、汽车服务工程专业的大二本科生，综合分析学生主要具有以下特征：

① 学生独立、自信，有自主学习及团队协作能力；

② 学生课堂参与度高，乐于探究，爱实践；

③ 学生善于运用网络获取知识，能够熟练登录各学习平台进行自主学习；

④ 学生能够熟练运用智慧教学工具实现课堂高效互动；

⑤ 学生亲历特殊的时代背景，对时政素材感知强烈。

3. 教学目标

河南工学院是应用型本科院校，根据新时代社会需求开设了金融数学、商务经济学、汽车服务工程等专业，主要为社会培养基础知识扎实、理论联系实践能力强，具有崇高理想信念、具备终身学习能力的高素质应用型人才。“金融学”课程教学充分适应学校办学定位，制定的教学目标如下：

知识目标——掌握金融学五大基本要素、两大运作载体、货币供给与均衡、货币政策等金融运行规律，使学生对金融学的基本理论有全面的理解和较深刻的认识。

能力目标——培养辨析金融理论和解决金融实际问题的能力，能够在了解金融运行规律的基础上正确认识当今世界政治经济形势，具有运用所学知识分析问题、解决问题的能力。

素质目标——培养金融思维、创新意识与学术素养；具有自主学习、大胆质疑、组织沟通、团队协作、开拓创新等素质；了解国内外金融问题的现状，有爱国情怀，能运用所学知识认识并理解社会主义制度的优越性，坚定四个自信。

4. 教学理念

本课程基于布鲁姆教育目标分类法进行教学设计，将“以教师的教为中心”的课堂调整为“以学生的学为中心”的课堂，注重学生的知识输出，关注和培养学生的自主学习能力、辩证思维能力、团队协作能力及创新能力，具体如图 6.1 所示。

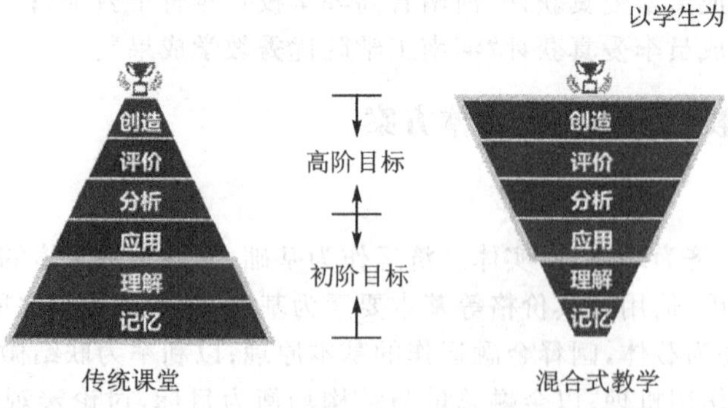

图 6.1 布鲁姆教育目标分类法

5. 教学过程设计

本课程教学依据 BOPPPS 六步教学法实施教学，通过课程导入、目标导向、前测、参与式学习、后测、总结实现学习的闭环，保证教学效果。

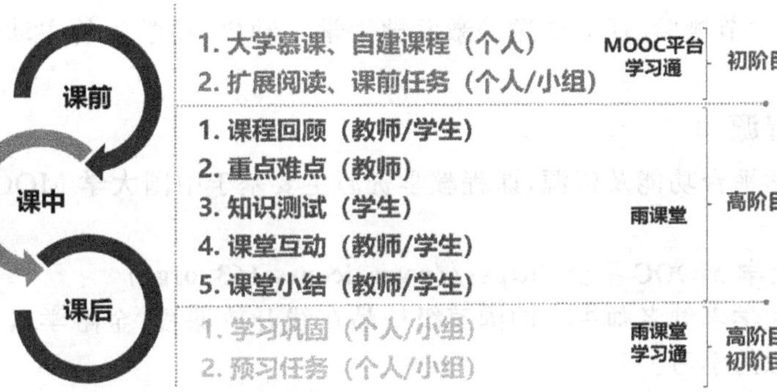

图 6.2 教学环节设计

(1) 课前环节

课前，学生自主登录教学平台看视频、看书、阅读资料以完成对基础知识的习得，把低阶的教学目标移出到课前、课外来完成，让学生有准备的、带着自己的疑问走入课堂，具体做法如下：

- 上次课程结束时，教师给学生发布当次课的学习目标和案例，要求学生课前带着问题去学习；
- 学生带着问题去学习中国大学 MOOC 平台对应章节的视频；
- 学生带着问题去看教材，为问题寻找答案；
- 学生在雨课堂完成课前测验（教师提前发布），一方面督促学生主动学习；另一方面教师通过课前测验的完成情况及错题率，确定本节课的难点。

(2) 课中环节

课堂上，将珍贵的课堂时间用来完成对高阶目标的追求，高效利用课堂时间与学生互动，通过课堂知识测试、课前问题分享、同伴教学法、小组汇报、辩论赛等环节实施教学，教学实施过程中学生通过自身的知识输出提升学习效率及综合能力，具体做法如下：

- 课程考核反馈——反馈的内容包括本次课前发布的课前测验，及学生在课程中累计获得的个人平时成绩和小组平时成绩，激发学生之间的良性竞争。
- 课程导入——通过导入金融经典案例、时政新闻等激发学生对本节课知识点的好奇心与学习兴趣；
- 课程内容梳理——带领学生简要梳理当节课知识框架，总结学生课前学习的难点，并在下一环节重点讲解；
- 重难点解析及随堂测试——根据教学大纲及学生反馈进行重难点讲解，之后发布课堂知识测试，调查学生对知识点的掌握情况，有疑难问题进一步解答；
- 课堂活动——将生活中的金融与理论知识结合，通过小组讨论、辩论赛、同伴教学、苏格拉底之间等方式布置任务，引导学生主动输出；
- 课堂小结——对当次课知识点进行归纳总结，发布本次课的案例库及拓展文献库。

(3) 课后环节

课后，通过章节测验、任务推送等激发学生学习动机，使学生的主动学习进入良性循环。

6. 教学资源

依据各教学平台功能及资源，课程教学资源主要基于中国大学 MOOC、雨课堂、学习通三个平台。

(1) 中国大学 MOOC 平台(https://www.icourse163.org/)

中央财经大学李健老师主讲的国家级精品在线开放课程“金融学”，主要用于学生课前对视频资源的学习。

(2) 雨课堂平台

雨课堂平台自建“金融学”课件库及试题库，实现高效课堂互动及过程化考核，是课堂上教学实施的主要平台。

(3) 学习通平台

学习通平台自建“金融学”课程资源库，主要提供基于学生学情设计的课件、章节测验等，用于课程资料的上传和下载。

6.1.5 课程特色

该课程借助游戏化思维引导学生深度参与课堂，将知识输出训练和逻辑思辨能力作为教学重点，实现学生由学习知识向掌握知识的跨越，从而达到“两性一度的教学目标”。

1. 依托智慧教室，运用智慧教学工具提升教学互动效率

课程教学依托智慧教室开展，课前教师通过教学平台查看学习数据；课堂上学生发送弹幕表达观点，教师将弹幕生成词云了解学情；同时运用雨课堂答题、投票等进行随堂测验和学生互评，实现有效沟通。

2. 运用游戏化思维及时反馈考核成绩

每次课堂知识测试、章节测试、小组汇报之后及时向学生反馈成绩，用游戏化思维及心理战术激发学生的良性竞争，对于表现特别优秀的小组颁发奖品，进行正向激励。

3. 项目引领式教学，增强学习的高阶性

各章节开讲前一周派发章节项目课题，各小组在课前需要团队协作形成 PPT 或思维导图并进行汇报，培养理论联系实际的能力。

4. 探究式教学，增强学习的挑战度

通过辩论赛、提出开放性问题等方式开展探究式教学，引导学生主动思考。这种模式启发性较强，对学生来说有一定的挑战性，反而更受学生欢迎。

5. 适时嵌入课程思政，学生接受程度高

由于课程内容与时事联系密切，课堂上借助时事新闻，结合知识点，适时嵌入课程思政，教学内容更加生动，学生接受程度高。

6.2 教学创新内容及实施

课程在教学实施过程中，主要从理论教学内容、教学模式、教学方式方法与手段、考核方式、课程线上资源建设五个方面体现教学创新，并获得了一定的创新成效，以下将从六个方面分别以实例说明。

6.2.1 课程理论教学内容改革与创新

课程实施过程中，系统改革、创新理论教学内容，如教学内容实施任务驱动式教学，结合专业前沿、时政要点、金融行业大事记等不断更新课程内容与教学案例，适时嵌入课程思政，结合专业内容指导学生进行创新创业实践等。

1. 教学内容模块化，实施任务驱动式教学

教学内容模块化，以财经热门话题为线索实施任务驱动，加深学生对知识的系统性理解并提高理论联系实际的能力，做到学以致用，具体如图6.3所示。

教学章节	理论	任务驱动关联话题
一、生活中的金融：经济主体的财务活动与金融	4	金融离你的生活有多远？
二、货币与货币制度	4	1997年东南亚金融危机
三、汇率与汇率制度	4	2021年5月人民币兑美元汇率逼近6.3时代
四、信用与信用体系	4	如何看待“房奴”“卡奴”现象？
五、货币的时间价值与利率	6	买1万美元的车送1万美元债券，商家怎么了？
六、金融资产与价格	4	同花顺软件，模拟炒股
七、金融市场体系	4	分小组讨论后形成PPT汇报，学生互评
八、金融机构体系	6	找出你所知道的金融机构，并说出其职能
九、中央银行	2	中国人民银行网站
十、货币供求与货币均衡	6	怎样看待2020年5月份美国启动第五轮QE？
十一、货币政策	4	怎样看待央行货币政策，以逆回购为例
总计	48	

图6.3 教学内容模块化，实施任务驱动式教学

2. 前沿高水平文献拓展教学内容

每个模块导入章节相关前沿高水平文献拓展知识点，课堂上与学生探讨教师最新发表的论文，锻炼专业思维，如图6.4所示。

图 6.4　前沿高水平文献拓展教学内容

3. 适时嵌入课程思政

借助时政新闻、金融行业大事记等适时嵌入课程思政，提升学生对专业的认知及爱国情怀。例如，通过分析人民币兑美元汇率走势，使学生了解汇率变动产生的影响，进一步分析当前国际形势下我国提出的“以国内大循环为主体，国内国际双循环协调发展的新发展格局”，引导学生坚定道路自信，如图 6.5 和图 6.6 所示。

图 6.5　紧密结合时政前沿——2020 年 5 月以来汇率强势升值

生活中的金融

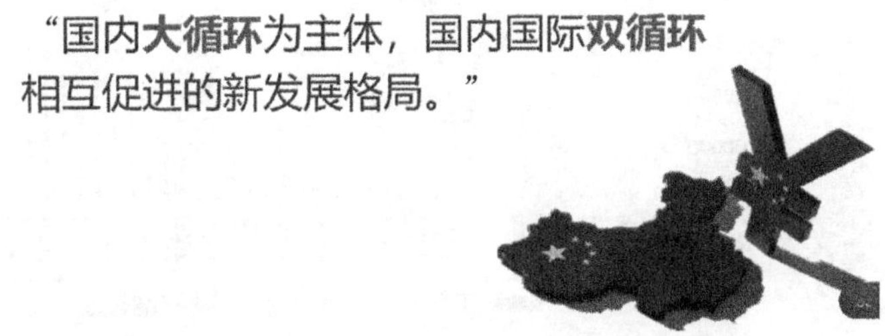

图 6.6　为应对当前国际形势，我国提出“双循环”发展格局

在货币的时间价值与利率章节，为了使学生理解复利的计算与应用，引入我国的GDP数据，结合1978年改革开放以来我国GDP的增长曲线，使学生明白中国不是“突然”崛起的，而是一代又一代人努力的结果，是长时间的经济稳步增长铸就的，是复利效应的积淀，引导学生在中华民族伟大复兴的道路上坚定道路自信、理论自信、制度自信、文化自信，培养爱国情怀；进一步引导学生进行个人反思及分享，将复利增长曲线应用于个人的学习和成长，激发学生的内驱力，如图6.7～图6.9所示。

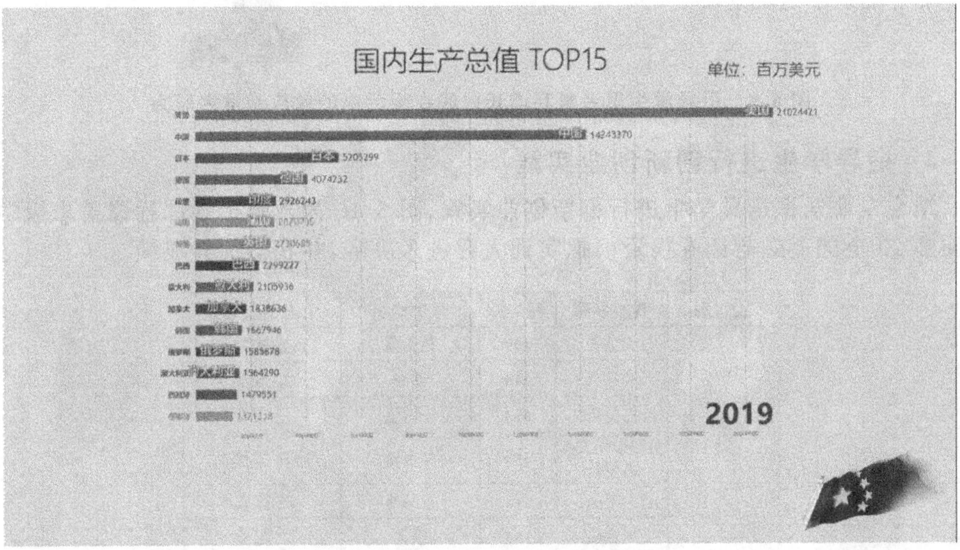

图 6.7　通过分析国内生产总值走势佐证复利积淀效应

图 6.8　通过 GDP 走势佐证“中国的伟大复兴是一代又一代人不断努力的结果”

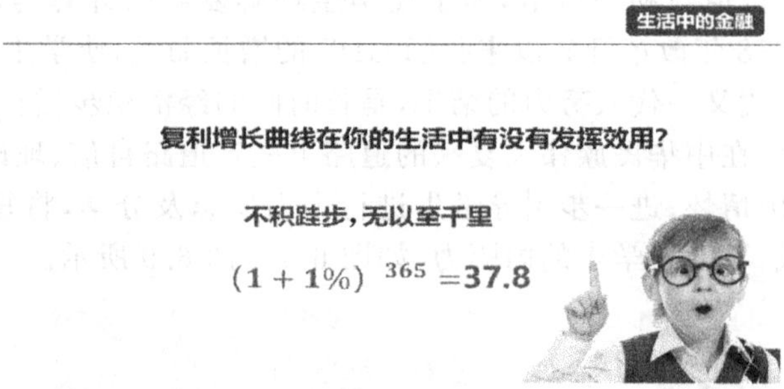

图 6.9　引导学生思考复利增长曲线在生活中的效应激发内驱力

4. 指导学生进行创新创业实践

结合专业知识指导学生进行创新创业实践，图 6.10 为教师指导课程覆盖班级学生参加 2020 全国金融与证券投资模拟实训大赛进入决赛，并获得优异成绩。

组　别	赛组名称	排　名	学生姓名	个人奖项等次
投资策略组	大空头	109	何怡萌	二等奖
	大空头	214	南一	二等奖
	股往金来久	413	张贺强	三等奖
	金融模拟大赛真爱队	454	苑竟博	三等奖
	大空头	512	王海博	三等奖
市场交易组	挖金队	163	侯爽	二等奖
	挖金队	221	陈普	二等奖
	挖金队	253	任苗苗	二等奖
	挖金队	268	张国华	二等奖
	挖金队	301	梁爽	二等奖
	挖金队	302	陈毅	三等奖

图 6.10　指导学生参加金融与证券投资模拟大赛

6.2.2 课程教学模式创新

课程实施过程中,全学期依托智慧教室、运用现代信息技术创新教学模式,通过线上线下混合式教学、翻转课堂等模式提升教学互动效率。

1. 强化教学设计,以学生为中心实施教学

通过合理的教学设计实施教学,教学过程以学生为中心。以“汇率变动产生的影响”章节内容为例,课堂教学实施过程如图 6.11 所示。

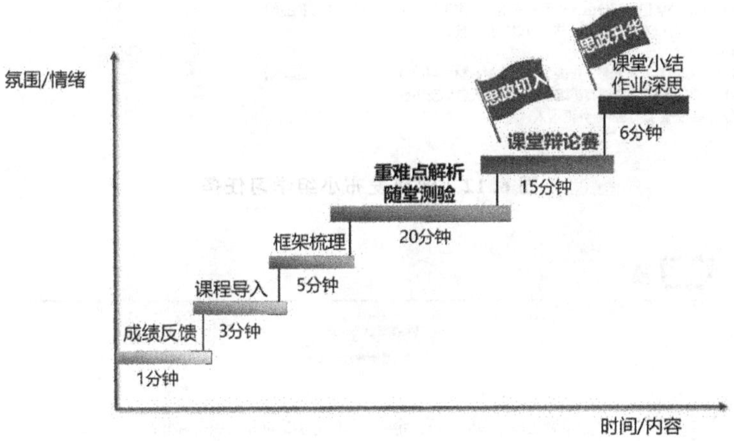

图 6.11 “汇率变动产生的影响”课堂教学实施过程

- 课程开始对学生课前学习情况进行反馈;
- 以“2021 年 5 月人民币兑美元汇率逼近 6.3 时代”新闻视频导入,激发学生的兴趣;
- 系统梳理该节课程框架;
- 重点讲解汇率变动影响机制并进行随堂测验;
- 组织微型辩论赛,辩题选题结合时代背景及该节知识点为“人民币升值对中国经济是否有利?”,使学生加深对于知识点的理解,提升辩证思维及创新能力;
- 课堂小结中提出“国内大循环为主体,国内国际双循环相互促进的新发展格局”是人民币升值压力下的一根定海神针,引导同学们坚定道路自信与制度自信;
- 作业反思,学生主动学习进入良性循环。

2. 课前运用学习通发布学习任务

教师可在课前运用学习通发布学习任务,如图 6.12 和图 6.13 所示。

3. 课中运用雨课堂实现师生、生生高效互动

教师可在课堂上运用雨课堂随机点名、弹幕、投票、答题等功能实施教学,增强教学环节的互动性,如图 6.14 所示。

各小组从金融市场模块四个知识点——金融市场、货币市场、资本市场、衍生工具市场中选择要分享的内容进行课堂分享。依据各小组抢占席位结果，具体安排如下：

请各小组报名，选择你们要分享的内容，每个知识点只有两个分享席位，先到先得	
学习目标	分享小组名单
（1）金融市场体系的构成要素、功能、特点	利滚利
	通货膨胀
（2）货币市场概念、特点、功能、类型及运作	金融界五霸
	经济战专家组
（3）资本市场概念、特点、功能、类型及运作	谈股论金
	独角兽小组
（4）衍生工具市场概念、特点、功能、类型及运作	中国五大行
	量子基金

具体要求：

1. 每小组用自己的方式让同学们了解什么是货币、资本、衍生工具市场，内容不拘泥于任务目标；
2. 发言的同学就是老师，可以设置提问等环节，可以链接小视频；
3. 每组发言时间10-12分钟；
4. 小组汇报人要求对汇报内容非常熟悉，不能拿手机或者教材，可以拿汇报稿，但不能读稿；
5. 汇报内容必须准备PPT，PPT上需要有小组名称、汇报人名称及小组分工；
6. PPT命名原则为"小组名+汇报标题内容+汇报人：XX"。

图 6.12　课前发布小组学习任务

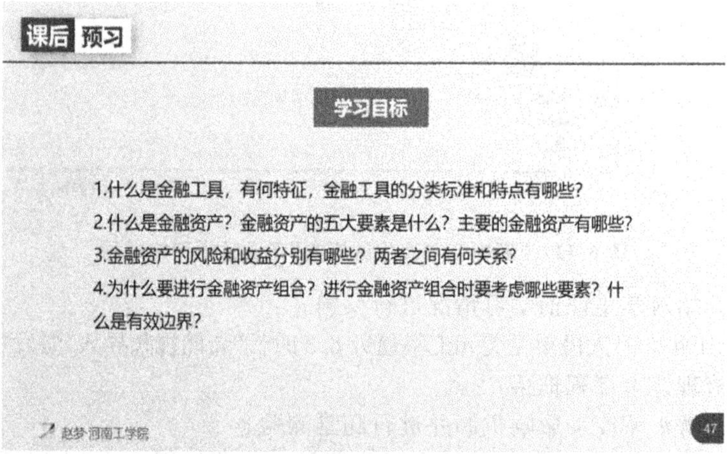

图 6.13　课前发布个人学习任务

图 6.14　课中高效互动

4. 课后运用学习通进行章节测验,教师实时监测学习数据

教师可在课后运用学习通进行章节测验,并实时监测学习数据,如图 6.15 所示。

图 6.15 课后进行章节测验

6.2.3 课程教学方式、方法与手段创新

在课程实施过程中,教师可借助雨课堂、学习通、智慧教室等智慧教学工具创新教学方式、方法与手段,开展启发式、参与式、讨论式教学,使学生在讨论、辩论、质疑过程中主动输出知识,提升学生课堂参与度与学习效率。

1. 项目引领式教学——课前发布学习任务实施项目驱动

图 6.16 所示为教师课前发布学习任务的示例,图 6.17 所示为学生课前任务完成情况的示例。

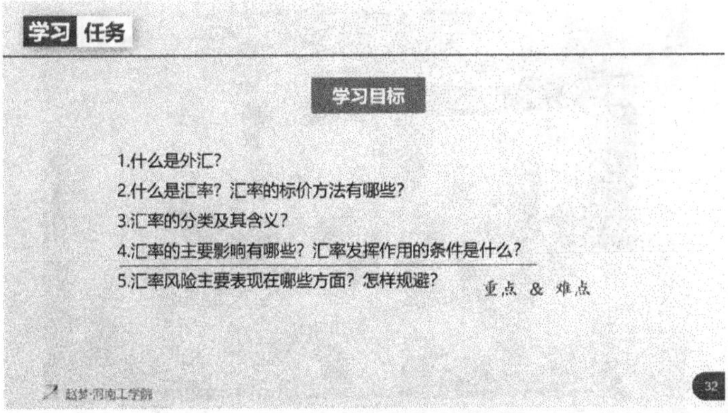

图 6.16 课前发布学习任务

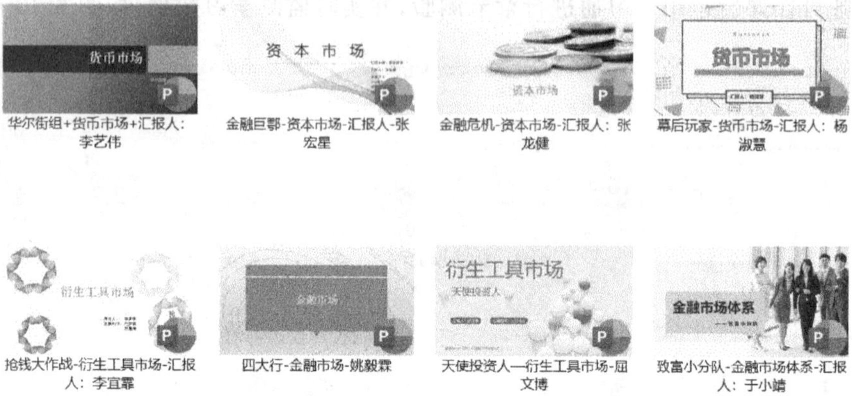

图 6.17　学生课前任务完成情况

2. 探究式教学——课堂组织辩论赛强化学生知识输出

图 6.18 和图 6.19 所示为教师在课堂上组织辩论赛和课堂辩论赛的现场情况。

图 6.18　课堂组织辩论赛

图 6.19　课堂辩论赛现场照片

3. 学生运用思维导图 Xmind 进行课堂汇报

图 6.20 所示为学生运用思维导图 Xmind 进行课堂分享的情况。

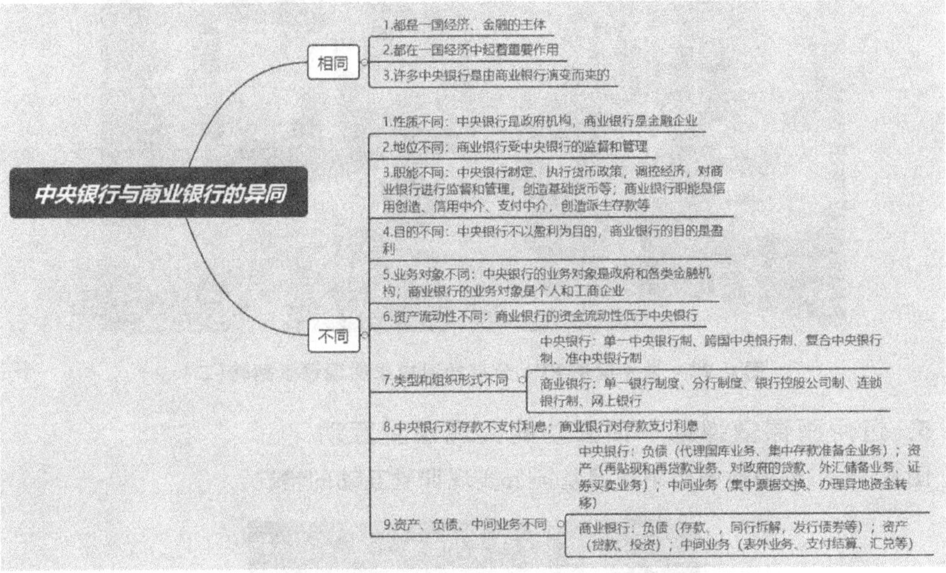

图 6.20　学生运用思维导图 Xmind 进行课堂分享

4. 学生运用 PPT 分享学习成果实现课堂翻转

图 6.21 和图 6.22 所示为学习运用 PPT 分享学习成果实现课堂翻转的情况。

图 6.21　学生运用 PPT 分享学习成果实现课堂翻转(一)

图 6.22　学生运用 PPT 分享学习成果实现课堂翻转(二)

5. 运用雨课堂弹幕十词云功能实现课堂互动

图 6.23 所示为教师运用雨课堂词云实现课堂互动的情况。

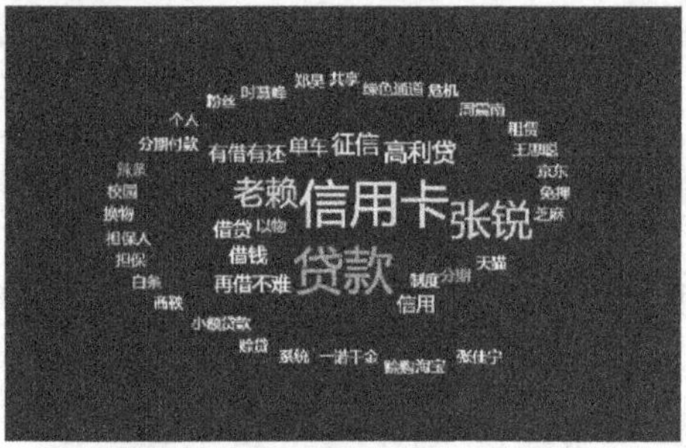

图 6.23　雨课堂词云

6. 运用雨课堂答题，引导学生思考

图 6.24 所示为教师运用雨课堂答题来引导学生思考的情况。

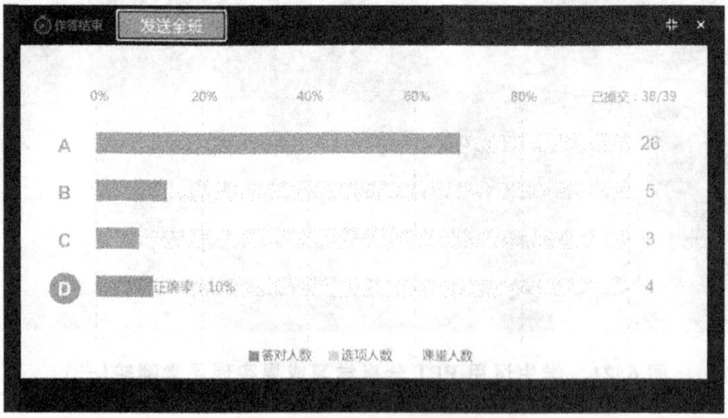

图 6.24　雨课堂答题

6.2.4 课程考核方式创新

课程实施过程中不断改革考核方式，注重形成性评价和过程化考核。本门课程考核包括期末考试和过程化考核两部分，课程满分100分，期末考试和过程化考核分别占比60%和40%。过程化考核中个人课堂表现、章节测试、小组成绩、学生互评分别占比10%、15%、10%、5%，如图6.25所示，且考核成绩及时反馈，每次课程开始，公布截至过程化考核成绩，以刺激学生产生竞争意识，提升主动学习的积极性。

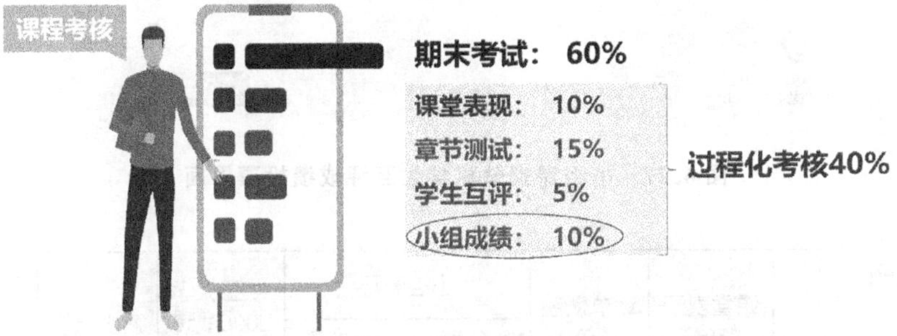

图6.25 课程考核成绩构成

1. 课程考核成绩及时反馈

图6.26所示为金融数学181小组课堂分享学生互评成绩并及时反馈的情况。

序号	组名	主讲人	成绩分布					总成绩
			A (90)	B (80)	C (70)	D (60)	E (50)	
1	第一组	尹秋月	26	16	1	0	0	85.814
2	第二组	范静静	17	18	8	0	0	82.093
3	第十一组	陶然	24	17	2	0	0	85.116
4	第四组	白伽辰	24	18	0	0	0	85.714
5	第九组	李梦博	27	14	1	0	0	86.19
6	第三组	吕晓娜	15	23	1	0	0	83.59
7	第八组	李怡	18	22	1	0	0	84.146
8	第七组	刘婷	16	25	0	0	0	83.902
9	第五组	韩振豫	15	20	5	0	0	82.5
10	第十组	陈凤	22	20	0	0	0	85.238
11	第六组	张壹哲	29	13	0	0	0	86.905

图6.26 小组课堂分享学生互评成绩并及时反馈

2. 课程考核加入学生互评

图6.27所示为小组课堂分享学生互评成绩的投票界面。

3. 课程考核加入突出表现分，鼓励学生创新

图6.28所示为金融数学181课程考核加入突出表现分的情况。

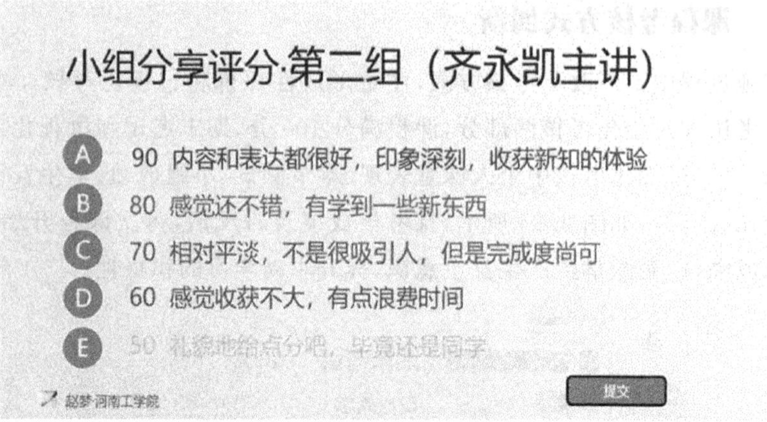

图 6.27　小组课堂分享学生互评成绩投票界面

学号	姓名	课堂表现（30%）	章节测验（30%）	小组表现		中国大学MOOC成绩（10%）	突出表现	过程成绩
				教师评价（20%）	学生互评（10%）			50%
1812281101	杨笑样	95	89.33	93.33	89.15	87.49		91.63
1812281102	尹秋月	100	94.00	91.67	95.81	77.81	4	97.90
1812281103	杨丹丹	100	95.67	90.00	90.71	82.83		94.05

图 6.28　课程考核加入突出表现分

4. 课堂表现成绩记录单

图 6.29 所示为金融数学 181 课堂表现记录单。

5. 章节测验成绩记录单

图 6.30 所示为金融数学 181 课堂章节测验成绩记录单。

6. 小组表现成绩记录单

图 6.31 所示为金融数学 181 小组表现成绩记录单。

7. 过程性考核成绩记录单

图 6.32 所示为金融数学 181 过程性考核成绩记录单。

8. 学生期末成绩

图 6.33 所示为 2019—2020 学年金融学专业学生期末成绩记录单。

金融数学181课堂表现成绩记录单

学号	姓名	课前预习完成度		参与讨论活跃度	作业完成次数	出勤情况	课堂表现成绩
		雨课堂	MOOC				
1812281101	杨笑样	322	44	****	3	100%	95.00
1812281102	尹秋月	315	6	****	4	100%	100.00
1812281103	杨丹丹	342	35	*****	4	100%	100.00
1812281104	赵悦	309.5	52	***	2	100%	90.00
1812281105	陈凤	330.5	54	*****	4	100%	100.00
1812281106	焦钲皓	136	1	*	1	100%	60.00
1812281107	马阔	336	54	****	3	91%	90.00
1812281108	吕晓娜	289	18	****	3	91%	95.00
1812281109	付光明	268.9	11	**	3	100%	90.00
1812281110	韩振豫	324	56	****	3	100%	100.00
1812281111	曹兵瑞	323.5	20	***	3	100%	85.00
1812281112	王康	314	41	***	3	100%	85.00
1812281113	韩卫航	293.5	1	****	3	100%	95.00
1812281114	张丽杰	289	14	***	3	100%	85.00
1812281115	马梦龙	180	0	*	2	100%	70.00
1812281116	刘寅枭	326.5	30	*****	4	100%	100.00
1812281117	王宇豪	165.5	21	***	2	100%	85.00
1812281118	李梦博	269	9	***	3	100%	85.00
1812281119	李昊	202	8	***	3	100%	80.00
1812281120	刘懿琦	286	21	****	3	100%	95.00
1812281122	申守仟	240	1	***	3	100%	85.00
1812281123	韩俊鹏	151	0	*	1	74%	60.00
1812281124	郭冰桦	330	28	*	2	100%	70.00
1812281125	罗泽龙	265	3	**	2	83%	70.00
1812281126	崔雨晨	298	3	***	3	100%	85.00
1812281127	李保庆	355	63	*****	4	100%	100.00
1812281128	焦营可	296.5	10	***	3	100%	85.00
1812281129	张壹哲	361	23	*****	4	100%	100.00
1812281130	曹蔓	245	3	****	3	100%	90.00
1812281131	张元珠	354	56	*****	4	96%	100.00

图 6.29 课堂表现成绩记录单

学号	姓名	第5讲	第6讲	第7讲	第8讲	第9讲	第10讲	第11讲	章节测验
1812281101	杨笑样	7	10	25	31	15	11	11	89.33
1812281102	尹秋月	2	13	25	33	15	12	11	94.00
1812281103	杨丹丹	7	13	25	35	15	12	11	95.67
1812281104	赵悦	7	12	25	35	16	12	10	86.50
1812281105	陈凤	9	12	24	35	15	10	9	92.83
1812281106	焦钲皓	7	7	8	20	10	8	7	58.33
1812281107	马阔	7	12	26	35	16	12	11	94.00
1812281108	吕晓娜	5	8	27	36	16	12	11	93.00
1812281109	付光明	4	13	27	27	11	7	0	76.67
1812281110	韩振豫	9	13	26	36	16	12	11	99.33
1812281111	曹兵瑞	4	13	26	35	15	9	11	92.67
1812281112	王康	9	12	24	36	16	12	11	100.00
1812281113	韩卫航	9	13	27	36	16	12	11	91.50
1812281114	张丽杰	5	10	24	30	14	12	11	81.00

图 6.30　章节测验成绩记录单——雨课堂系统导出

金融数学181小组表现成绩记录单							
小组组名	姓名	学号	教师评价				学生互评
			直接间接融资	五种信用形式	金融工具	总成绩	
第1组	尹秋月	1812281102	95	90	90	91.67	95.81
	王宇豪	1812281117	90	90	90	90.00	90.81
	申守仟	1812281122	90	90	90	90.00	90.81
	罗泽龙	1812281125	90	90	90	90.00	90.81
第2组	范静静	1812281134	90	90	90	90.00	92.09
	马阔	1812281107	95	90	90	91.67	87.09
	韩卫航	1812281113	90	90	90	90.00	87.09
	赵悦	1812281104	90	90	90	90.00	87.09
第3组	吕晓娜	1812281108	95	100	100	98.33	93.59
	刘懿琦	1812281120	90	95	95	93.33	88.59
	李昊	1812281119	90	95	95	93.33	88.59
	陈星儒	1812281141	90	95	95	93.33	88.59
第4组	白伽辰	1820281102	90	90	90	90.00	95.71
	崔雨晨	1812281126	95	90	90	91.67	90.71
	杨丹丹	1812281103	90	90	90	90.00	90.71
	郭冰桦	1812281124	90	90	90	90.00	90.71
第5组	付光明	1812281109	90	95	90	91.67	82.5
	刘寅枭	1812281116	95	100	90	95.00	82.5
	韩振豫	1812281110	90	95	90	91.67	87.5
	刘媛媛	1812281139	90	95	90	91.67	82.5
	李保庆	1812281127	100	90	90	93.33	91.91

图 6.31　小组表现成绩记录单

河南工学院学生过程性考核成绩记录单								
院(部)：经济学院			班级：金融数学181			学生人数：44		
学期：2019-2020第二学期			课程：金融学			任课教师：赵梦		
学号	姓名 / 内容	课堂表现（30%）	章节测验（30%）	小组表现		中国大学MOOC成绩（10%）	突出表现	过程成绩
				教师评价（20%）	学生互评（10%）			50%
1812281101	杨笑样	95	89.33	93.33	89.15	87.49		91.63
1812281102	尹秋月	100	94.00	91.67	95.81	77.81	4	97.90
1812281103	杨丹丹	100	95.67	90.00	90.71	82.83		94.05
1812281104	赵悦	90	86.50	90.00	87.09	90.59		88.72
1812281105	陈凤	100	92.83	93.33	95.24	98.44		95.88
1812281106	焦钲皓	60	58.33	91.67	89.15	56.89		68.44
1812281107	马阔	90	94.00	91.67	87.09	91.79		91.42
1812281108	吕晓娜	95	93.00	98.33	93.59	73.71		92.80
1812281109	付光明	90	76.67	91.67	82.50	53.17		81.90
1812281110	韩振豫	100	99.33	91.67	87.50	74.11		94.29
1812281111	曹兵瑞	85	92.67	91.67	90.24	81.35		88.79
1812281112	王康	85	100.00	90.00	90.12	90.88		91.60
1812281113	韩卫航	95	91.50	90.00	87.09	54.19		88.08
1812281114	张丽杰	85	81.00	91.67	91.91	64.72		83.80
1812281115	马梦龙	70	96.00	91.67	91.19	50.00		82.25
1812281116	刘寅枭	100	95.17	95.00	82.50	94.94	4	99.29
1812281117	王宇豪	85	71.67	90.00	90.81	50.00		79.08
1812281118	李梦博	85	73.33	93.33	96.19	87.45		84.53
1812281119	李昊	80	72.17	93.33	88.59	50.00		78.18
1812281120	刘懿琦	95	79.67	93.33	88.59	87.49		88.67
1812281122	申守仟	85	96.00	90.00	90.81	87.27		90.11
1812281123	韩俊鹏	60	50.33	91.67	90.24	50.00		65.46
1812281124	郭冰桦	70	90.33	90.00	90.71	74.37		82.61
1812281125	罗泽龙	70	79.33	90.00	90.81	54.06		77.29
1812281126	崔雨晨	85	94.00	91.67	90.71	78.14		88.92
1812281127	李保庆	100	96.00	93.33	91.91	91.08	4	99.77
1812281128	焦营可	85	95.83	91.67	83.90	69.38		87.91
1812281129	张壹哲	100	99.67	91.67	96.91	95.38		97.46
1812281130	曹蔓	90	78.50	91.67	91.91	50.00		83.07
1812281131	张元珠	100	95.67	93.33	91.19	89.47		95.43
1812281132	刘婷	90	86.17	91.67	88.90	90.01		89.07
1812281133	薛苗苗	80	88.00	91.67	89.15	53.93		83.04

图 6.32 过程性考核成绩记录单

河南工学院学生成绩[原始]

2019-2020学年第二学期

承担单位：经济学院　　课　　程：金融学　　课程类别：学科基础课/必修课　　学　　分：3.0

任课教师：[2014028]赵梦　　上课班级：200869-001　　考核方式：考试　　上课人数：46

序号	学号	姓名	性别	修读性质	成绩 平时	中考	末考	过程	综合	辅修标记	备注
1	1812261142	梁爽	女	初修			88.00	86.06	87.00	主修	
2	1812281201	金秋	女	初修			92.00	93.10	93	主修	
3	1812281202	韩浩兵	男	初修			76.00	82.74	79.00	主修	
4	1812281203	王静阳	女	初修			96.00	84.35	90.00	主修	
5	1812281204	陈海	男	初修			88.00	73.87	81.00	主修	
6	1812281205	吕梦瑶	女	初修			84.00	82.97	83.00	主修	
7	1812281206	翟薇	女	初修			85.50	90.87	88.00	主修	
8	1812281207	刘玺	男	初修			83.50	85.99	85.00	主修	
9	1812281208	曹琳培	女	初修			79.00	82.74	81.00	主修	
10	1812281209	甘润香	女	初修			78.00	80.78	79.00	主修	
11	1812281210	王宇辉	男	初修			86.00	80.57	83.00	主修	
12	1812281211	廉少龙	男	初修			90.50	67.99	79.00	主修	
13	1812281212	董振飞	男	初修			93.00	100.00	97.00	主修	
14	1812281213	陈毅	男	初修			83.00	90.73	87.00	主修	
15	1812281215	姚警校	男	初修			85.00	87.93	86.00	主修	
16	1812281216	张晓怡	女	初修			84.00	84.43	84.00	主修	
17	1812281217	霍晓乐	女	初修			83.00	91.71	87.00	主修	
18	1812281218	周怡昊	男	初修			84.00	78.94	81.00	主修	
19	1812281219	齐永凯	男	初修			91.00	93.05	92.00	主修	
20	1812281220	段真真	女	初修			76.00	73.50	75.00	主修	
21	1812281221	李星辰	男	初修			90.50	77.54	84.00	主修	
22	1812281222	于常辉	男	初修			89.00	73.83	81.00	主修	
23	1812281223	张灿洋	男	初修			79.00	84.15	82.00	主修	
24	1812281224	李兰净	男	初修			77.00	73.48	75.00	主修	
25	1812281225	王一鸣	男	初修			82.00	73.40	78.00	主修	
26	1812281226	侯爽	女	初修			96.00	95.58	96.00	主修	
27	1812281227	刘奥	男	初修			75.00	65.30	70.00	主修	
28	1812281228	张国华	男	初修			85.00	81.58	83.00	主修	
29	1812281229	梁奇	男	初修			78.00	78.71	78.00	主修	
30	1812281230	张皓君	女	初修			82.00	93.59	88.00	主修	
31	1812281231	邝继钦	男	初修			82.00	88.69	85.00	主修	
32	1812281232	任苗苗	女	初修			94.50	95.48	95.00	主修	
33	1812281233	杨瑞珂	女	初修			95.00	95.73	95.00	主修	
34	1812281234	崔宏伟	女	初修			79.00	77.35	78.00	主修	
35	1812281235	余龙鑫	男	初修			76.00	85.81	81.00	主修	
37	1812281237	张星宇	男	初修			80.00	75.86	78.00	主修	
38	1812281238	马书理	女	初修			75.00	92.71	84.00	主修	
39	1812281239	郭婷	女	初修			76.00	79.35	78.00	主修	

第 1 页　共 2 页

河南工学院学生成绩[原始]

2019-2020学年第二学期

承担单位：经济学院　　课　　程：金融学　　课程类别：学科基础课/必修课　　学　　分：3.0

任课教师：[2014028]赵梦　　上课班级：200869-001　　考核方式：考试　　上课人数：46

序号	学号	姓名	性别	修读性质	成绩 平时	中考	末考	过程	综合	辅修标记	备注
40	1812281240	齐梦雅	女	初修			95.00	91.81	93.00	主修	
41	1812281241	陈昔	女	初修			97.00	93.40	95.00	主修	
42	1812281242	闪心	女	初修			83.00	85.32	84.00	主修	
43	1812281243	王雨晴	女	初修			99.00	100.00	100.00	主修	
44	1816201119	张珂源	男	初修			89.00	71.78	80.00	主修	
45	1820281201	刘凯乐	男	初修			79.50	83.54	82.00	主修	
46	1820281202	郝思佳	女	初修			94.00	78.96	86.00	主修	

分数段(等级)	[100-90](优秀)		(90-80(良好)		(80-70](中等)		(70-60](及格)		(60-0](不及格)		缓考	缺考	舞弊
类别	末考	综合	末考	综合	末考	综合	末考	综合	末考	综合			
人数(46)	13	10	19	24	13	12	1	0	0	0	0	0	0
百分比	28.26	21.74	41.30	52.17	28.26	26.09	2.17	0.00	0.00	0.00	0.00	0.00	0.00

末考　平均成绩：84.83　及格率：100.00%　标准差：7.17　最高成绩：99.00　最低成绩：69.00

综合　平均成绩：84.35　及格率：100.00%　标准差：6.66　最高成绩：100.00　最低成绩：70.00

图 6.33　学生期末成绩记录单

6.2.5 课程线上资源建设

为最大化利用网络精品资源并满足我校学生的学习需求，基于中国大学 MOOC、学习通、雨课堂三个平台建设课程资源。中国大学 MOOC 平台课程引用李健教授的国家级精品课"金融学"，其中包括教学视频、概念预习、课件讲义、课堂案例、单元测验等内容，同时在学习通和雨课堂两个平台自建课程，以满足课堂互动、过程化考核等需要。

1. 中国大学 MOOC 平台课程资源

图 6.34 所示为中国大学 MOOC 平台教学资源截图。

图 6.34 中国大学 MOOC 平台教学资源

2. 雨课堂——教学资源库

图 6.35 所示为雨课堂平台线上教学资源截图。

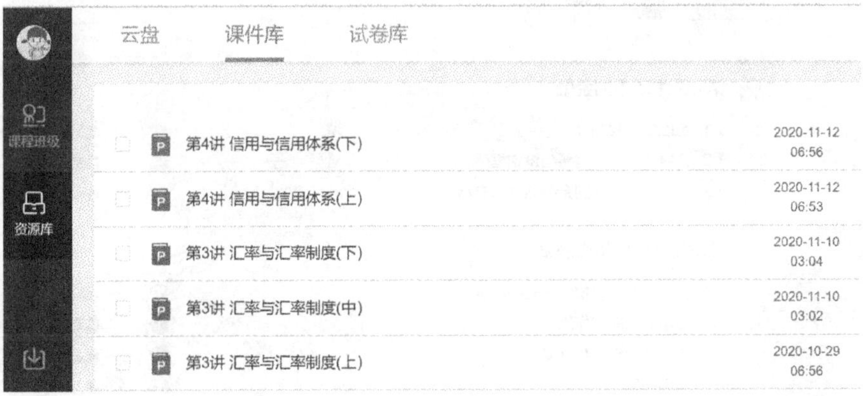

图 6.35 雨课堂平台线上教学资源

3. 雨课堂——线上试题库

图 6.36 所示为雨课堂章节测验试题库截图。

图 6.36 雨课堂章节测验试题库

4. 学习通课程资源

图 6.37 所示为学习通课程资源截图。

图 6.37 学习通课程资源

5. 学习通试题库

图 6.38 所示为学习通试题库截图。

图 6.38　学习通试题库

6. 学习通作业库

图 6.39 所示为学习通作业库截图。

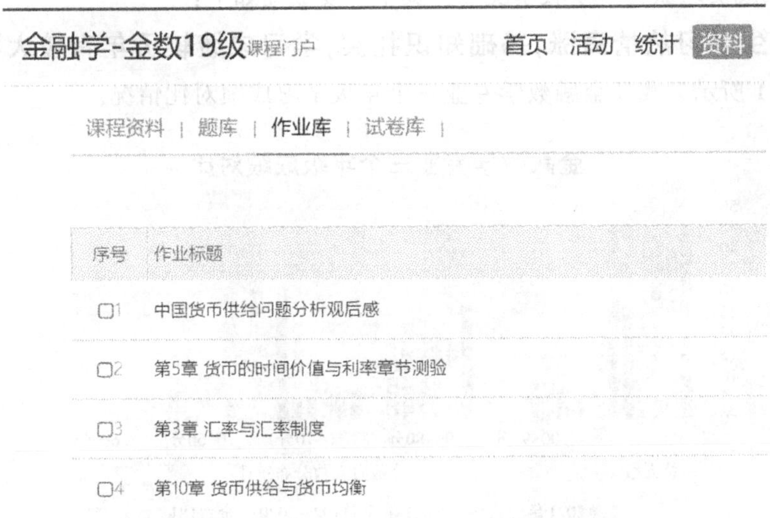

图 6.39　学习通作业库

7. 学习通活动资源库

图 6.40 所示为学习通活动资源库截图。

图 6.40 学习通活动资源库

6.2.6 课程创新成效

经过持续不断的教学创新与实践，课程取得了一定的成效，如学生的学习成绩有显著提升，优良率显著提高；学生主动探索，创新能力显著增强，此外金融学课程、课程负责人及团队成员均获得多项教学奖励。其中主要成绩如下：

1. 学生学习热情高涨，基础知识扎实，学习成绩较历年有较大程度提升

图 6.41 所示为我校金融数学专业三个年级学习成绩对比情况。

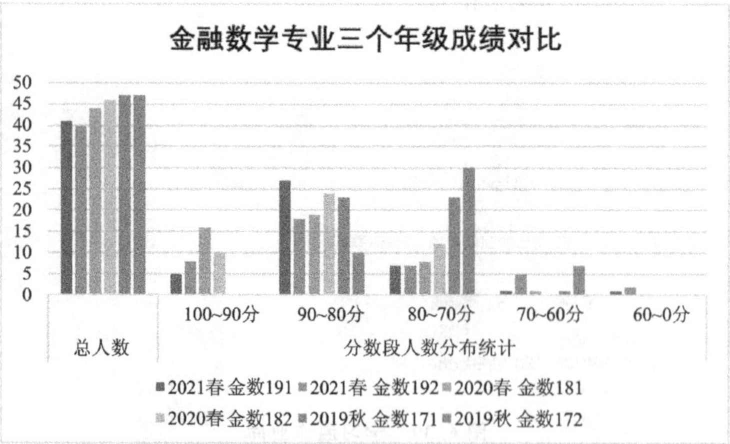

图 6.41 金融数学专业三个年级学习成绩对比

对比图 6.41 可以发现，金融数学专业 2017 级、2018 级学生学习成绩优良率显著提升。随着课程改革及创新逐步推进，学生学习负担及压力逐年增加，课程考核难度逐年增大，金融数学专业 2019 级学生成绩分布有一定的回落，但优良比率仍能保持较高水平，且金数 191 班良好比率为近三个教学周期的最高值。

2. 学生主动探索，学习挑战度增强，创新能力显著提升

学生主动输出知识的意愿强烈，自学、主观表达及逻辑思维能力增强，能熟练运用 PPT、思维导图等办公自动化工具。

图 6.42 所示为学生熟练运用 PPT 进行课堂分享的截图。

图 6.42　学生熟练运用 PPT 进行课堂分享

图 6.43 所示为学生熟练运用思维导图进行课堂分享的截图。

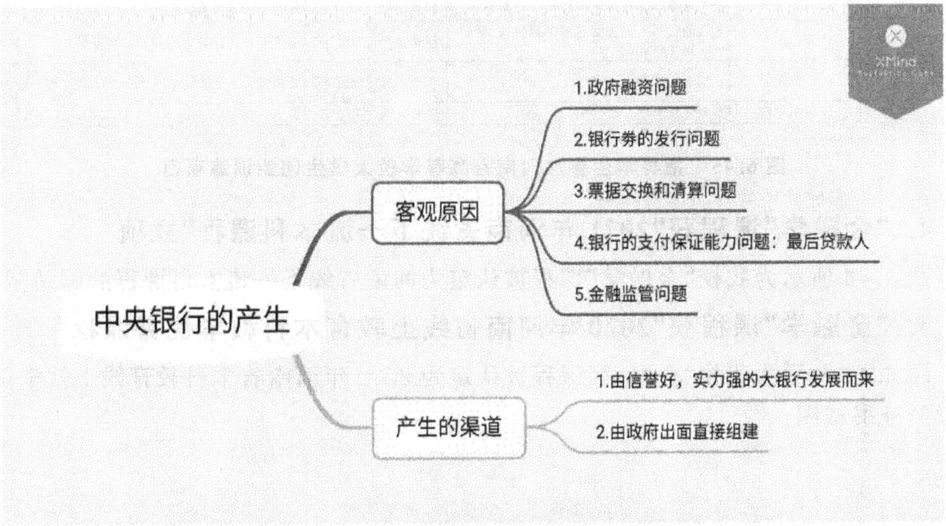

图 6.43　学生熟练运用思维导图进行课堂分享

3. 学生积极参加创新创业大赛，创新能力增强

图 6.44 所示为我校教师指导学生参加“互联网＋”大学生创新创业大赛获学院一等奖一项、二等奖三项的证书。

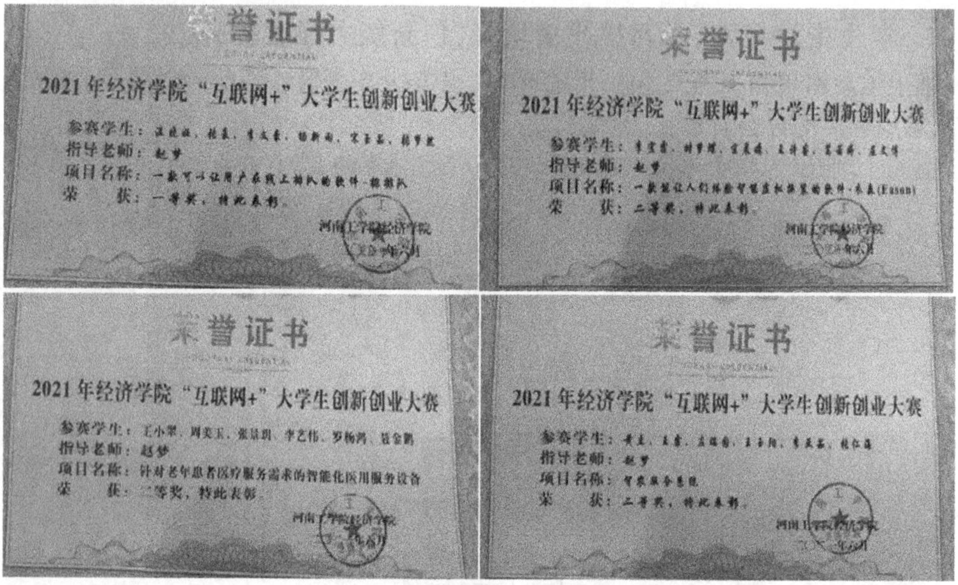

图 6.44　指导学生参加“互联网＋”大学生创新创业大赛获学院一等奖一项、二等奖三项

图 6.45 所示为我校教师指导学生参加河南省高等学校大学生创业训练项目列表截图。

S202111329003X	河南工学院	新型学习资源整合引擎	创业训练	张可以	高宁波，王小康，赫智云，朱鹏龙	杨捷 王国柱
S202111329017X	河南工学院	掌上书院—新型高校社区型服务平台	创业训练	李亚光	陈珂冰，桑季熬，赵思嘉，雷润莉	梁会君
S202111329018X	河南工学院	一款能让用户体验智能虚拟换装的 APP——衣森（Eason）	创业训练	李宜霏	王诗睿，蒿茜婷，宗晨婧，时梦蝶	赵梦
S202111329019S	河南工学院	吉兔兔校园服务平台	创业实践	李昌旺	张华伟，关子晴，黄飞凤，谭志远	尚德峰 王世胜
S202111329020S	河南工学院	无人化售餐窗口	创业实践	刘少昂	孔十	王栋

图 6.45　指导学生参加河南省高等学校大学生创业训练项目

4. “金融学”课程获“2021 年河南省线下一流本科课程”立项

图 6.46 所示为我校“金融学”课程被认定为河南省线下一流本科课程的网站截图。

5. “金融学”课程获“2020 年河南省线上教育本科教学优秀课程”

图 6.47 所示为我校“金融学”课程被认定为 2020 年河南省本科教育线上教学优秀课程的证书截图。

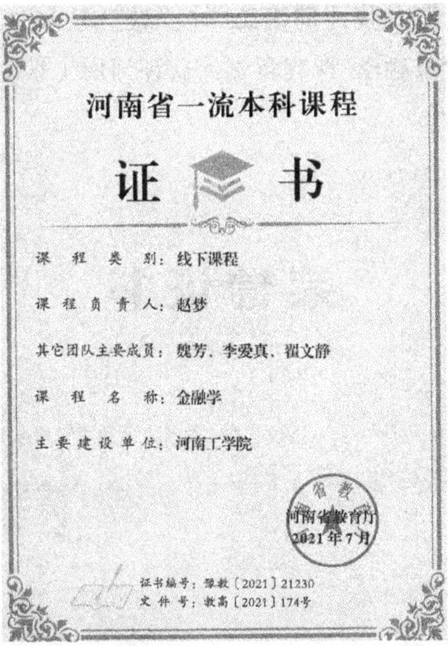

河南省一流本科课程

证　书

课　程　类　别：线下课程

课 程 负 责 人：赵梦

其它团队主要成员：魏芳、李爱真、翟文静

课　程　名　称：金融学

主 要 建 设 单 位：河南工学院

河南省教育厅
2021年7月

证书编号：豫教〔2021〕21230
文 件 号：教高〔2021〕174号

图 6.46　“金融学”课程被认定为河南省线下一流本科课程

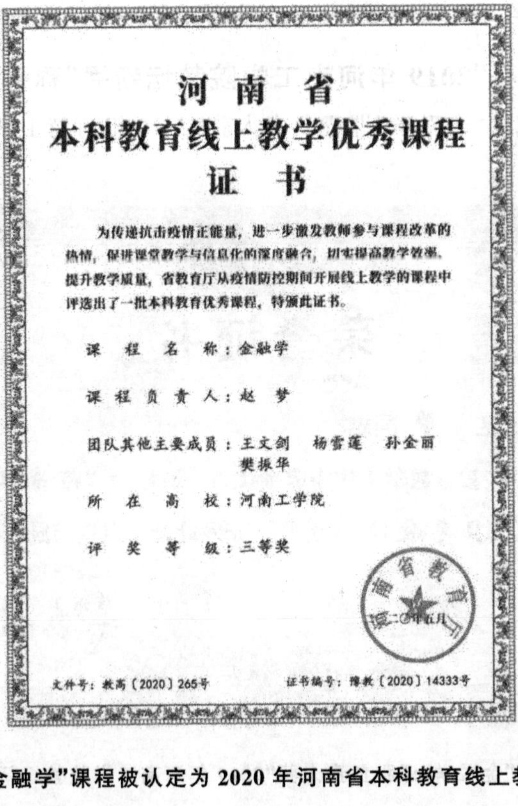

河　南　省
本科教育线上教学优秀课程
证　书

为传递抗击疫情正能量，进一步激发教师参与课程改革的热情，促进课堂教学与信息化的深度融合，切实提高教学效果、提升教学质量，省教育厅从疫情防控期间开展线上教学的课程中评选出了一批本科教育优秀课程，特颁此证书。

课　程　名　称：金融学

课 程 负 责 人：赵　梦

团队其他主要成员：王文剑　杨雪莲　孙金丽
樊振华

所　在　高　校：河南工学院

评　奖　等　级：三等奖

文件号：教高〔2020〕265号　　证书编号：豫教〔2020〕14333号

图 6.47　“金融学”课程被认定为 2020 年河南省本科教育线上教学优秀课程

6. “金融学”课程负责人获评河南工学院“教育教学改革创新成长项目二等奖”

图 6.48 所示为我校“金融学”课程负责人获评河南工学院“教育教学改革创新成长项目二等奖”的证书截图。

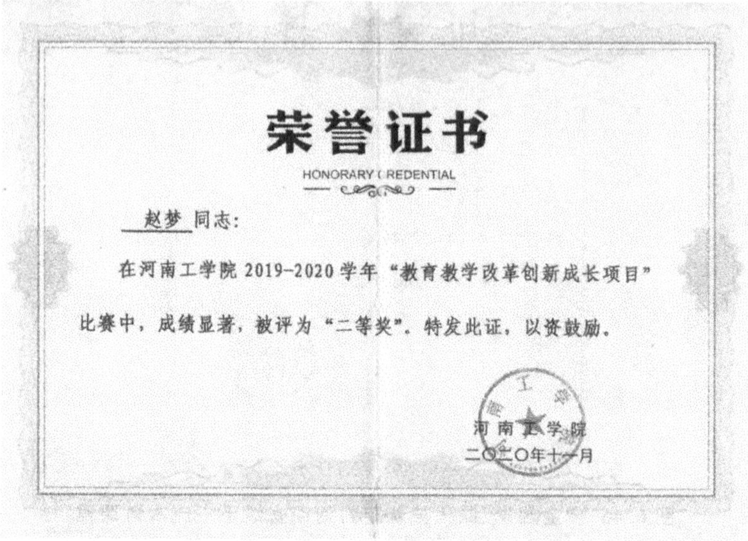

图 6.48 “金融学”课程负责人获评河南工学院“教育教学改革创新成长项目二等奖”

7. 课程负责人获“2019 年河南工学院教坛新秀”称号

图 6.49 所示为我校“金融学”课程负责人获“2019 年河南工学院教坛新秀”称号的证书截图。

图 6.49 “金融学”课程负责人获“2019 年河南工学院教坛新秀”称号

8. 课程负责人获"2019 年河南工学院青年教师教学创新比赛特等奖"

图 6.50 所示为"金融学"课程负责人获"2019 年河南工学院青年教师教学创新比赛特等奖"的证书截图。

荣誉证书

赵 梦 同志：

在 2019 年度我校第一届青年教师教学创新比赛中，成绩显著，被评为特等奖。特发此证，以资鼓励。

河南工学院

二〇一九年十月

图 6.50 "金融学"课程负责人获"2019 年河南工学院青年教师教学创新比赛特等奖"

9. 课程负责人获"2020 年河南省本科高校教师课堂教学创新大赛中青年组特等奖"

图 6.51 所示为"金融学"课程负责人获"2020 年河南省本科高校教师课堂教学创新大赛青年组特等奖"证书的截图。

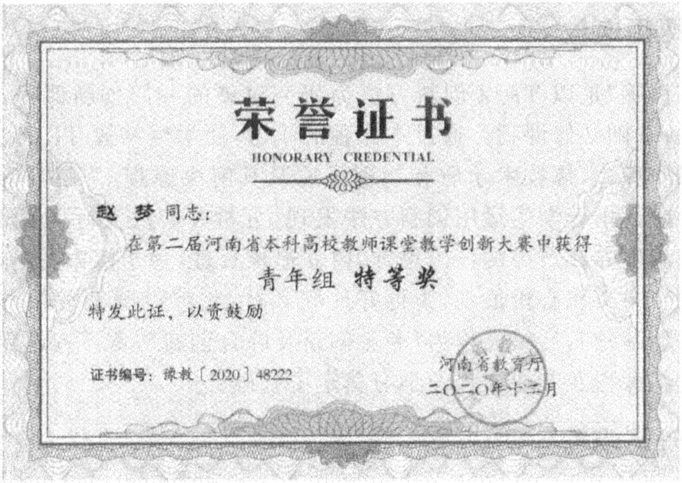

荣誉证书

HONORARY CREDENTIAL

赵 梦 同志：

在第二届河南省本科高校教师课堂教学创新大赛中获得

青年组 特等奖

特发此证，以资鼓励

证书编号：豫教〔2020〕48222

河南省教育厅

二〇二〇年十二月

6.51 "金融学"课程负责人获"2020 年河南省本科高校教师课堂教学创新大赛青年组特等奖"

第7章　基于学生创新能力培养的“创新思维训练”混合式教学设计

创新是一个民族进步的灵魂，是一个国家兴旺发达的不竭动力，也是中华民族最深沉的民族禀赋。在激烈的国际竞争中，惟创新者进，惟创新者强，惟创新者胜。创新需要方法，科学方法是人们进行创新活动的创新思维、创新规律和创新机理，是实现科学技术跨越式发展和提高自主创新能力的重要基础。“创新思维训练”就是要帮助我们掌握科学的创新方法，提高创新的效率。

7.1　方案总体设计

本课程以提高学生的创新实践能力为目标，采用了线上线下相结合的混合式教学模式，课程内容新颖，引入了国内外最新创新资讯、研究成果，以及《创新进行时》《今日说法》《超级工程》等节目中的典型案例，使教学内容具有一定的高阶性和创新性；将雨课堂、学习通等智慧教学工具运用于教学中，主要采用了 PBL、TBL、CBL 等教学方法，突出了同伴教学法在课程中的地位，引入了逆向教学设计和 BOPPPS 教学设计，旨在突出“学生中心”的教学理念，注重课程思政与课程内容的有机融合，培养学生的创新思维。

7.1.1　课程地位

“创新思维训练”是以 TRIZ 创新方法为研究对象的一门创新课程，是我校各专业本科学生的创新基础必修课程。通过本课程的学习，使学生掌握 TRIZ 法的基本知识，熟悉 40 个发明原理，掌握技术矛盾和物理矛盾及其解决原理，了解 TRIZ 创新思维与方法及因果链分析；培养学生运用创新方法发现、分析并解决实际问题的能力，提高其创新思维，帮助学生养成严谨的科研思维，树立追求真理，勇于探索的精神；提高团队合作能力，塑造社会主义核心价值观，为更好地服务社会、建设国家贡献力量。其先修课程是“大学生创新基础”，后续课程为“专业创新及综合创新”，本课程起到了承上启下的作用，为后续创新课程及专业课程的学习奠定了基础。

7.1.2　所获荣誉

课程负责人近 5 年来开展教学研究及教学获奖情况如下：

1. 主持的研究课题

① 2019 年 12 月，河南工学院 2019 年校级教育教学改革研究与实践项目（就业和

创新创业教育)：基于雨课堂的高校本科创新基础课混合式教学模式研究——以“创新思维训练”为例(主持)；

② 2020 年 7 月，河南工学院教师教学创新成长项目：创新思维训练理论教学创新项目(主持)；

③ 2020 年 3 月，“创新思维训练”课程被认定为河南工学院 2019 年校级线上线下混合式一流本科课程(主持)；

④ 2020 年 11 月，“创新思维训练”课程被认定为河南工学院 2020 年课程思政优秀课程建设立项(主持)；

⑤ 2021 年 5 月，“创新思维训练”课程被认定为省级线上线下混合式一流本科课程(主持)。

2. 发表的教改论文

杨雪莲. 基于信息化的高校本科创新基础课混合式教学模式研究[J]. 智库时代. NO. 21,2021 - 05 - 24,总第 293 期。

3. 获得的教学奖励

① 2019 年 6 月，河南工学院第一届教师课堂教学创新比赛一等奖；

② 2019 年 9 月，全省教育系统教学技能竞赛(高校文科)二等奖；

③ 2019 年 11 月，河南省本科高校青年教师课堂教学创新大赛二等奖；

④ 2020 年 6 月，河南省本科教育线上教学优秀课程三等奖；

⑤ 2020 年 11 月，河南工学院第一届“课程思政”教学创新大赛特等奖；

⑥ 2020 年 11 月，创新思维训练教学团队被评为校级课程思政优秀团队；

⑦ 2020 年 11 月，河南工学院“教育教学改革创新成长项目”比赛二等奖；

⑧ 2021 年 6 月，河南工学院课程思政教学优秀案例评选特等奖；

⑨ 2020 年 11 月，河南工学院 2019—2020 学年“校长教学质量奖”。

4. 指导学生竞赛获奖

① 2019 年 10 月，河南工学院互联网＋大学生创新创业大赛三等奖；

② 2020 年 10 月，河南工学院互联网＋大学生创新创业大赛二等奖；

③ 2020 年 10 月，河南省大学生创新创业训练计划项目立项；

④ 2020 年 12 月，“挑战杯”河南省大学生创业计划竞赛铜奖；

⑤ 2020 年 8 月，全国金融与证券投资模拟实训大赛团体三等奖；

⑥ 2020 年 12 月，河南工学院首届大学生工程训练综合能力竞赛三等奖；

⑦ 2021 年 6 月，第八届“学创杯”全国大学生创业综合模拟大赛省赛一等奖；

⑧ 2021 年 6 月，第八届“学创杯”全国大学生创业综合模拟大赛省赛二等奖。

7.2 创新内容及实施

7.2.1 课程理论教学内容改革与创新

1. 思政案例有机融入专业内容，让课堂更有温度

结合时政，将相关思政元素引入课堂，教育引导学生树立责任担当意识；结合课程内容，精心选择思政案例，注重培养学生的家国情怀和工匠精神；培养学生爱岗敬业精神，促进学习养成勇于探索、敢于创新的精神，见图 7.1～图 7.4 所示。

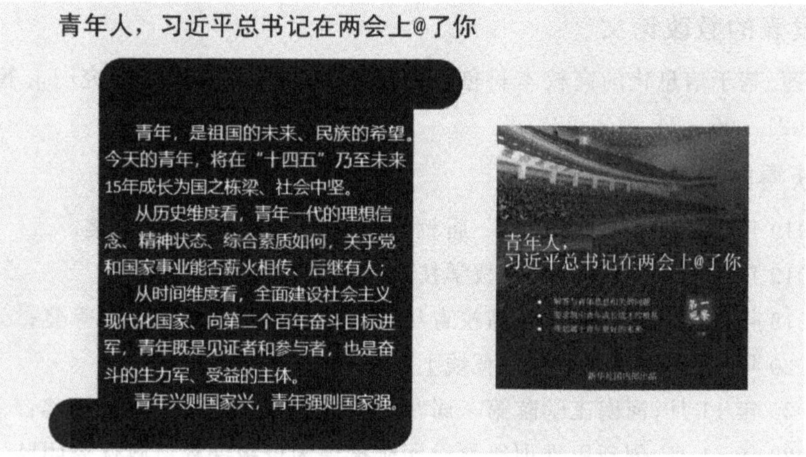

图 7.1　责任担当意识

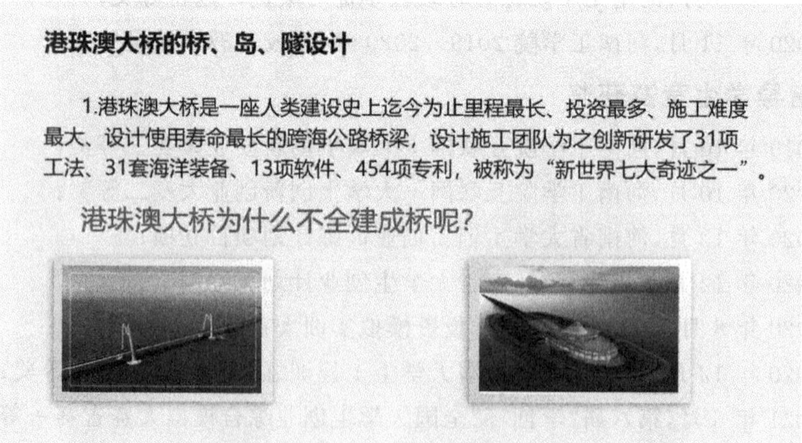

图 7.2　工匠精神

图 7.3 爱岗敬业精神

图 7.4 勇于探索、敢于创新的精神

2. 丰富的创新资讯，提高课程的创新性和时代性

将创新资讯引入课堂，让教学内容更丰富。相关典型案例，有利于激发学生对创新课的学习热情，启发他们主动思考，培养他们的创新素养，体现教学内容的前沿性和时代性，见图 7.5～图 7.7 所示。

3. 多样化的案例资源，启发学生思考，增加挑战度

教师实地拍摄并收集了大量课程相关照片和视频等，结合《今日说法》和《超级工程》等节目收集案例素材，结合国家相关政策设计教学案例，通过参加培训收集案例，把学生在生活中遇到的问题设计成教学案例，如图 7.8 所示。多渠道、多样化的案例形式，有利于激发学生的学习兴趣，吸引学生参与，并具有一定的挑战度。

图 7.5　各小组收集的创新资讯

进口博览会新产品展示　U Safe救生圈的创新设计　FONTUS魔法水杯

安全头盔　伤口缝合贴　宠物雨伞

图 7.6　创新产品展示

图 7.7　冬奥场馆里的创新设计

图 7.8 丰富的案例资源

4. 引入国内外最新研究成果,提高教学内容的高阶性和前沿性

将国内外最新研究成果(见图 7.9)引入课堂,与课程内容紧密融合,一方面让学生了解创新方法在现实中的应用,使不太容易理解的理论知识变得通俗易懂,帮助他们学以致用;另一方面帮助学生了解科研前沿(见图 7.10),提高了学生的科研素养,也提高了教学内容的高阶性和前沿性。

5. 引入学生所学专业创新,激发学生的创新思维

结合授课对象的专业特点,引入 TRIZ 金融相关的案例,使学生将 TRIZ 创新方法与专业学习和创新相结合(见图 7.11),拓展他们的创新思维,增强学习的挑战性。

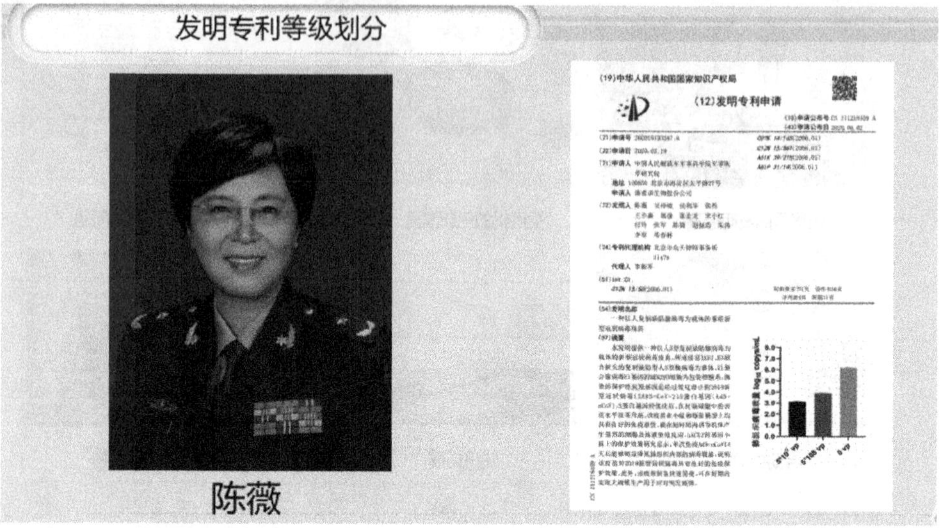

图 7.9 最新研究成果

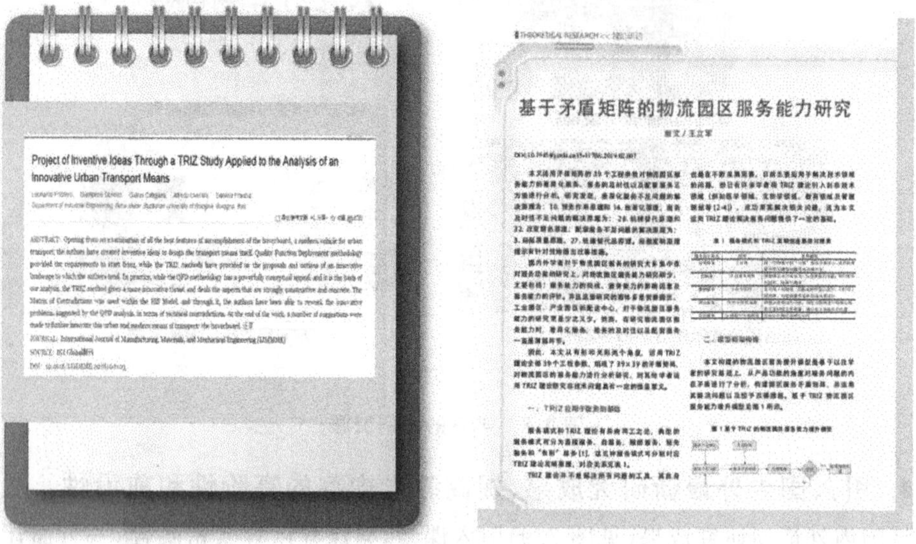

图 7.10 国内外研究论文

7.2.2 课程教学模式创新

1. 混合式教学模式介绍

深度开展混合式教学(见图 7.12)。每次课,教师先明确教学目标,并让学生明确学习目标。课前,发布学习任务单或课前导学,基于目标,确定学生课前学习任务,这里的学习任务包括个人任务,也包括分组任务,让学生带着任务进行线上慕课的学习,为

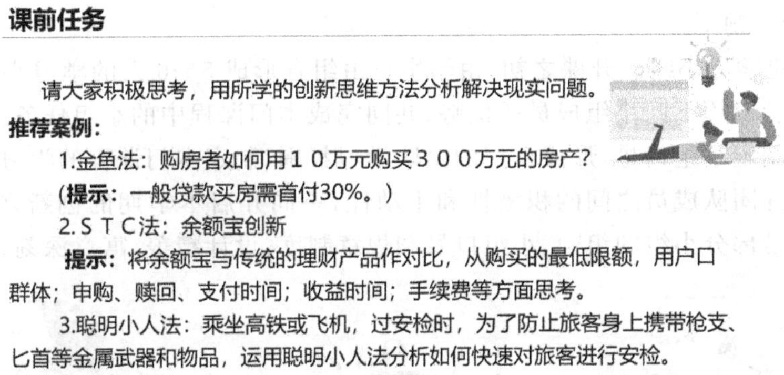

图 7.11　将 TRIZ 金融引入教学

线下开展翻转课堂做好充分的准备。同时，教师根据学生课前各项任务的完成情况，充分了解学情，使得课堂教学有的放矢；课中，教师帮助学生一起回顾本章内容，通过展示课前任务的完成度帮助学生化解重难点；接着，通过测试，检验学生的学习效果。这个测试，可以是独立的，也可以穿插在任务展示过程中；然后，通过参与式学习，充分发挥学生示范的作用，促使学生深度思考，强化印象，内化所学；最后，由教师或学生总结。课后，教师通过总结反馈，进一步完善教学资料和教学流程；发布相应的课后练习，帮助学生巩固所学。整个过程，真正体现“学生中心”的教学理念，让学生成为课堂的主体，在完成各项任务中树立自信，增强教学的高阶性。

图 7.12　混合式教学模式

2. 具体实施

(1) 课　前

① 组建学习小组。开课之初，由学生自由组合形成 5～6 人的学习小组，尽量男女生搭配，充分发挥不同小组成员的优势，共同完成本门课程中的小组任务。要求各小组设计组徽，制定小组口号，形成良好的团队学习氛围，制定本门课程的学习规范，相互监督，充分发挥团队成员之间的积极性和主动性，一同开启本学期的创新之旅。图 7.13 和图 7.14 是部分小组的组徽、小组口号和规章制度，设计精美，寓意深刻。

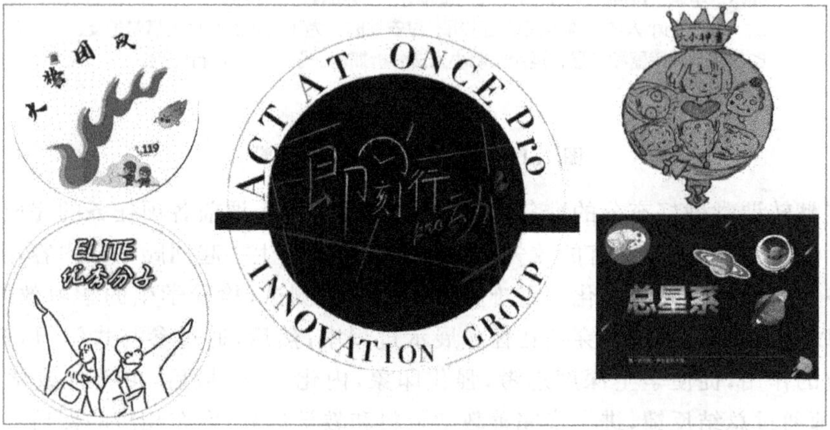

图 7.13　部分小组组徽

图 7.14　部分小组口号和规章制度

② 发布课前导读及学习任务。教师在课前发布本章学习导学及任务(见图 7.15 和图 7.16)，学生在学习通完成慕课观看和章节测试后，还要完成教师根据课程内容设计的课前讨论和小组任务等，重点考核学生对知识的掌握程度，并为课堂开展深度学习做好充分准备。

图 7.15 课前导学及任务发布

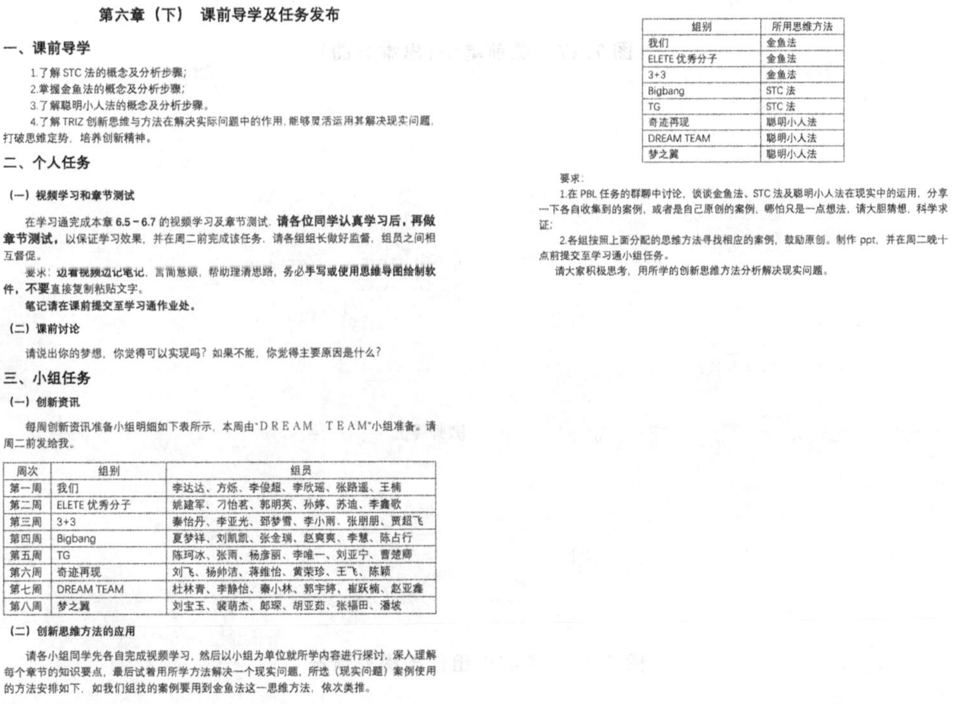

第六章（下） 课前导学及任务发布

一、课前导学

1.了解 STC 法的概念及分析步骤；

2.掌握金鱼法的概念及分析步骤；

3.了解聪明小人法的概念及分析步骤。

4.了解 TRIZ 创新思维与方法在解决实际问题中的作用，能够灵活运用其解决现实问题，打破思维定势，培养创新精神。

二、个人任务

（一）视频学习和章节测试

在学习通完成本章 6.5－6.7 的视频学习及章节测试，**请各位同学认真学习后，再做章节测试，**以保证学习效果，并在周二前完成该任务，请各组组长做好监督，组员之间相互督促。

要求：**边看视频边记笔记**，言简意赅，帮助理清思路，**务必手写或使用思维导图绘制软件，不要**直接复制粘贴文字。

笔记请在课前提交至学习通作业处。

（二）课前讨论

请说出你的梦想，你觉得可以实现吗？如果不能，你觉得主要原因是什么？

三、小组任务

（一）创新资讯

每周创新资讯准备小组明细如下表所示，本周由"D R E A M　T E A M"小组准备。请周二前发给我。

周次	组别	组员
第一周	我们	李达达、方烁、李俊超、李欣瑶、张路遥、王楠
第二周	ELETE 优秀分子	姚建军、刁怡茗、郭明英、孙婷、苏迪、李鑫歌
第三周	3+3	秦怡丹、李亚光、邵梦雪、李小雨、张朋朋、贾超飞
第四周	Bigbang	夏梦祥、刘凯凯、张金瑞、赵爽爽、李慧、陈占行
第五周	TG	陈珂冰、张雨、杨彦丽、李唯一、刘亚宁、曹楚卿
第六周	奇迹再现	刘飞、杨帅洁、蒋维怡、黄荣珍、王飞、陈颖
第七周	DREAM TEAM	杜林青、李静怡、秦小林、郭宇婷、崔跃楠、赵亚鑫
第八周	梦之翼	刘宝玉、裴萌杰、郎琛、胡亚茹、张福田、潘坡

（二）创新思维方法的应用

请各小组同学先各自完成视频学习，然后以小组为单位就所学内容进行探讨，深入理解每个章节的知识要点，最后试着用所学方法解决一个现实问题，所选（现实问题）案例使用的方法安排如下，如我们组找的案例要用到金鱼法这一思维方法，依次类推。

组别	所用思维方法
我们	金鱼法
ELETE 优秀分子	金鱼法
3+3	金鱼法
Bigbang	STC 法
TG	STC 法
奇迹再现	聪明小人法
DREAM TEAM	聪明小人法
梦之翼	聪明小人法

要求：

1.在 PBL 任务的群聊中讨论，谈谈金鱼法、STC 法及聪明小人法在现实中的运用，分享一下各自收集到的案例，或者是自己原创的案例，哪怕只是一点想法，请大胆猜想，科学求证；

2.各组按照上面分配的思维方法寻找相应的案例，鼓励原创。制作 ppt，并在周二晚十点前提交至学习通小组任务。

请大家积极思考，用所学的创新思维方法分析解决现实问题。

图 7.16 第六章(下)课前导学及任务发布

③ 学生课前任务展示。

图 7.17 所示为学习的课前笔记。图 7.18 所示为学生的课前小组任务提交情况。图 7.19 为学生的课前讨论情况。

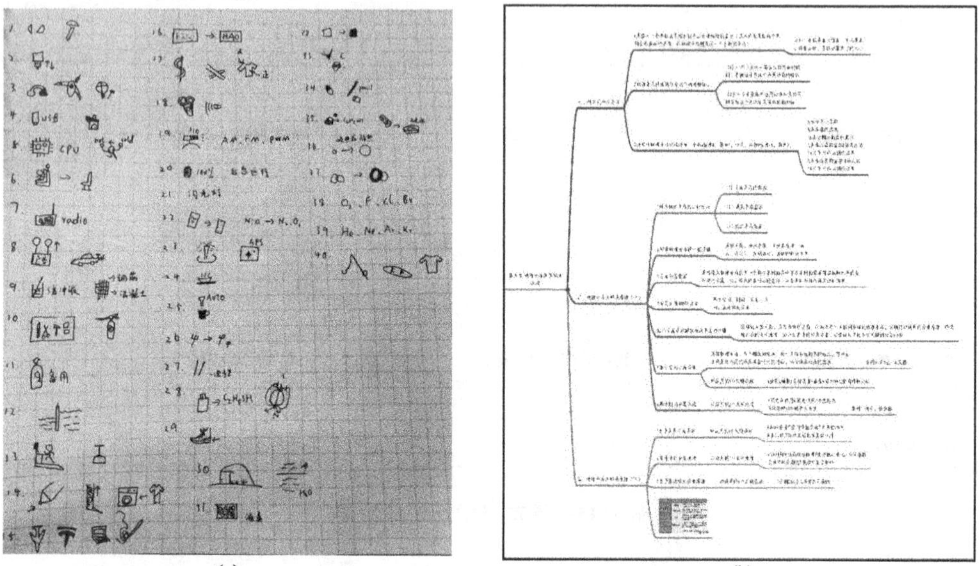

(a) (b)

图 7.17 课前笔记(思维导图)

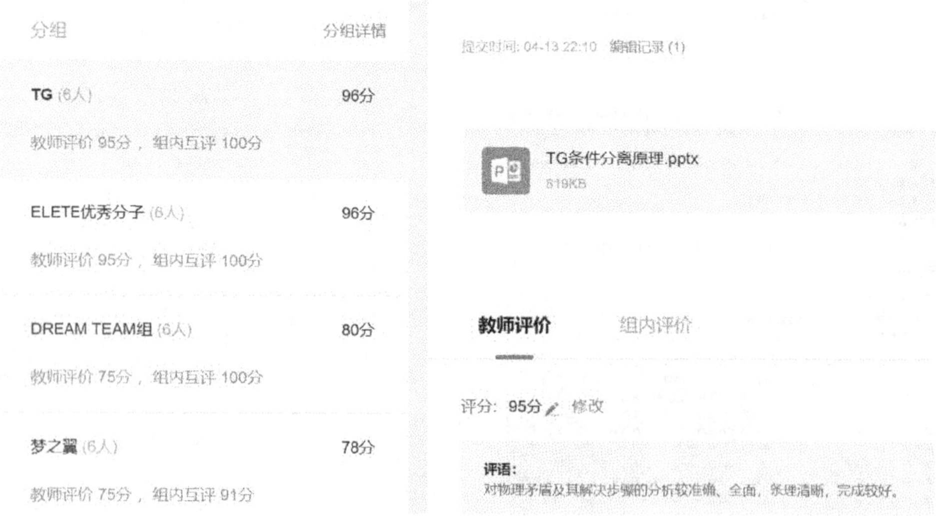

图 7.18 课前小组任务提交情况

④ 根据学情重构教学设计。教师根据学生课前讨论及课前任务的完成情况发现问题(见图 7.20)，重构教学设计，针对易混淆的概念或重难点部分，结合 BOPPPS 教学设计，通过课程导入吸引学生注意，并提高其兴趣；明确本章节的学习目标；通过前测了

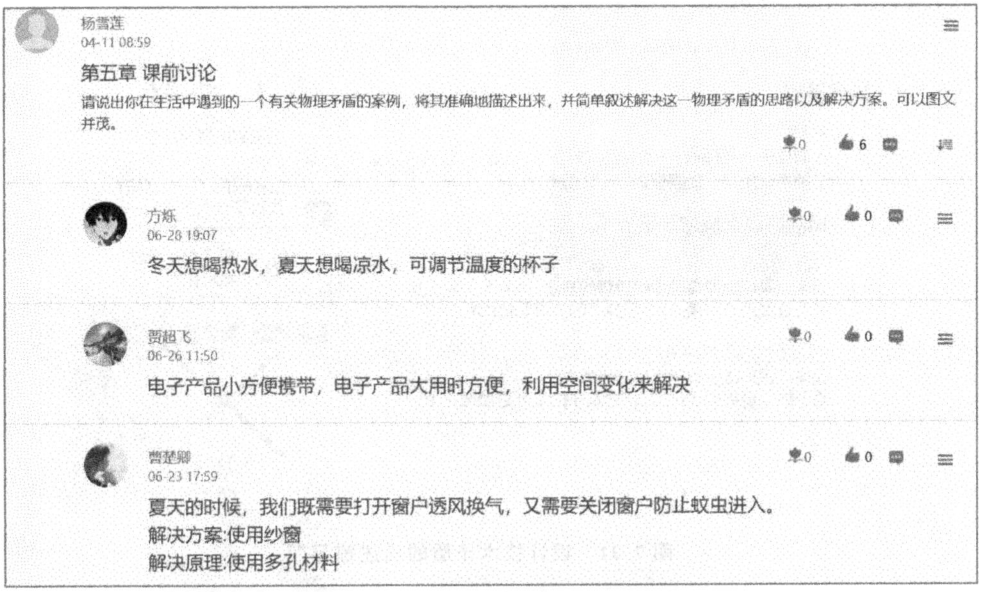

图 7.19　课前讨论情况

解学情；通过参与式学习引导学生深入思考，并强化学生的印象；通过后测验收学习成果，检测目标达成；通过总结，回顾所学，巩固知识。

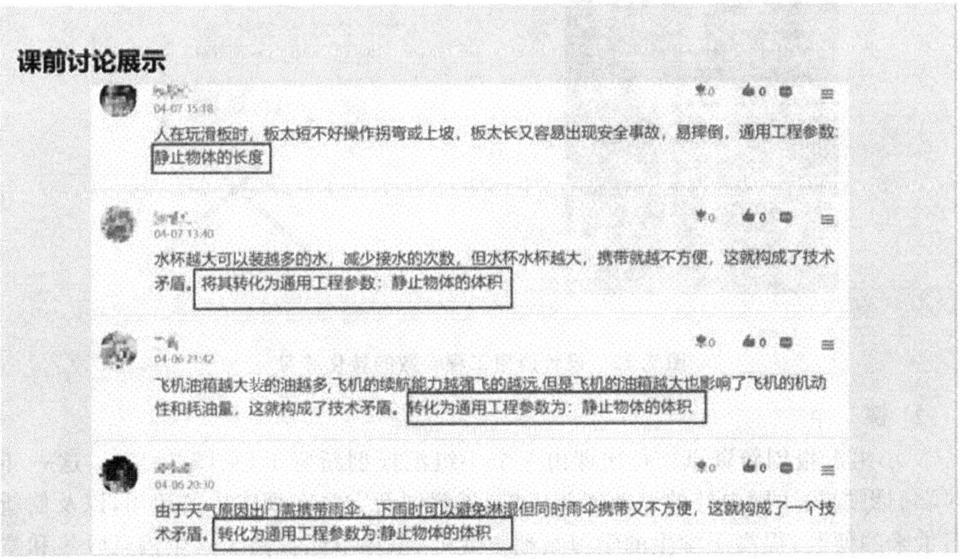

图 7.20　课前讨论情况

例如，在学习技术矛盾及其解决原理这一章时，教师通过课前讨论发现多数学生对通用工程参数中的运动物体和静止物体理解有误，将其与传统的概念相混淆，因此，专门选取典型案例让同学们就通用工程参数的转化进行专项练习，强化认识，消除误解，如图 7.21 和 7.22 所示。

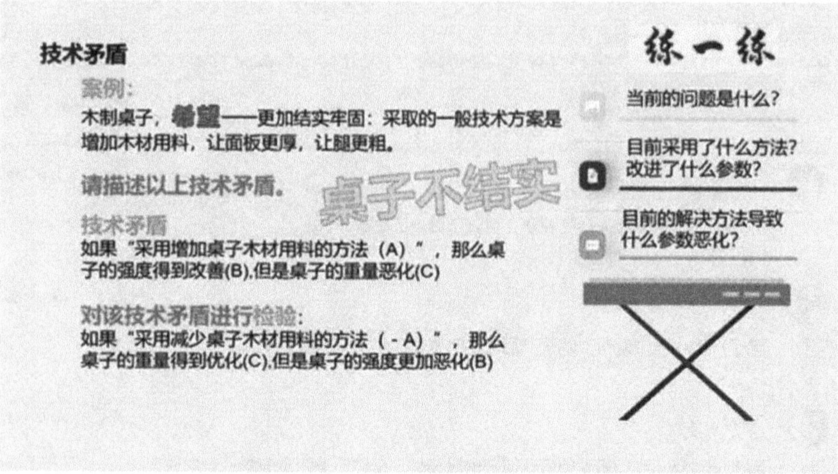

图 7.21 设计技术矛盾的描述练习

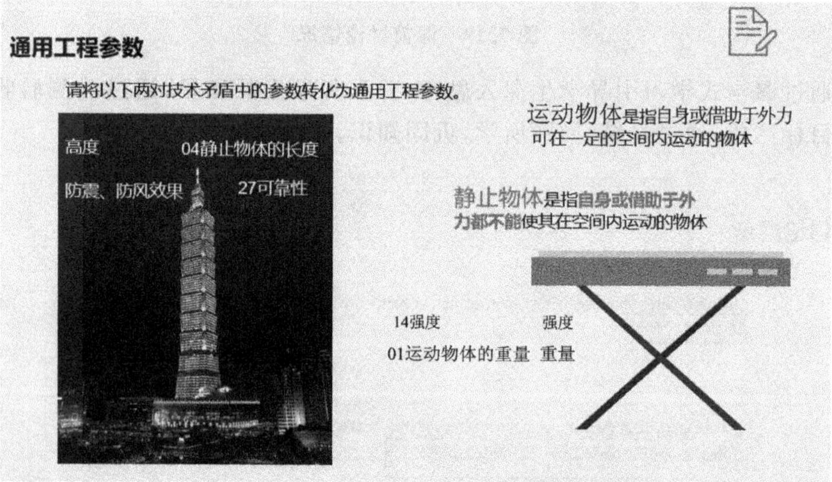

图 7.22 设计通用工程参数的转化练习

(2) 课 中

① 小组汇报创新资讯。每次课由一个小组汇报创新资讯(见图 7.23)。这一环节使同学们更加关注国内外的最新创新成果，了解创新方法在现实中的运用，以及创新给我们带来的便利，提高了学生的学习兴趣。此外，该环节还提高了学生信息收集和整理的能力，让他们加深了对所学创新理论的认识，激发了他们的学习热情，丰富了创新课程的案例库。

各小组收集的创新资讯，内容新颖，能够启发其创新思维。如图 7.24 及图 7.6 中展示的创新产品或创新设计。其中：宠物雨伞、智能拐杖体现了发明原理在生活中的运

图 7.23 创新资讯展示

用；USafe、安全头盔、无人机手机等创新设计，源于救生圈、头盔及手机在使用过程中存在的技术矛盾；伤口缝合贴则解决了伤口缝合中存在的物理矛盾；而 FONTUS 魔法水杯则与金鱼法的理念相关，充分利用了子系统、系统和超系统的资源，把看似不现实的事情变成了现实；公路电热毯则运用九屏幕法，通过对子系统、系统和超系统及其过去、现在和未来的分析，介绍了技术系统的进化。以上案例的使用，使同学们看到创新就在身边，让他们明白，创新源于需求，更加熟悉运用相关创新知识解决实际问题的步骤和流程，有利于创新实践能力的提升。

图 7.24 创新设计

② 展示课前任务，发现问题。课堂上展示学生课前讨论和小组任务的完成情况，请同学们来进行点评，说出其中具体的优缺点，并针对存在的问题提出自己的改进建议。这一环节，有效地调动了学生参与的积极性，为他们进行知识输出创设了情境，有利于他们学以致用，更好地掌握所学内容。

以因果链分析为例，在课堂上请学生展示课前任务。如图 7.25 所示，由小组介绍一个 OR 关系的因果链分析案例，该小组分析了冰川融化的原因，包括人口膨胀、大气层破坏、不环保行为、气候变暖等，图 7.25 左侧是小组展示的因果链分析图。在该组学生介绍完毕后，请同学们评价其分析是否准确，提高学生分析问题的能力，并且帮助学生理解因果链分析当中不同层级之间的关系，请同学们来画因果链分析图，修改其中的错误，提高参与度。图 7.25 右侧是学生在展示修改后的因果链分析图。

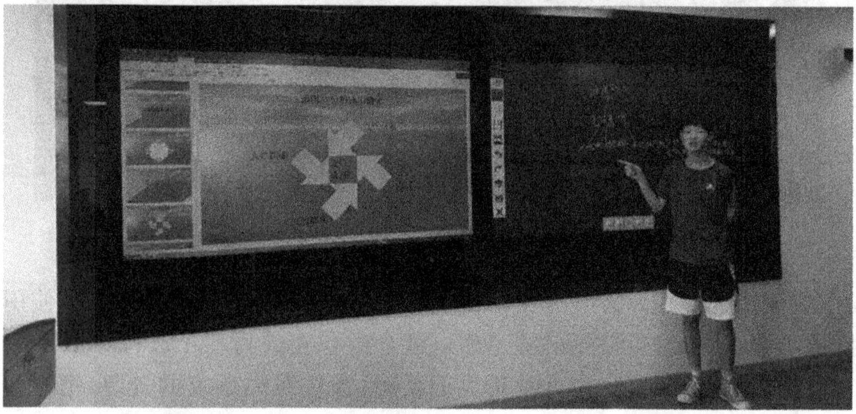

图 7.25　学生纠正其他小组课前任务展示中的错误

③ 多样化的互动，化解重难点。运用学习通等信息化教学工具，通过选人、抢答、课堂测试、讨论、小组任务等多样化的教学形式，与学生充分互动，突出“以学生为中心”的理念，通过有针对性地练习，有效化解重难点，鼓励学生在课堂上主动进行知识输出，分享自己的观点，提高学生学习的积极性和获得感，如图 7.26～图 7.35 所示。

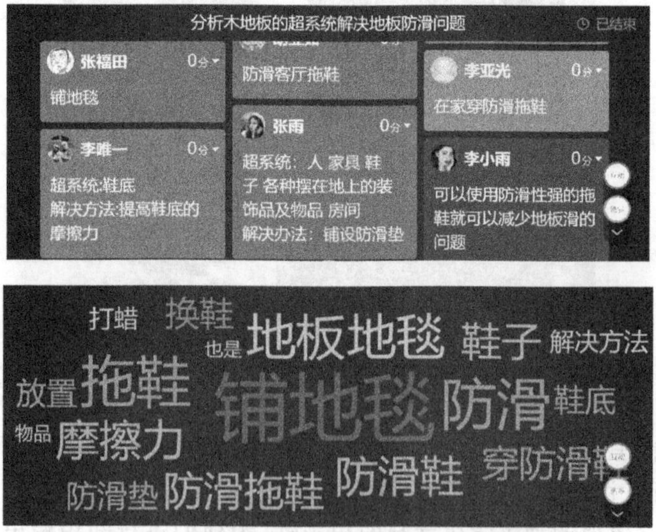

图 7.26　小组讨论地板防滑问题及生成的词云

图 7.27 小组讨论耳机的创新设计

图 7.28 小组展示 PBL 任务

图 7.29 课前任务展示及课堂测验

图 7.30　老师通过选人了解学生对关键缺点的掌握情况

图 7.31　学生们合作完成因果链的绘制

图 7.32　学生们通过辩论赛加强对发明原理的认识

图 7.33 在线开展环保知识竞答

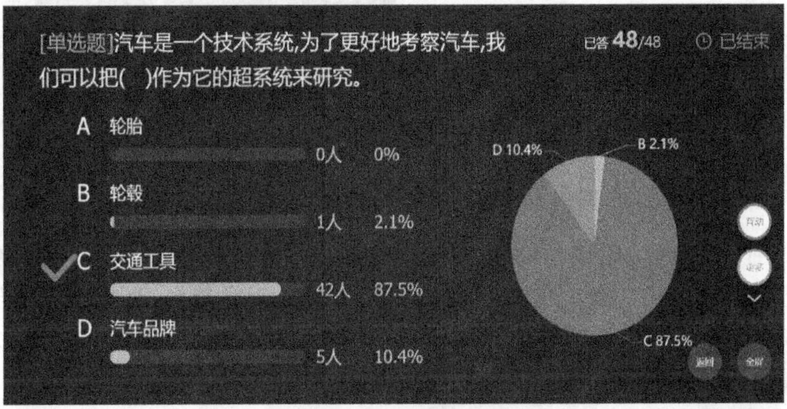

图 7.34 随堂练习

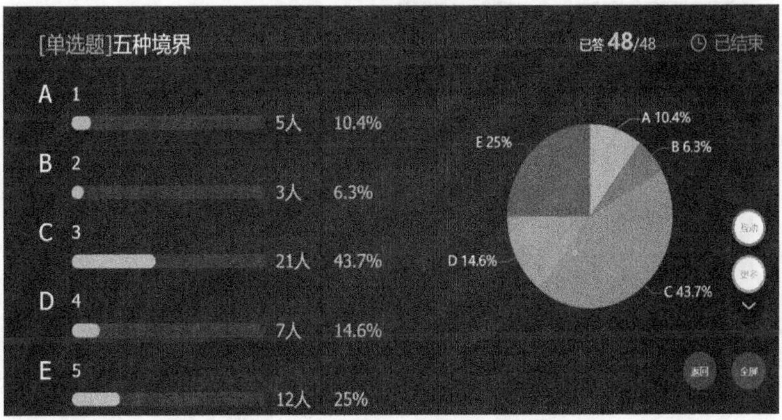

图 7.35 问卷调查

④ 思政案例融入课堂,使思政教育润物细无声。在物理矛盾及其解决原理一章,

导入港珠澳大桥相关设计案例(见图 7.36),在讲解完基本原理后,适时开展课程思政:港珠澳大桥的建设创下多项世界之最,非常了不起,体现了一个国家逢山开路、遇水架桥的奋斗精神,体现了我国的综合国力、自主创新能力,体现了勇创世界一流的民族志气。这是一座圆梦桥、同心桥、自信桥、复兴桥。鼓励学生学习大桥建设者不怕困难、勇于挑战、不断创新的工匠精神。

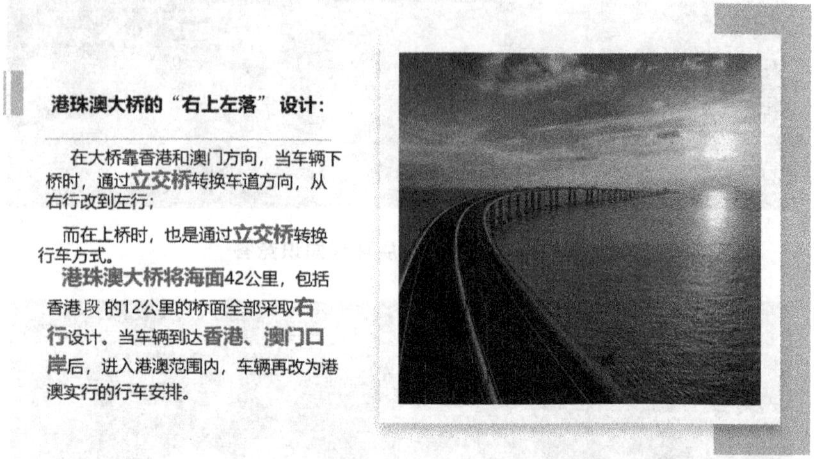

图 7.36 港珠澳大桥的“右上左落”设计

在讲到 TRIZ 创新思维与方法中的金鱼法时,引出现实中“卖空气”的案例(见图 7.37),让学生知道,“卖空气”也是有技术含量的。面对梦想,光靠想是不够的,要脚踏实地,具体落实。梦想是靠奋斗得来的。强调“绿水青山就是金山银山”的理念,倡导大学生提高环保意识。

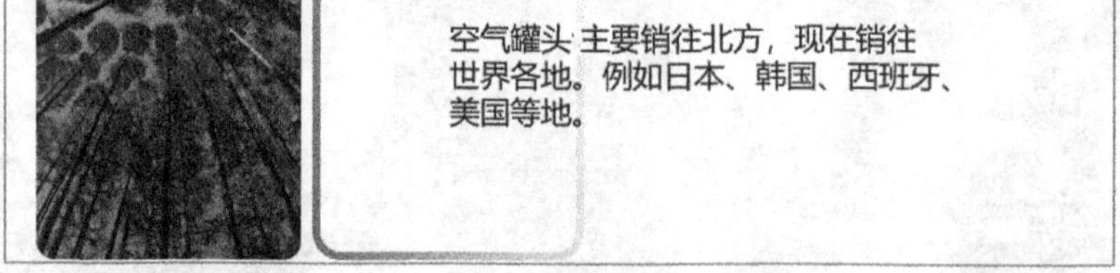

图 7.37 卖空气

在讲到因果链分析的时候,结合“与‘跑男’一起走进垃圾处理场”的节目视频(见图 7.38),让同学们直观地看到垃圾污染问题的严重性,运用因果链分析的方法,找到解决问题的方案，并真切地体会到“绿水青山就是金山银山”以及“光盘行动”理念的重要现实意义，做绿水青山的守护者。

图 7.38 与“跑男”一起走进垃圾处理场

(3) 课　后

① 发布作业，巩固学习效果。请学生针对课前或课堂小组任务中存在的问题做进一步的修改和完善。为避免遗忘，每学习 2 至 3 章进行一次阶段测试，不断巩固所学，严格过程化考核。对于比较难懂的内容，给学生提供相关的研究论文及视频资源，结合实际生活设计教学案例，请学生尝试运用所学的创新理论解决实际问题，让他们在大一就开始接触学术研究，拓宽视野，提高他们的科研素养。图 7.39 所示为教师为学生设计的课后练习题。图 7.40 所示为学生小组的作业展示情况。图 7.41 所示为教师发布的阶段测验情况。

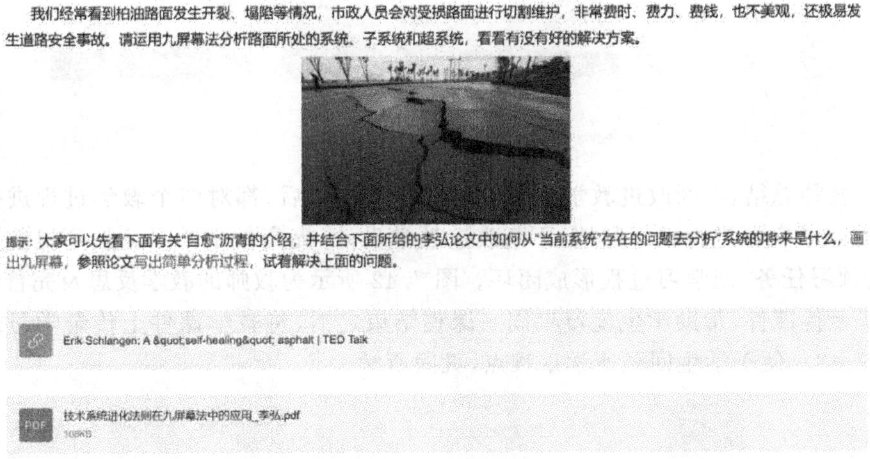

图 7.39 课后练习题

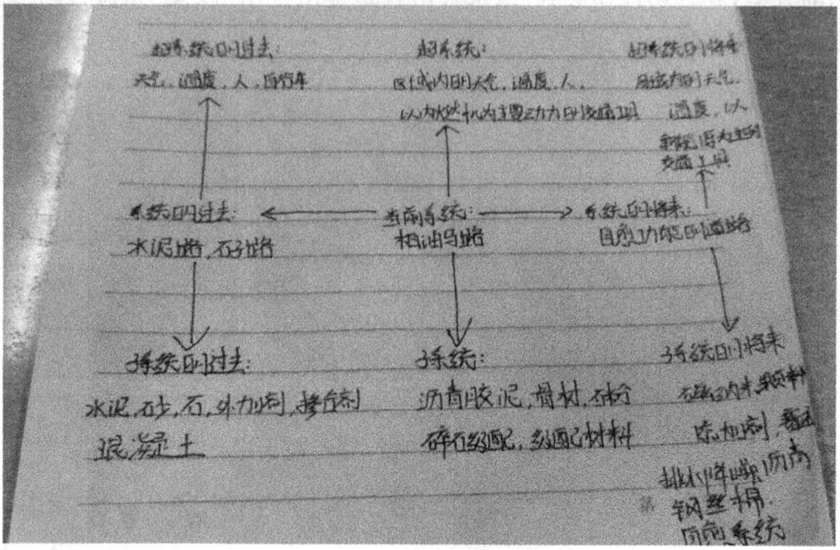

图 7.40　小组作业展示

对于比较难懂的九屏幕法，在课后，给学生提供“技术系统进化法则在九屏幕法中的应用”等相关论文，帮助他们理解在论文写作中如何运用这一方法分析问题。补充TED上有关“自愈沥青”的演讲——Erik Schlangen：A "self-healing" asphalt | TED Talk。让学生拓展思路，启发思维。最后，结合实际画出对柏油路进行改进的九屏幕，了解系统进化的趋势。

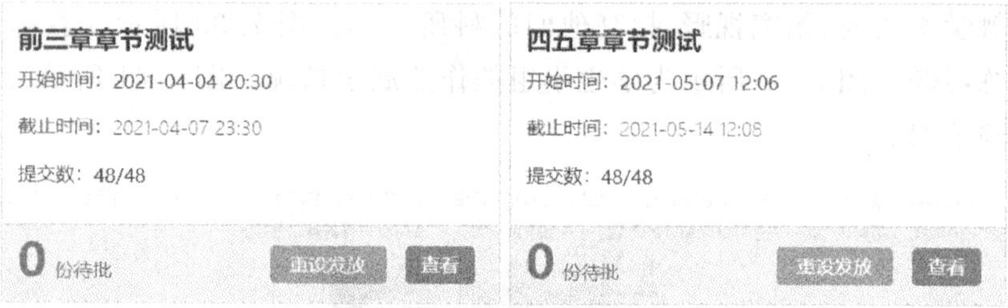

图 7.41　阶段测验

② 教师总结，不断改进教学效果。教师在每次课后，都对整个教学过程进行总结反思，对教学资源进行整理归档，不断改进教学设计，提高教学效果。教师提前发布下次课的预习任务，使学习过程形成闭环。图 7.42 所示为教师的教学反思及完善情况。

③ 上传课件，帮助学生复习巩固。课程结束之后，将教学课件上传至学习通平台（见图 7.43），便于学生回顾所学重难点，巩固所学。

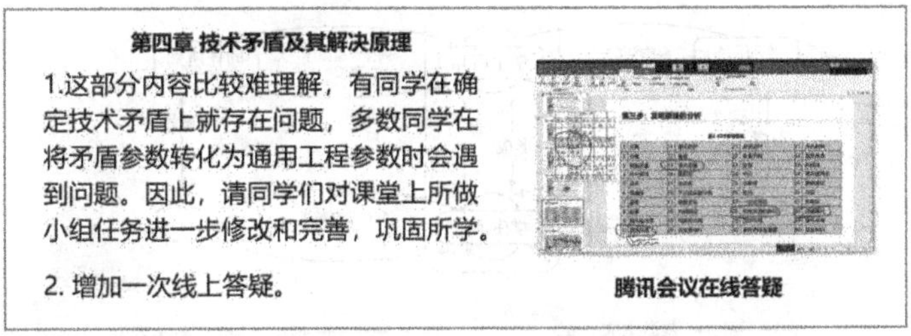

图 7.42 教学反思及完善

图 7.43 上传教学课件至学习通平台

7.2.3 课程教学方式、方法与手段创新

1. 主要教学方法

主要使用了 PBL、TBL、案例教学法和同伴教学法(见图 7.44)，突出同伴教学法在整个教学中的作用，增加小组 PK 环节，提高学生的参与度，提升课堂互动内容的挑战度。充分利用同伴学习的优势，突出罗瑞兰德学习对话框架中同伴沟通循环和同伴示范循环的作用(见图 7.45)，加强生生互动，通过解决生活中的实际问题，帮助学生创建情境，内化所学，突出以学生为中心的教育理念。

图 7.44 主要学习方法

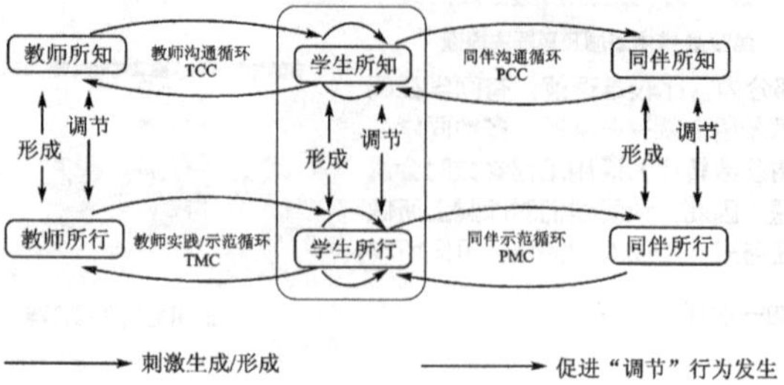

图 7.45　学习对话框架

2. 问题导向型教学

课程之初，让学生带着问题进课堂。请每位学生说出一个在日常学习、生活或工作中遇到的困扰已久的现实问题(见图 7.46)，比如，水杯携带的便利性等问题。看看能否在创新课上找到答案！将其拍成一个 30 秒内的短视频，如果你觉得 30 秒时间不够，请尝试用创新思维解决，上传至接龙管家平台。

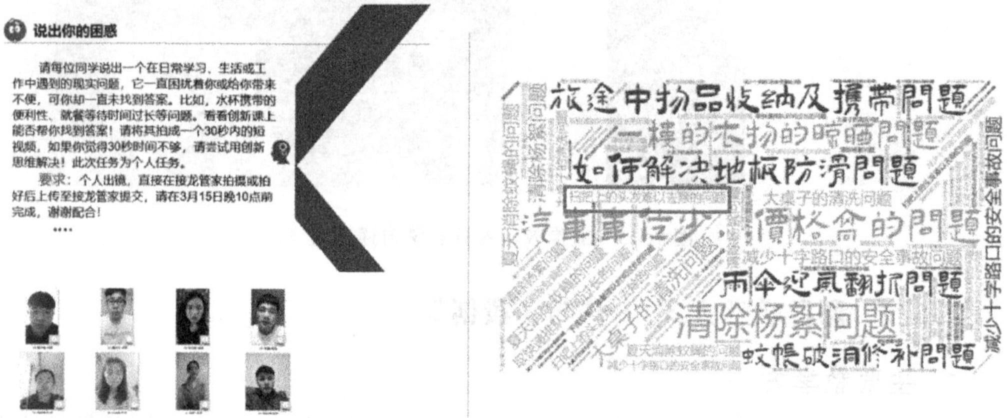

图 7.46　同学们的困惑

学生提出了许多困惑，包括旅途中物品的收纳及携带问题，一楼衣物的晾晒问题，解决地板防滑问题，汽车车位少、价格高的问题，雨伞迎风翻折的问题，清除杨絮的问题，减少十字路口的安全事故问题，大桌子的清洗问题，夏天消除蚊蝇的问题，扫把上的头发难以去除的问题，蚊帐破洞修补的问题等。有些问题非常好，可以制作成很好的教学案例。

比如：扫把上的头发难以去除的问题，同学们在提交的课前讨论题中给出了答案。充分调动了学生的学习兴趣，也发挥了同伴学习的优势(见图 7.47)。

3. 智慧教室与信息化教学工具的有机融合

在智慧教室上课，先进的教学设备，有利于进行多屏互动，学生任务展示，开展辩论，以及小组研讨(见图 7.48)。信息化教学工具学习通的使用，更助力了混合式教学的有效开展(见图 7.49)。通过学习通平台开展智慧教学，使教师能够及时了解学情，关注到每

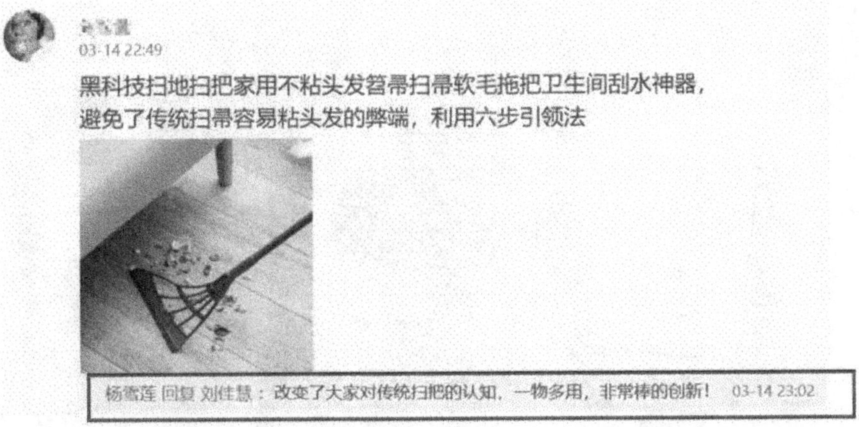

图 7.47 魔术扫把

一位同学，并使学习资源更加集中，避免了多平台教学带来的弊端（见图 7.50）。

图 7.48 智慧教室

图 7.49 泛雅平台

图 7.50 学习通 APP

4. 视频、动画、手工实现教、学、做一体化

教师采取多样化的教学手段。为提高教学效果,更好地帮助学生理解相关问题,通过视频、动画,以及手工制作(见图 7.51)相结合的方式,实现教、学、做一体化,真正帮助学生内化知识。比如,在讲到物理矛盾及其解决原理一章,为了帮助学生真正了解港珠澳大桥上变道的原理,收集了动画视频(见图 7.52),并给学生发手工纸,亲自体验变道的整个过程,让学生不仅知其然,而且还知其所以然,有效避免了一知半解的现象。

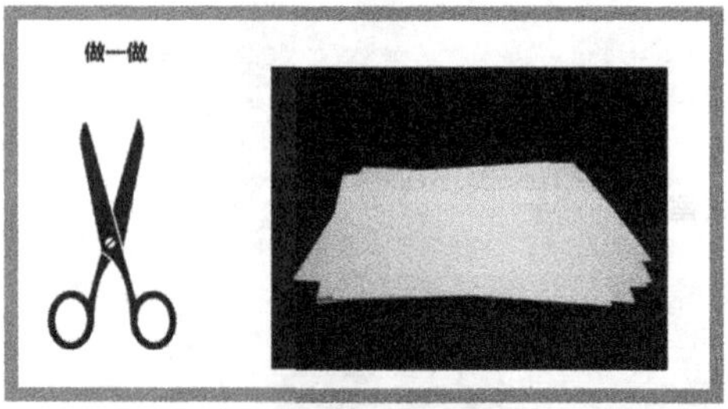

图 7.51 手工制作

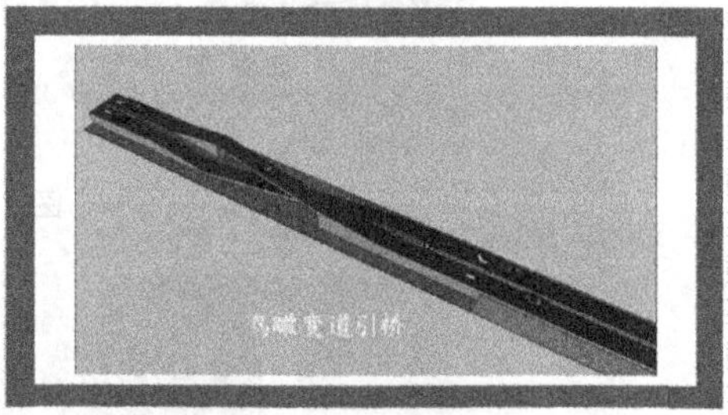

图 7.52 变道引桥动画

5. 科研融入教学,具有一定的挑战度和高阶性

为提高学生的实际创新能力,教师将理论教学和论文阅读相结合,将生活中的问题与最新研究论文或专利相结合,让学生从大一就开始尝试学术论文的撰写,感受科研的熏陶,为后续撰写毕业论文打下良好的基础(见图 7.53 和图 7.54)。

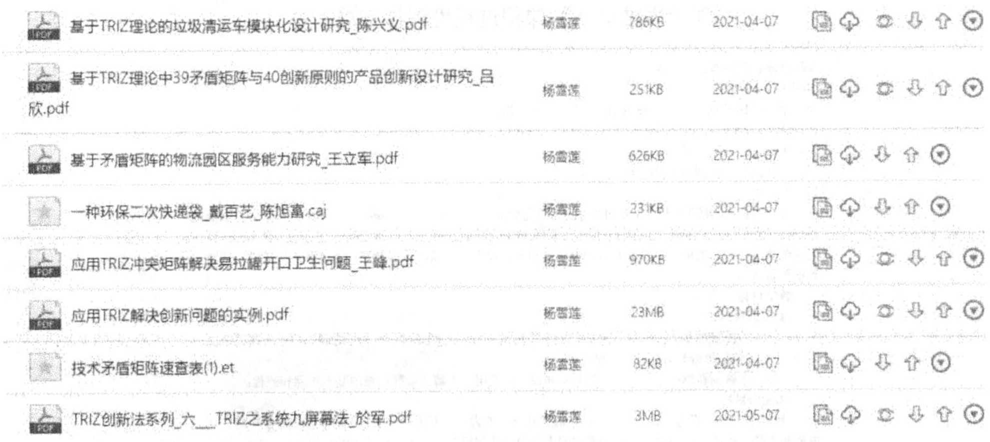

基于TRIZ理论的垃圾清运车模块化设计研究_陈兴义.pdf	杨雪莲	786KB	2021-04-07
基于TRIZ理论中39矛盾矩阵与40创新原则的产品创新设计研究_吕欣.pdf	杨雪莲	251KB	2021-04-07
基于矛盾矩阵的物流园区服务能力研究_王立军.pdf	杨雪莲	626KB	2021-04-07
一种环保二次快递袋_戴百艺_陈旭富.caj	杨雪莲	231KB	2021-04-07
应用TRIZ冲突矩阵解决易拉罐开口卫生问题_王峰.pdf	杨雪莲	970KB	2021-04-07
应用TRIZ解决创新问题的实例.pdf	杨雪莲	23MB	2021-04-07
技术矛盾矩阵速查表(1).et	杨雪莲	82KB	2021-04-07
TRIZ创新法系列_六__TRIZ之系统九屏幕法_於军.pdf	杨雪莲	3MB	2021-05-07

图 7.53 补充文献

知识拓展：具有二次邮递功能的快递信封

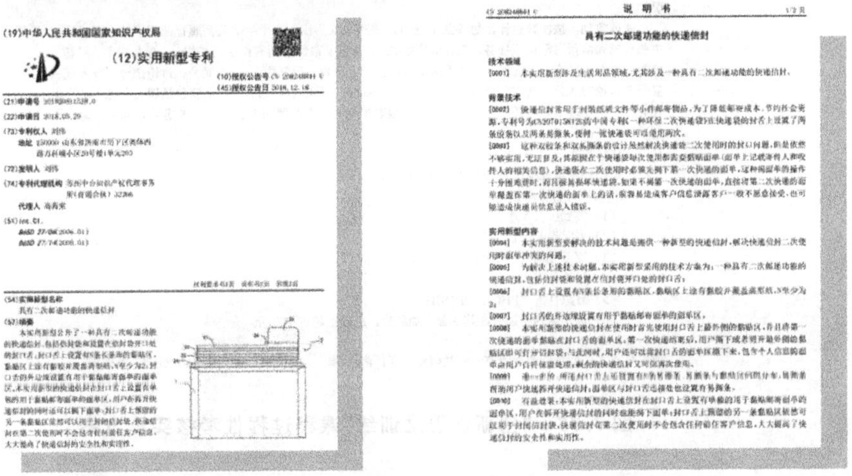

图 7.54 实用新型专利

7.2.4 课程考核方式创新

1. 课程过程性考核实施方案

图 7.55 所示为“创新性思维训练”课程过程性考核实施方案。图 7.56 所示为过程性考核成绩截图。

《创新思维训练》课程过程性考核实施方案

课程代码： 15110021
课程性质： 创新基础必修课
课程学分： 1 学分
课程学时： 16 学时（其中：理论 16 学时，实验 0 学时）
适用专业： 20 级全校本科专业
开课单位： 创新创业指导中心

一、课程特点与课程教学目标

课程特点：

《创新思维训练》是以 TRIZ 创新方法为研究对象的一门创新课程，是我校各专业本科学生的创新基础必修课程。通过本课程的学习，使学生掌握 TRIZ 法的基本知识；培养学生运用创新方法发现、分析并解决实际问题的能力，提高其创造性思维和创新能力。该课程实用性强，能够有效指导学生开展各项创新活动。

教学目标：

1.知识目标

（1）掌握创新方法的演化、TRIZ 法的基本知识、40 个发明原理、技术矛盾和物理矛盾及其解决原理、TRIZ 创新思维与方法和因果链分析；

（2）了解创新思维与创新方法的基本知识，以及用它来解决实际问题的基本步骤和流程；

2.能力目标

培养学生独立思考、善于提问、理论联系实际等能力，培养大学生创造性思维，促使学生尽快掌握创新方法，提高分析问题、解决问题的能力，最终达到提高大学生创新能力的目的。

3.素质目标

培养学生养成严谨的科研思维，树立追求真理，勇于探索的精神；提高团队合作能力，塑造社会主义核心价值观，为更好的服务社会、建设国家贡献力量。

二、过程性考核形式

依据课程教学大纲、教学目标及课程特点，选择过程性考核的形式主要有六项内容，具体是签到、平时作业、课堂互动、讨论、分组任务（PBL）等。所有过程化考核内容均在学习通平台实现，具体情况如下：

课前签到，按次数累计，每签到 1 次+1，签到 8 次为满分，学生请假需履行请假手续；平时作业主要包括课前预习笔记或任务、课后章节测试或作业等，最终取所有作业的平均分；参与投票、问卷、抢答、选人、讨论、随堂练习等课程活动可以获相应分数，积分达 50 分为满分；讨论部分，发表或回复一个讨论得 5 分，获得一个赞得 2 分，最高 100 分；分组任务（PBL），主要包括课上和课下的小组任务，学生在每个分组任务活动中获得的分数取平均分；选作题为附加分，共 5 分，加总后，总分不超过 100 分。

三、成绩评定

1.过程性考核成绩按百分制计，占课程综合成绩权重的 50%；

2.请写明过程性考核每种形式占比：

（1）签到：占 10%；

（2）平时作业：占 10%；

（3）课堂互动：占 10%；

（4）讨论：占 10%；

（5）分组任务（PBL）：占 60%；

（6）选作题为附加分，共 5 分，加总后，总分不超过 100 分。

课程负责人：创新创业教研室　　教研室主任：尚德峰　　主管教学副院长（副主任）：董作霖

图 7.55　“创新性思维训练”课程过程性考核实施方案

学生姓名	学号/工号	课程视频（10%）	章节测验（15%）	讨论（5%）	作业（5%）	考试（25%）	签到（5%）	课堂互动（5%）	分组任务（PBL）（30%）	综合成绩
[illegible]	2009281101	10.0	13.89	5.0	4.94	22.5	5.0	5.0	27.73	94.06
[illegible]	2009281102	10.0	14.81	5.0	4.78	21.38	5.0	5.0	27.73	93.7
[illegible]	2009281103	10.0	12.74	5.0	4.79	18.0	5.0	4.9	26.28	86.71
[illegible]	2009281104	10.0	14.72	5.0	4.95	21.5	5.0	5.0	27.73	93.9
[illegible]	2009281105	10.0	14.7	5.0	4.93	20.12	5.0	5.0	27.73	92.48
[illegible]	2009281106	10.0	13.93	5.0	4.93	22.62	5.0	5.0	27.73	94.21
[illegible]	2009281107	10.0	15.0	5.0	4.96	20.62	5.0	5.0	27.73	93.31
[illegible]	2009281108	10.0	13.08	5.0	3.38	18.88	5.0	5.0	26.28	86.62
[illegible]	2009281109	10.0	14.81	5.0	4.95	19.62	5.0	5.0	26.76	91.14

图 7.56　过程性考核成绩截图

2. 期末考核成绩构成

期末试卷成绩为100分(权重25%),试题类型为单选题、多选题、判断题、论述题、分析题等类型,试卷中基本知识、基本理论、基本技能占60%左右,综合应用题、分析题占40%左右,突出了对学生知识应用能力的考核。

3. 考核评价形式多样

在过程化考核中,增加思政案例分析等内容(见图7.57);进一步强化个人在小组任务中的贡献得分,有效避免搭便车现象,加强对小组任务完成情况的过程化考核;增加选作题环节,提高挑战度,给有能力的学生以提升的空间,分值不超过5分,总分不超过100分。充分发挥小组学习的作用,调动小组每一位成员的积极性,使低阶学习目标能够在课前通过学生自学或向同伴学习得到解决,强化小组研讨的氛围和学习任务的挑战度,使学生在与同伴分享的同时,能够提升自己的学习效果,实现中高阶学习目标。图7.58所示为学生小组的组内互评情况。图7.59展示了教师评价、组间互评和组内评价等多种评价形式。图7.60所示为教师留给学生的课后选做题截图。

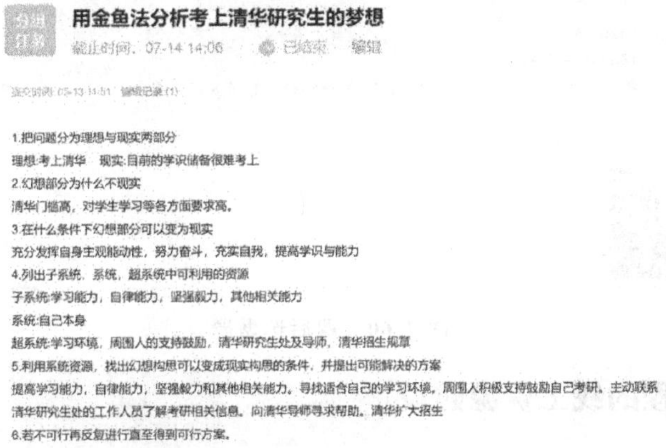
用金鱼法分析考上清华研究生的梦想

截止时间：07-14 14:06　已结束　编辑

1.把问题分为理想与现实两部分
理想:考上清华　现实:目前的学识储备很难考上
2.幻想部分为什么不现实
清华门槛高，对学生学习等各方面要求高。
3.在什么条件下幻想部分可以变为现实
充分发挥自身主观能动性，努力奋斗，充实自我，提高学识与能力
4.列出子系统、系统、超系统中可利用的资源
子系统:学习能力，自律能力，坚强毅力，其他相关能力
系统:自己本身
超系统:学习环境，周围人的支持鼓励，清华研究生处及导师，清华招生规章
5.利用系统资源，找出幻想构思可以变成现实构思的条件，并提出可能解决的方案
提高学习能力，自律能力，坚强毅力和其他相关能力。寻找适合自己的学习环境。周围人积极支持鼓励自己考研。主动联系清华研究生处的工作人员了解考研相关信息。向清华导师寻求帮助。清华扩大招生
6.若不可行再反复进行直至得到可行方案。

图7.57　思政案例分析

图7.58　组内互评

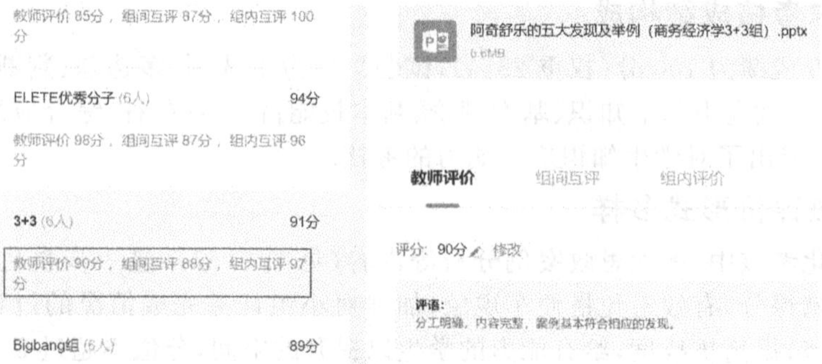

图 7.59　评价形式多样

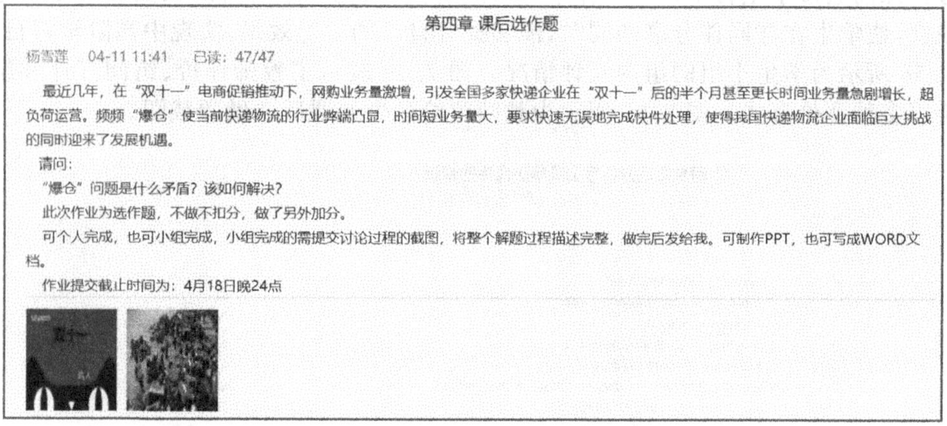

第四章 课后选作题

杨雪莲　04-11 11:41　已读：47/47

最近几年，在"双十一"电商促销推动下，网购业务量激增，引发全国多家快递企业在"双十一"后的半个月甚至更长时间业务量急剧增长，超负荷运营。频频"爆仓"使当前快递物流的行业弊端凸显，时间短业务量大，要求快速无误地完成快件处理，使得我国快递物流企业面临巨大挑战的同时迎来了发展机遇。

请问：

"爆仓"问题是什么矛盾？该如何解决？

此次作业为选作题，不做不扣分，做了另外加分。

可个人完成，也可小组完成，小组完成的需提交讨论过程的截图，将整个解题过程描述完整，做完后发给我。可制作PPT，也可写成WORD文档。

作业提交截止时间为：4月18日晚24点

图 7.60　课后选做题

7.2.5　课程的线上资源建设

1. 线上教学资源丰富

图 7.61 展示了一门国家精品资源共享课程。图 7.62 展示了各种教学资源。

图 7.61　国家精品资源共享课程

图 7.62 各种教学资源

2. 收集的视频资源丰富

图 7.63 展示了各种创新视频资源。

冬奥会场馆的创新设计

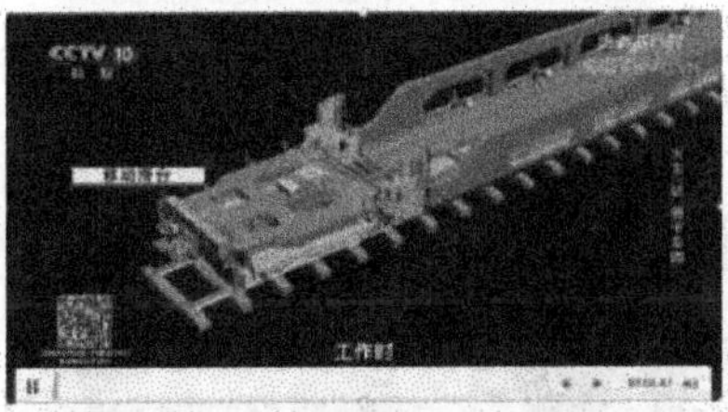

火车“驮”着卡车跑

守护“死亡之坡”：
大货车为什么会失控？

守护死亡之坡

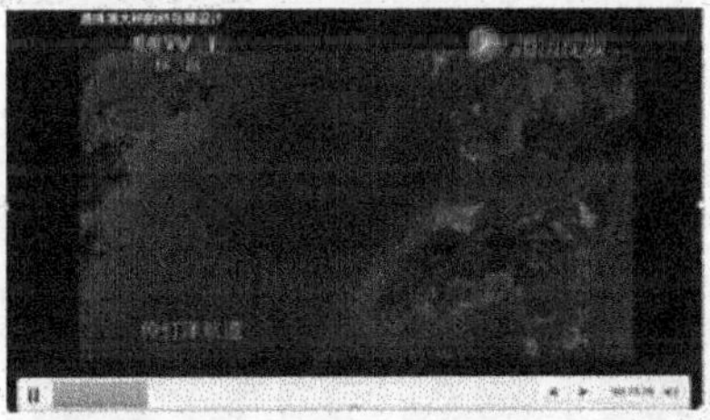

港珠澳大桥的桥、岛、隧设计

图 7.63 各种创新视频资源

3. 教师和学生的课件资源丰富

图 7.64 所示为教师的教学课件。图 7.65 所示为学生制作的任务课件。

图 7.64 教师的教学课件

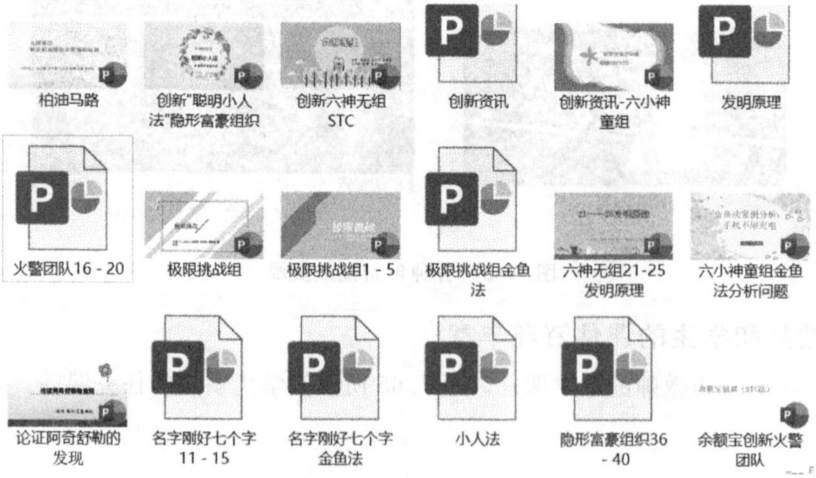

图 7.65 学生制作的任务课件

7.2.6 完善的思政案例与教学内容相融合的教案

1. 双学科教学团队，深度挖掘思政元素

组建双学科团队(见图 7.66)，与思政课老师一起深度挖掘创新课中的思政元素，为完善思政案例库和教案奠定了坚实的基础。注重培养学生养成严谨的科研思维，树立追求真理、勇于探索的精神；提高团队合作能力，塑造社会主义核心价值观，为更好地服务社会、建设国家贡献力量。

图 7.66 双学科课程思政教师团队

2. 教案中将思政元素与教学内容有机结合

图 7.67 和图 7.68 所示为教案中将思政元素与教学内容有机结合的两个案例。

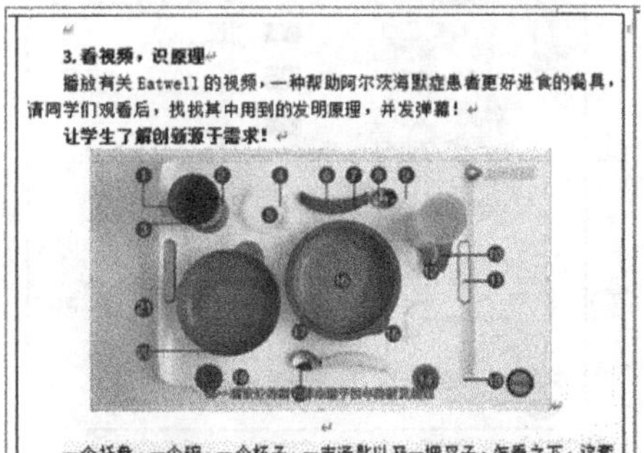

3. 看视频，识原理

播放有关 Eatwell 的视频，一种帮助阿尔茨海默症患者更好进食的餐具，请同学们观看后，找找其中用到的发明原理，并发弹幕！

让学生了解创新源于需求！

一个托盘、一个碗、一个杯子、一支汤匙以及一把叉子，乍看之下，这套色彩缤纷的餐具除了颜色几乎无亮点，但仔细研究，却发现处处是玄机。在台湾年轻设计师姚彦慈手中，汤匙与叉子的角度被设计地刚刚好，既易于手握，又比较好舀。杯子内部的高度差设计也使得吸管不易滑动且比较好吸。底部一侧还按照直角进行设计，可以保持重心让食物不会溢出。这是姚彦慈从患有阿兹海默氏症的外婆那里无法自理生活而得到的灵感，因为外婆连要独立进食都很困难，很容易造成食物溢出，于是才有了这套贴心的餐具。

（思政元素）我国已经步入到老龄化社会，而阿兹海默氏症患者也有一定的数量，他们需要家人和社会的更多关注和关爱，希望学生能够理解并关爱这一群体，懂得付出，为他们设计出更好的产品。

图 7.67 发明原理的应用与关爱老人

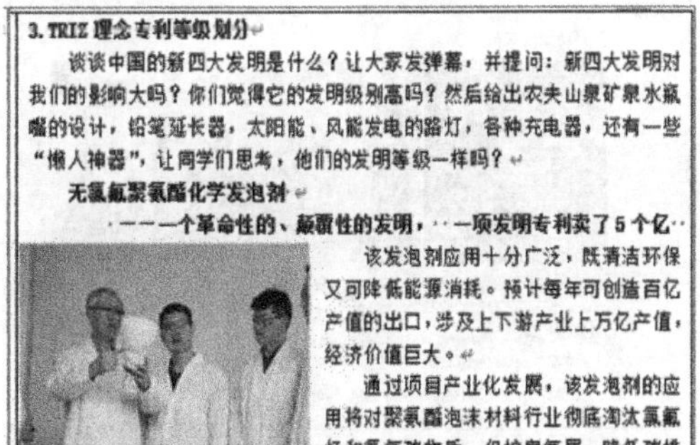

3. TRIZ 理念专利等级划分

谈谈中国的新四大发明是什么？让大家发弹幕，并提问：新四大发明对我们的影响大吗？你们觉得它的发明级别高吗？然后给出农夫山泉矿泉水瓶嘴的设计，铅笔延长器，太阳能、风能发电的路灯，各种充电器，还有一些“懒人神器”，让同学们思考，他们的发明等级一样吗？

无氯氟聚氨酯化学发泡剂

——一个革命性的、颠覆性的发明，一项发明专利卖了5个亿

该发泡剂应用十分广泛，既清洁环保又可降低能源消耗。预计每年可创造百亿产值的出口，涉及上下游产业上万亿产值，经济价值巨大。

通过项目产业化发展，该发泡剂的应用将对聚氨酯泡沫材料行业彻底淘汰氯氟烃和氢氟碳物质，保护臭氧层，降低碳排放做出重大贡献。

强调我国在无氯氟聚氨酯化学发泡剂领域的成就，及其巨大的经济、社会效益，树立同学们的自豪感。（思政元素）

得出结论：

不同问题的难易程度不同，专利解决问题的方式也不同；

问题得到改善的情况不同，对社会进步发展的促进程度不同；

专利的社会认可度不同，使用度和商业价值不同，专利的技术地位也不同

图 7.68 专利等级划分与产品巨大的社会效益

3. 课程思政全覆盖

图 7.69 所示为各章节中的思政元素。从图中可以看出,思政元素覆盖了课程的所有章节。

章　节	思政元素	育人目标
第一章 导论	1.一个“变”字，让学生认清时代变革；	超前识变、积极应变、主动求变。
	2.国家教育部学生发展核心素养	树立科学精神、学会学习、参与实践创新，有责任担当
	3.本门课程学习要求及希望	树立正确的学习态度。
第二章 TRIZ法	4.今日说法案例：守护“死亡之坡” 5.无氯氟聚氨酯化学发泡剂 6.新四大发明	1.培养学生勇于担当的精神和爱岗敬业的人文情怀。 2.培养学生敢于创新的精神，以及保护生态环境的意识。 3.培养民族自豪感。
第三章 40个发明原理	7.视频案例：Eatwell——一种为阿尔茨海默病患者设计的专用餐具	让学生学会关爱他人，培养他们的社会责任感。
第四章 技术矛盾及其解决原理	8.具有二次邮递功能的快递信封	培养学生爱动脑，多思考的创新精神，通过创新设计，提高快递信封的利用率，加强环保意识。
第五章 物理矛盾及其解决原理	9.视频案例：超级工程——港珠澳大桥被誉为“新世界七大奇迹”之一	培养学生勇于探究、不怕困难、敢于自主创新的工匠精神，树立人与自然和谐发展的理念。
第六章 TRIZ创新思维与方法	10.案例：袁隆平科研团队成功攻克“海水稻”的种植难题	1.学习袁老身上体现出来的社会责任；2.通过完成看似“不可能实现”的事情，让学生学会“大胆幻想，科学求证”。 3.梦想是靠“奋斗”实现的。
第七章 因果链分析	11.案例：与“跑男”一起走进垃圾处理厂	培养学生的探究精神，提高其环保意识，让他们从我做起，从小事做起，做绿水青山的守护者。

图 7.69　各章节思政元素

7.2.7　创新成果

1. 充分发挥同伴教学法的优势,师生互动与生生互动更频繁,利于教学目标的达成

图 7.70 所示为师生互动案例截图。图 7.71 所示为生生互动案例截图。

图 7.70　师生互动

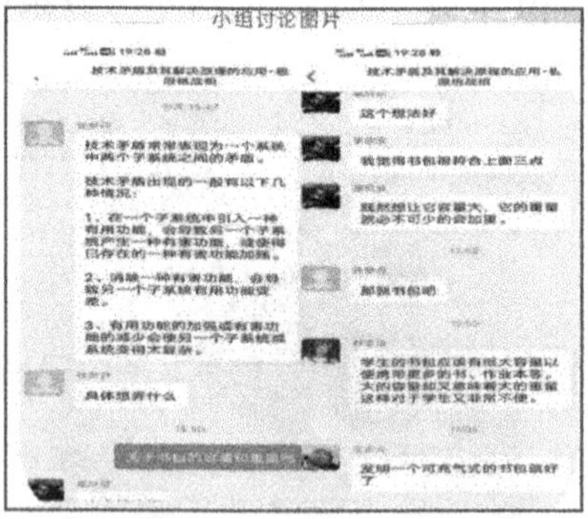

图 7.71　生生互动

2. 学生个人参与度大大提升,各项任务完成度高,创新思维得到了有效锻炼

图 7.72 所示为学生参与各类任务的情况。

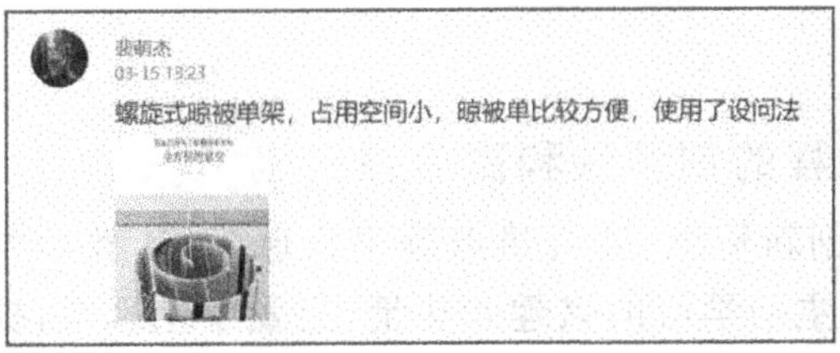

图 7.72　学生参与各类任务情况

3. 学生参与各类创新创业大赛的热情高，纷纷在各类比赛中获奖

图 7.73 所示为我校获第八届“学创杯”全国大学生创业综合省赛一等奖证书。图 7.74 所示为我校在 2020 年立项的河南省大学生创新创业训练计划项目(部分)。

获奖证书
CERTIFICATE

河南工学院：

荣获2021年第八届“学创杯”全国大学生创业综合模拟大赛省赛一等奖。

团队成员：张付腾、梁央、邢姆金

指导老师：杨雪莲、王世胜

特发此证，以兹鼓励。

图 7.73　第八届“学创杯”全国大学生创业综合省赛一等奖

2020 年河南省本科高校省级大学生创新创业训练计划项目名单

项目编号	高校名称	项目名称	项目类型	负责人	项目其他成员信息	指导教师
S202011326008S	信阳农林学院	昏君嫂扬	创业实践项目	马千里	朱永亮，陶春园，郑睿捷，刘子涵，范寒冰，赵雪玲	吕一品 王子浩
S202011329001	河南工学院	基于协同过滤算法的课程推荐系统的研究	创新训练项目	马奔腾 任梦豪	张刘伟，陈谐，赵占鹏	张志成 刘玉堂
S202011329002	河南工学院	基于物联网的楼宇外墙喷漆机器人	创新训练项目	任瑞华	田瑞琴，李岱霖，效真，王毅洋	迟明路 王东岳
S202011329003	河南工学院	基于人脸识别与图像追踪的防疫追踪机器人	创新训练项目	仝鑫	李卓，郑晓龙，郑诗榆，李保庆	钱晓艳 李霞
S202011329004	河南工学院	基于机器视觉的安防巡检四足机器人	创新训练项目	赵晨星 寇涵	赵帅帅，贾锡振，王敬一	邢倩 李学伟
S202011329005	河南工学院	基于视觉 SLAM 的智能搬运机器人设计	创新训练项目	李银光 朱欣洋	任飞燕，张康凯，王鹏瑜	崔纪超 张建霞
S202011329006	河南工学院	基于多传感器检测技术的智能悬浮求生背包	创新训练项目	严亚鹏	张淑泓，尹世纪，任瑞华	王元利 刘荣升
S202011329007	河南工学院	iBand 可穿戴智能安全防护手环	创新训练项目	陈姿瑾	张家晗，谢媛媛，李卓	邱亚琴 吕广静
S202011329008	河南工学院	辐照杀菌电机驱动医疗胶囊机器人	创新训练项目	徐浩博 李晓宣	贾航远，司函熹	迟明路 张建霞
S202011329009	河南工学院	物联网环境下具有智能感知功能的衣柜系统设计	创新训练项目	贾佳文	张熙奇，郁果，尹延吉，张天	钱晓艳 李静
S202011329010	河南工学院	三电平功率变换器开源试验平台开发与设计	创新训练项目	张嘉琳	刘硕，崔兆周，董亮亮，刘旭阳	刘敏 廖青华
S202011329013	河南工学院	A12C2Mg 纳米晶粒细化剂	创新训练项目	刘雨涵 郭天瑶	郭莹莹，李克伟，王少娜	张爱民 马天凤
S202011329014X	河南工学院	“大学 58”兼职中介平台	创业训练项目	王兴龙	孔梦瑶，张佩琪	李静 刘荣升
S202011329015X	河南工学院	蜣螂回收	创业训练项目	胡雨蝶	杨淑慧，于小婧	杨雪莲 尚德峰
S202011329016X	河南工学院	纽特环保科技有限公司	创业训练项目	韩嘉琪	朱建华，李志康，曾祥久，李世新	李永斌 郑先锋
S202011329017X	河南工学院	“河小艺”文创产品设计与加工工坊	创业训练项目	王静宇	孟小吻，孟凡柯，邓豪杰，张松涛	丁海 马秉馨

图 7.74　2020 年河南省大学生创新创业训练计划项目

7.2.8 课程特色与创新

1. 丰富的教学内容,提高课程的创新性和高阶性

教师将国内外最新研究成果和创新资讯、社会热点等引入课堂,让教学内容更丰富。相关典型案例,有利于激发学生主动学习的兴趣和热情,启发学生思考,提高他们运用知识解决实际问题的能力,体现教学内容的前沿性和高阶性。

2. 设计各种教学案例,激发学生思考,提高学习兴趣,增加挑战度

教师紧跟时代发展步伐,多渠道地收集各种创新教学案例,多样化的案例形式,有利于吸引学生参与,并具有一定的挑战度和创新性。

3. 思政元素与专业课的有机融合,让课堂更有温度

深度挖掘课程中的思政元素,例如通过我国在超级工程中取得的成就,屠呦呦、袁隆平、陈薇等科研工作者的先进事迹,高速公路交警为保护人民生命和财产安全表现出的爱岗敬业的精神等,培养学生的家国情怀与责任担当,养成勇于探索、敢于创新的精神。

4. 依托创新大赛,让创新教育落地生根

以赛促学,鼓励学生积极参与"互联网+"大学生创新创业大赛、"挑战杯"大学生创业计划竞赛、创新创业训练项目等各类创新创业大赛,将创新教育落到实处。

7.2.9 推广及应用

2020 年春季学期和 2021 年秋季学期,"创新思维训练"课程负责人两次参与校内线上教学培训,分享了"基于雨课堂的线上教学示范"(见图 7.75)和"基于学习通的混合式教学设计"(见图 7.76),得到了老师们的好评。

图 7.75　基于雨课堂的线上教学示范——以"创新思维训练"课程为例

图7.76 基于学习通的"创新思维训练"混合式教学设计

第 8 章　基于金课建设的“概率论与数理统计”课程教学

随着科技发展的日新月异，信息量与知识量急剧增长，作为大学数学基础课程之一的“概率论与数理统计”，面临着知识深度和广度的更高需求。MOOC 等在线开放课程建设和创新教学模式的探索与实践已成为高等教育本科教学改革的热点之一。为了进一步满足学生个性化发展和自主学习的需求，我们在多年一线教学改革的基础上，编写了此章教学创新案例。

8.1　方案总体设计

本课程以培养高素质创新型人才为目标，以学生为中心进行课程设计。为了更好地将知识、能力和素质融为一体，培养学生的数学思维及解决实际问题的能力，我们在原来课程建设的基础上，依托现代信息技术进行课程创新，教学内容增加了前沿性和应用性，教学方式和教学手段体现了先进性，线下教学活动具有探究性和个性化，考核方式呈现全程性和多元化，有效提高了学生的科学素养和动手实践能力，为推进地方本科院校新工科教育提供了参考。

8.1.1　课程的地位

“概率论与数理统计”是高等院校基础数学的核心课程，是我校工科各专业和经管类专业必修的一门重要基础课，也是相关专业硕士研究生入学考试的一门必考科目。

本课程授课对象为大二学生，经过大一一年的学习和生活，大学二年级学生的学习兴趣和学习热情处于全盛时期，独立学习能力日益增强，学过了高等数学和线性代数，他们具备了一定的数学思想和数学素养。通过本课程的学习能使学生了解“概率论与数理统计”的基本概念和基本理论，初步掌握处理随机现象的基本思想和方法，培养学生运用概率统计方法分析和解决实际问题的能力，能够为学生学习后继课程及进一步提高解决实际问题的能力打下必要的数学基础。

8.1.2　所获荣誉

课程负责人近 5 年来在开展教学研究、获得教学奖励方面的情况如下：

1. 主持参与的研究课题

① 2020 年河南省首批本科高校课程思政教学团队立项(第三)；

② 2020 年获得河南工学院课程思政优秀课程(第三)；

③ 2020 年河南工学院课程思政优秀课程建设立项(第三)；

④ 2019 年河南工学院一流本科课程建设立项(第二)；

⑤ 2020 年河南工学院教师教学创新成长项目：“概率论与数理统计”理论教学创新项目(主持)。

2. 获得的教学奖励

① 2017 河南工学院教学技能竞赛一等奖；

② 2018 河南省教育系统教学技能竞赛(高校理科)二等奖；

③ 2019 河南省本科高校青年教师数学教学技能竞赛二等奖；

④ 2020 河南省本科教育线上优秀课程二等奖；

⑤ 2020 河南工学院第一届“课程思政”教学创新大赛二等奖；

⑥ 2020 河南工学院教育教学改革创新成长项目一等奖；

⑦ 2019－2020 学年河南工学院校长教学质量奖。

3. 指导学生竞赛获奖

① 2016 全国大学生数学建模竞赛河南省一等奖；

② 2017 全国大学生数学建模竞赛河南省一等奖；

③ 2019 全国大学生数学建模竞赛国家二等奖；

④ 2019 全国大学生数学建模竞赛河南省一等奖；

⑤ 2020 全国大学生数学建模竞赛河南省一等奖；

⑥ 2020 全国大学生数学建模竞赛河南省三等奖；

⑦ 2021 河南工学院第一届大学生创新教育成果大赛数理信息赛道二等奖。

8.2 创新内容及实施

8.2.1 课程理论教学内容改革与创新

“概率论与数理统计”在以往多媒体授课的基础上，紧密结合并依托学习通平台，开展“线上＋线下”混合式教学，在线教学资源初具规模，内容丰富，包括完整的授课PPT、教案、试题库、案例库、作业、习题、辅助教学视频、在线主题讨论等，教学中适当融入小组任务，进行理论联系实际的教学。

课程团队进一步融入现代教育理念，以培养创新人才为目标，以数学建模为突破口，对教学内容进行创新。按照“两性一度”的金课标准，着力优化教学内容，做到内容科学、充实，突出学科前沿，适时融入考研真题和课程思政，为学生的长远发展奠定坚实的基础。

1. 融入数学建模思想方法，提高学生学以致用能力

“概率论与数理统计”是一门应用性很强的学科，我们通过近些年参加全国大学生数学建模竞赛的经历，不断将数学建模的思想方法融入到课程教学中来（见图 8.1），将教学内容与最新的建模实例相结合，并借助数学软件 MATLAB 辅助教学，将理论知识和实际应用有机地结合起来，使数学教学成为现实的、有实际背景的、富有挑战性的活动。同时也培养学生运用软件的能力、计算能力和创新能力，最终使学生利用所学知识和掌握的技巧解决实际问题，达到学以致用的效果。

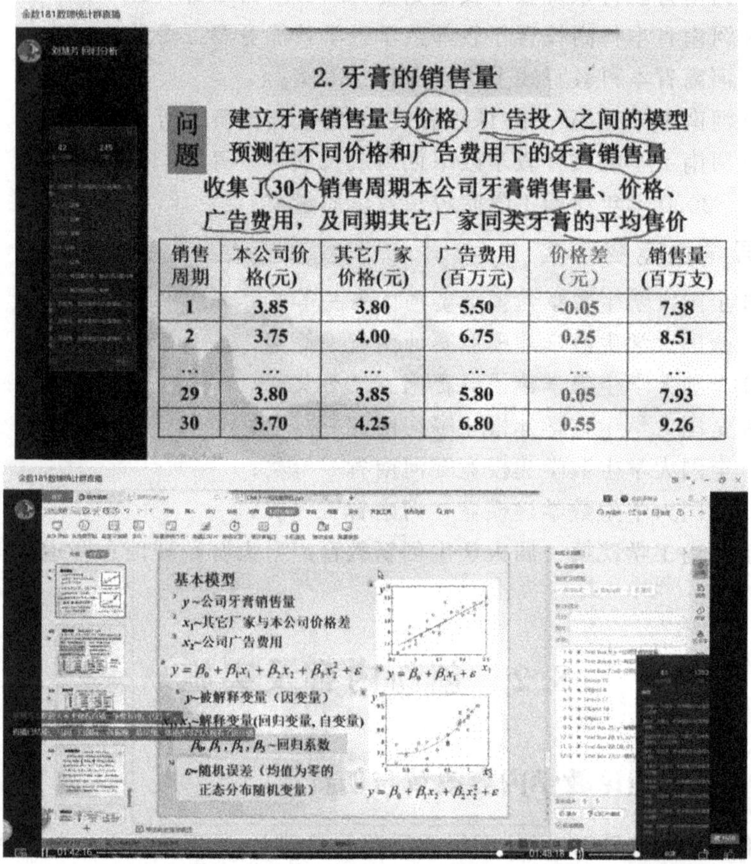

图 8.1　将数学建模思想方法融入课程中

2. 融入考研真题，服务学生长远发展

“概率论与数理统计”是学校工科、经管各专业的重要基础课，也是相关专业硕士研究生入学考试的一门必考科目。按照课程性质，教研室在授课过程中将学科研究新进展、实践发展新经验、社会发展热点与课程内容实现有机融合，创新教学内容，促进学生全面发展。同时，引入往年考研真题，加强对考研知识点的讲解，进一步提升授课内容的高阶性和挑战度，以期为学生的长远发展打下坚实的基础。

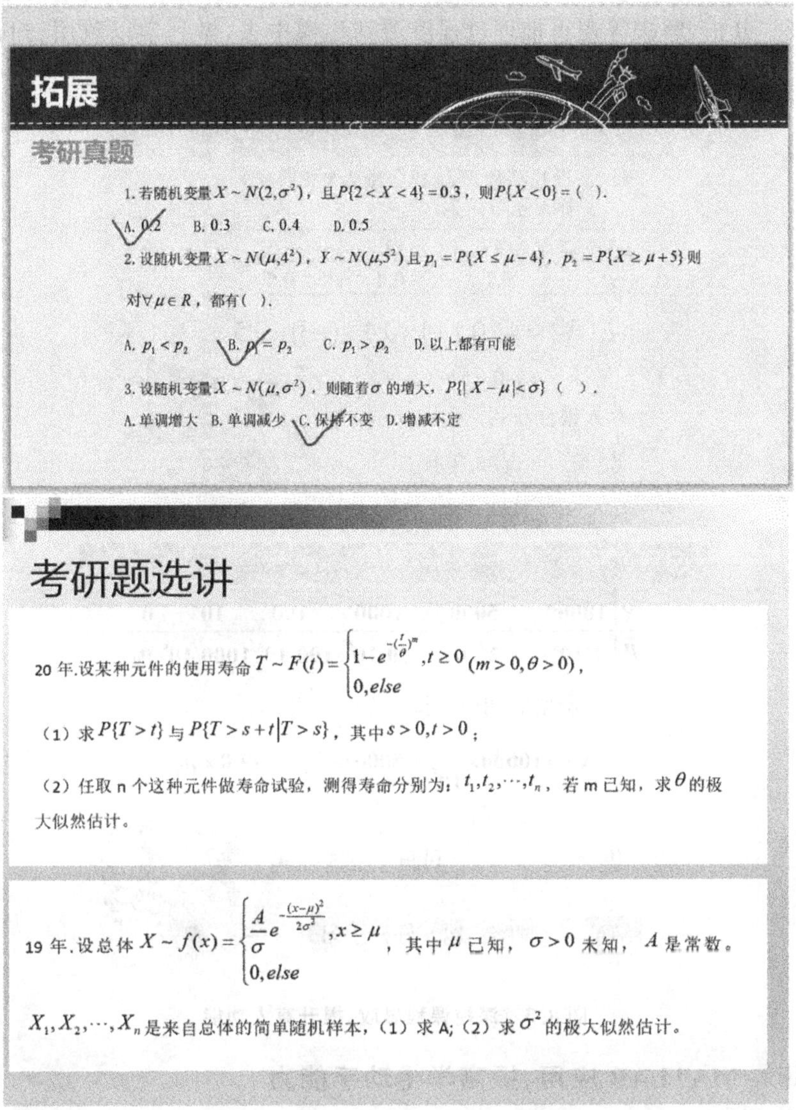

图 8.2 将考研真题融入课程教学中

3. 深挖课程思政，提升育人功能

注重探索数学理论课与思政课程教学同向同行，协同育人。深入挖掘课程中的思政元素，并将其有机融入到课程教学当中。如用习近平总书记的用典“祸患常积于忽微，而智勇多困于所溺”来讲解概率统计中的小概率事件，借助疫情防控之“事”教化人心，将教书与育人相结合。在课程思政中，把教师的政治态度以及政治认同融入课堂课程教育教学中，通过知识和技能传授，把价值观引导在知识传授之中，使学生在不知不觉中接受熏陶，实现潜移默化的效果。在加强课堂教学的基础上，积极拓展社会实践第

二课堂，比如数学建模，引导学生通过建立实际问题的数学模型，将所学的思政课程思想通过发现、分析、解决等逻辑推理过程渗透到建模中去，做到学以致用、知行合一（见图 8.3）。

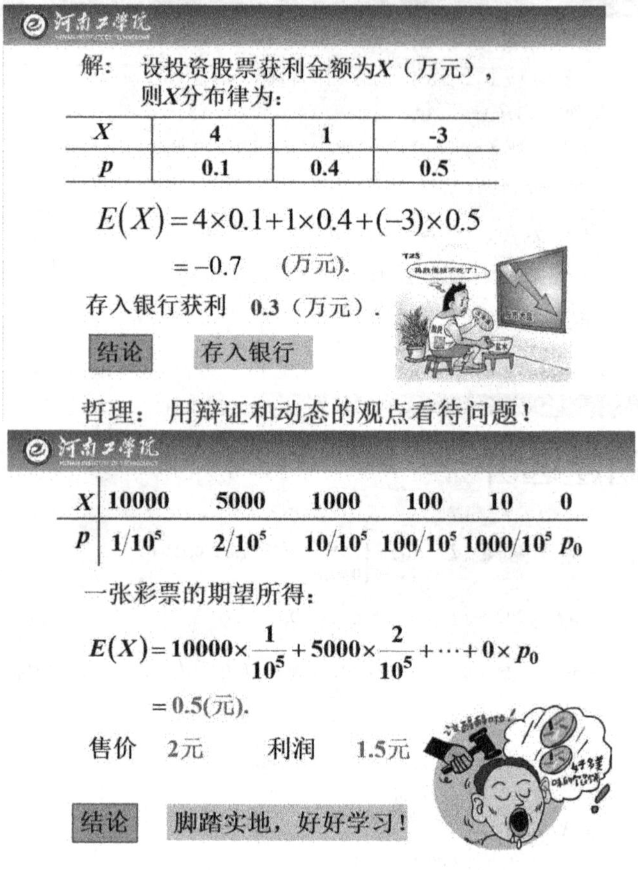

图 8.3 深挖课程思政，提升育人功能

4. 引入 MATLAB 应用，提高学生动手能力

在教学过程中，为了在短时间进行大量重复试验，让学生能够对概率统计的结果有更深入、直观的理解，教师使用数学软件 MATLAB 编程，模拟课程中涉及的各种实验，通过模拟演示，使学生直观地感受到实验的意义，验证得到的结果。同时向学生展示了数学软件 MATLAB 的强大功能，吸引学生对课程的兴趣（见图 8.4）。

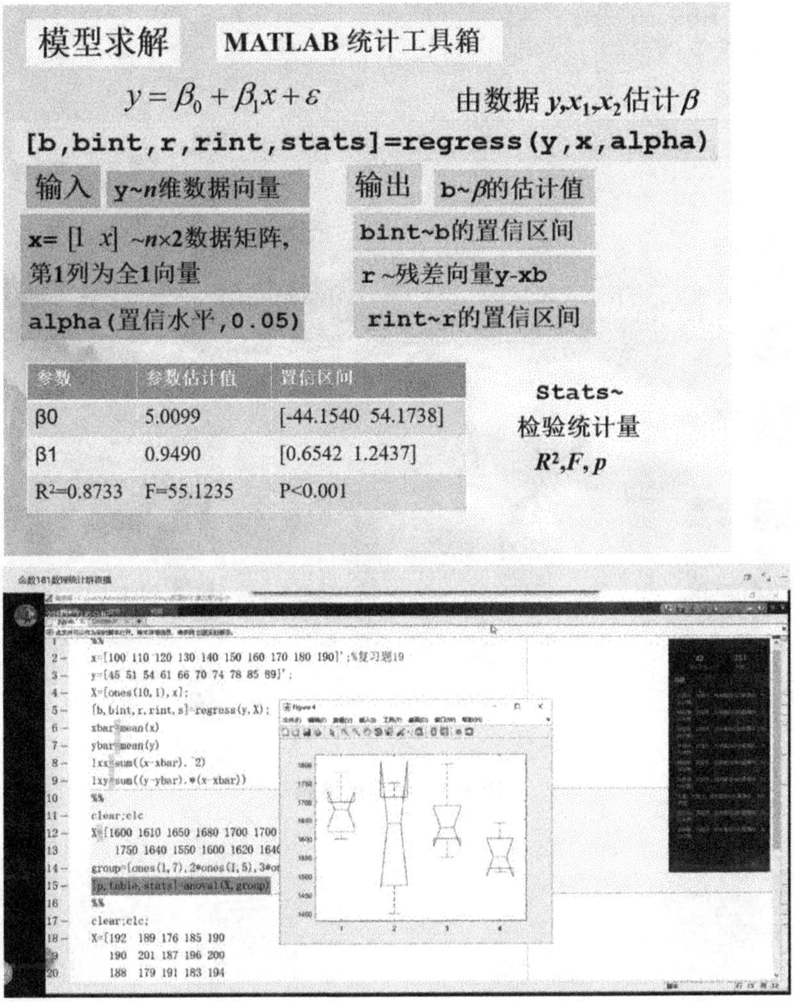

图 8.4　教学中引入 MATLAB 软件操作

8.2.2　教学模式创新

1. 多平台相结合的课程教学

在“互联网＋”教育时代，依靠信息技术、智能技术的支撑，学习的时空界限被打破。通过比较各平台的优缺点，本课程教师利用学习通平台自主建课，将优秀视频和课件作为任务点发放给学生，让学生提前学习相关理论知识点，并进行签到、批改作业、课堂互动和章节测试等活动（见图 8.5～图 8.7）；在日常教学过程中，讲授重点，破解难点；创建微信群、QQ 群用于课下集体讨论和适时答疑解惑，实现了多平台相结合的课程教学。

图 8.5　学习通签到

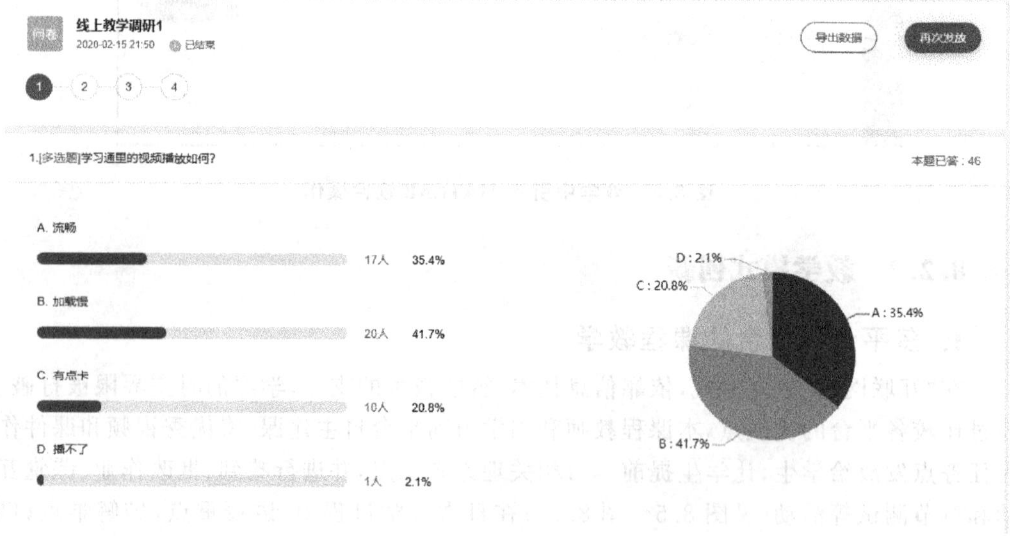

图 8.6　课前调查问卷

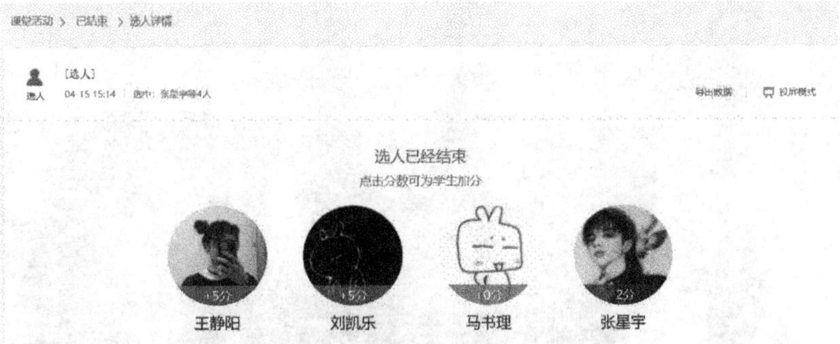

图 8.7 课堂互动

2. 三阶段递进、全过程融合

形成课前预习、课中提升、课后巩固的三阶段递进、全过程融合的教学过程(见图 8.8)。

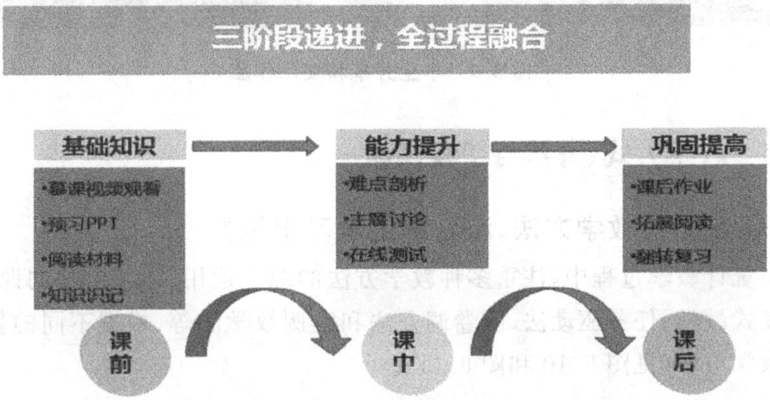

图 8.8 三阶段递进,全过程融合

课前,让学生通过学习通上发布的优秀慕课“概率论与数理统计”资源平台进行课前的预习,直播前通过学习通进行课前问卷调查和课前测试理解学生课前预习情况,通过“签到”功能了解学生的到课情况。

课中,老师进行重难点知识的理论讲解、课程小结、拓展和答疑,课堂中穿插通过学习通进行课堂测试和互动(见图 8.9)。

课后,让学生利用学习通完成课后作业和翻转复习,利用学习通让学生提交课后问卷了解学生课堂的满意度和存在的问题,以便及时把学生反馈的信息应用到教学中。

图 8.9　学生分享和展示作品

8.2.3　教学方式、方法与手段创新

1. 采用多元化教学方法,激发学生学习积极性

在概率统计教学过程中,注重多种教学方法的综合运用,除了常规的课堂讲授,还采用了启发式教学、任务驱动法、问卷调查法和案例教学法等,根据不同的教学内容采用不同的教学方法(见图 8.10 和图 8.11)。

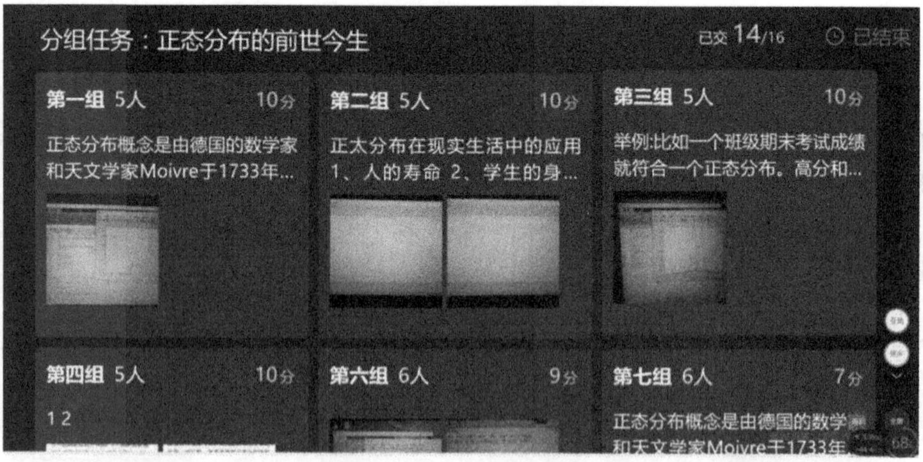

图 8.10　分组任务截图

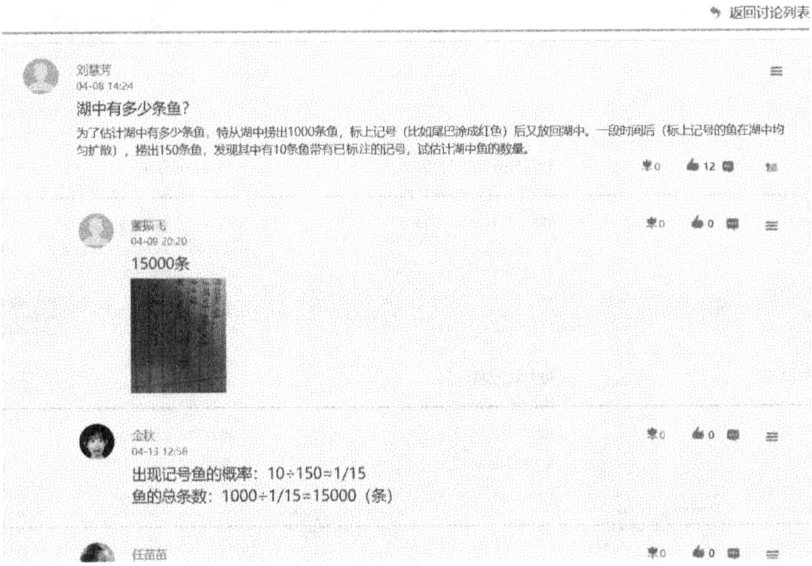

图 8.11　主题讨论截图

2. 采用多元化教学手段，加强与学生的互动

利用慕课堂、学习通等智慧教学工具，实时进行课堂反馈，与学生互动，记录学习过程和表现（见图 8.12）。老师通过智慧教学工具反馈的信息，进一步查漏补缺和答疑解惑，使师生互动更具针对性和有效性（见图 8.13）。

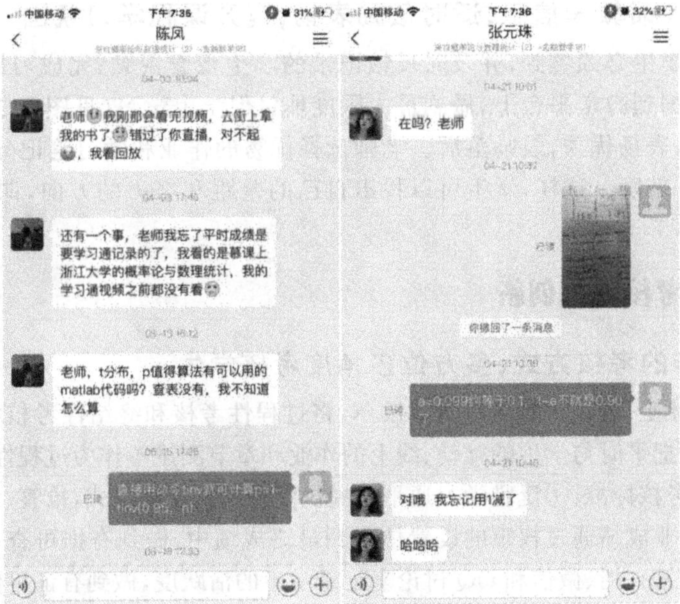

图 8.12　课后互动答疑

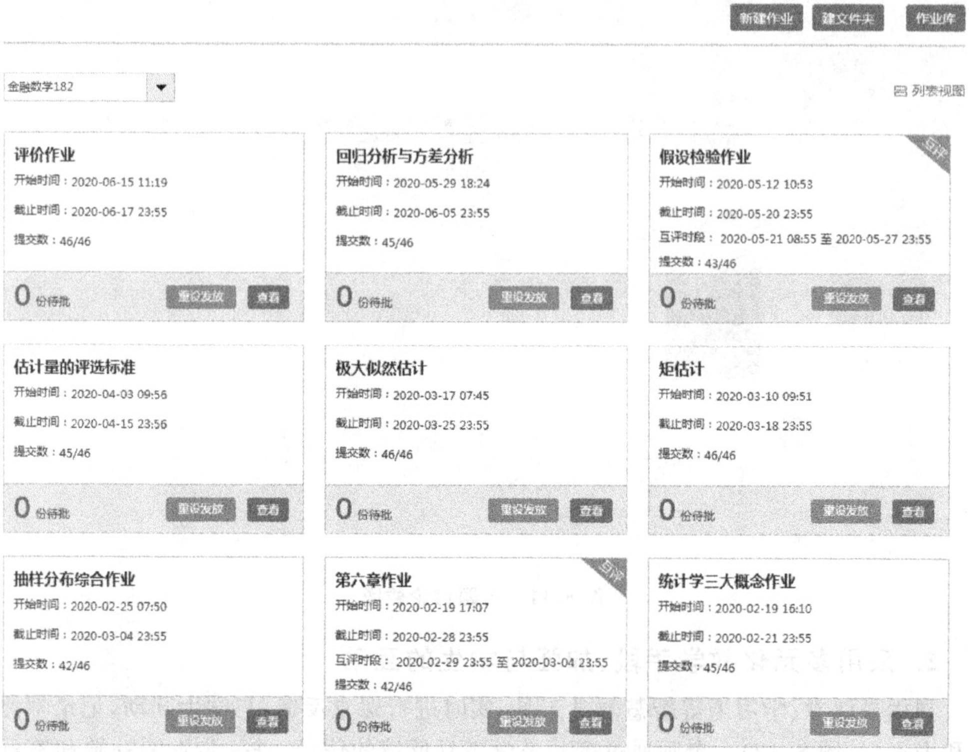

图 8.13　学习通作业截图

3. 及时反馈教学信息，适时鼓励表扬，提升课程学习氛围

课前要求学生必须签到，并及时反馈记录的学生观看视频、完成习题、参与讨论等情况的实时数据到教学平台上，做到最大限度地督促学生学习（见图 8.14）。课堂测试结果整体呈现，表扬优秀，鼓励落后。老师选择优秀的作业和学习笔记分享到班级微信群，并给予加分鼓励。这样，学生可以找出自己的差距和努力的方向，课程的学习氛围得到提升。

8.2.4　考核方式创新

科学多样的考核方式，多方位多角度考核学生

在考核方式上，积极进行考核方式改革，将过程性考核和终结性考核相结合，加大过程性考核比重，把平时与学生的互动、线上的作业和章节测试等作为过程性考核的重要方面。细化每项考核标准：①泛雅学习通平台提供多种课堂互动形式，抢答、测试、选人回答问题等，课堂作业成绩通过权重的设置体现到最终成绩中，做到有据可查；②设置课下表现环节，利用钉钉直播、微信和 QQ 讨论来记录学生的活跃度，做到有证可依（见图 8.15～图 8.17）。

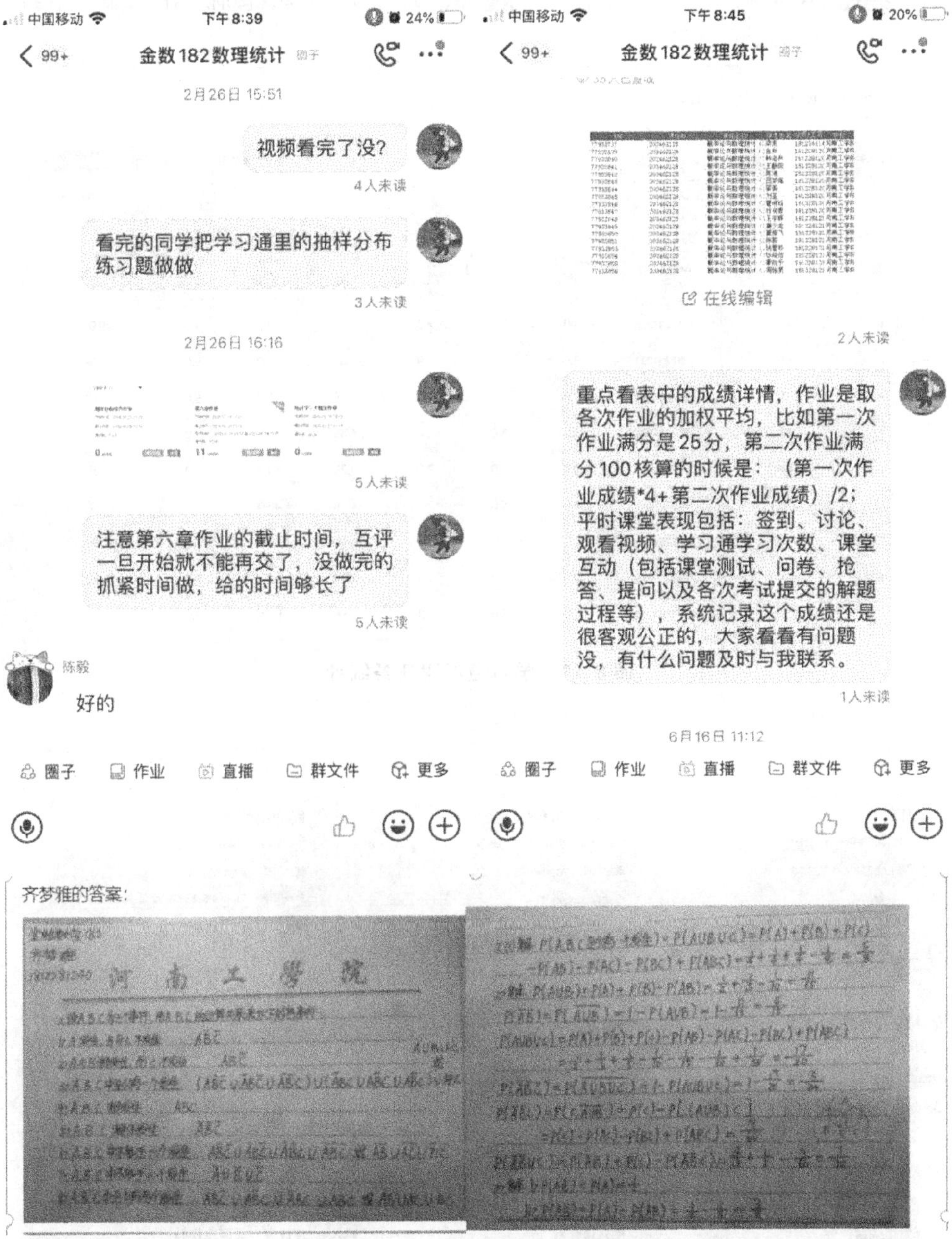

图8.14 及时反馈教学信息

序号	学生姓名	学号/工号	课程视频(3%)	章节学习次数(5%)	讨论(2%)	作业(25%)	考试(50%)	签到(5%)	综合成绩
1	侯爽	1812281226	3.0	5.0	2.0	25.0	49.0	5.0	99.0
2	杨瑞珂	1812281233	3.0	5.0	2.0	24.86	49.0	5.0	98.86
3	陈蕾	1812281241	3.0	5.0	2.0	24.79	49.0	5.0	98.79
4	任苗苗	1812281232	3.0	5.0	2.0	24.89	48.5	5.0	98.39
5	王雨晴	1812281243	3.0	5.0	2.0	24.25	49.0	5.0	98.25
6	金秋	1812281201	3.0	5.0	2.0	24.98	48.0	5.0	97.98
7	齐梦雅	1812281240	3.0	5.0	2.0	24.54	49.0	5.0	97.54
8	张皓君	1812281230	3.0	5.0	1.0	22.57	47.75	5.0	94.32
9	闪心	1812281242	3.0	5.0	2.0	23.58	45.25	5.0	93.83

图 8.15　学习通课程任务统计

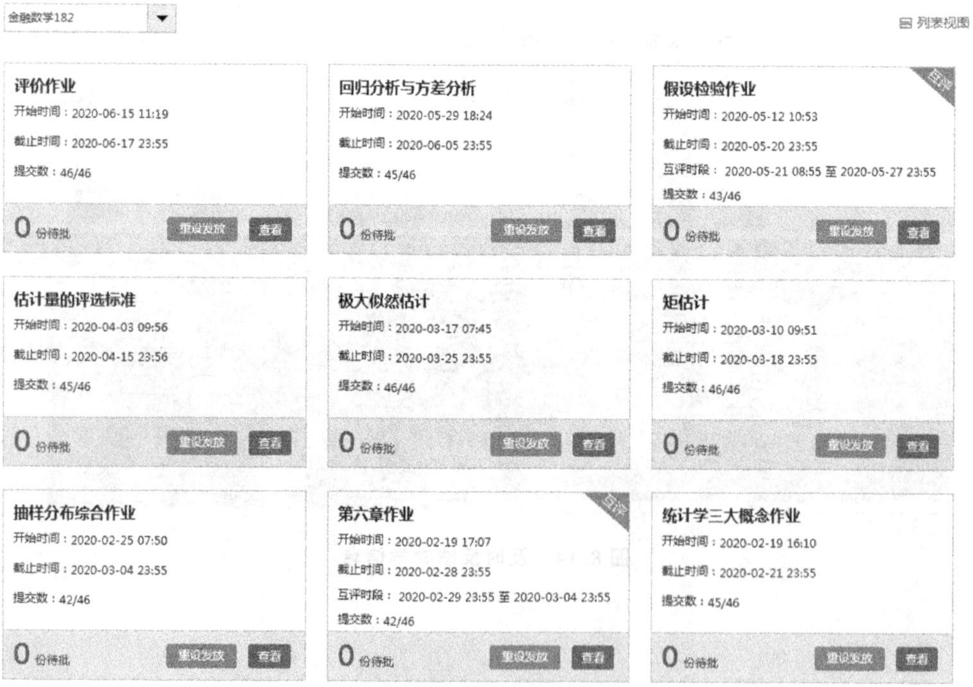

图 8.16　学习通作业截图

图 8.17　学习通课程活动库截图

8.2.5　线上资源建设

图 8.18～图 8.21 所示为学习通课程目录、资料库和试题库展示截图。

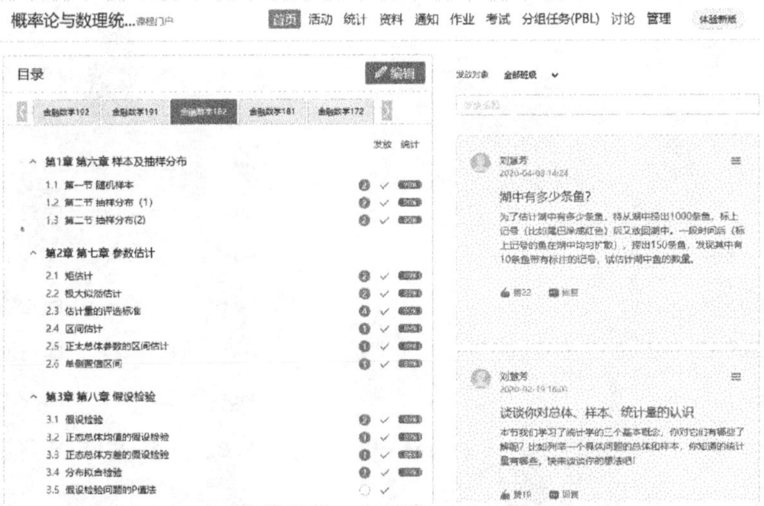

图 8.18　学习通课程目录展示

图 8.19　学习通资料库展示

图 8.20　学习通试题库展示

课程资料 | 题库 | 作业库 | 试卷库 |

添加目录　创建试卷　导入试卷　导出全部

序号	题目	题量	难易	创建者	创建日期	操作
1	第六章补考	1	中	刘慧芳	2020-06-12	封存 发布
2	第九章补考	1	中	刘慧芳	2020-06-12	封存 发布
3	概率论与数理统计（2）测试4	25	中	刘慧芳	2020-06-02	封存 发布
4	第八章补考	1	中	刘慧芳	2020-05-26	封存 发布
5	概率论与数理统计（2）测试三	16	中	刘慧芳	2020-05-18	封存 发布
6	概率论与数理统计（2）测试二	20	中	刘慧芳	2020-04-21	封存 发布
7	概率论与数理统计（2）测试一	12	中	刘慧芳	2020-02-29	封存 发布
8	EXCEL测试题	1	易	刘慧芳	2019-06-28	封存 发布
9	第九章测试题	1	中	刘慧芳	2019-06-06	封存 发布
10	第八章测试题.	1	中	刘慧芳	2019-05-16	封存 发布

图 8.20　学习通试题库展示(续)

8.2.6　其他教学创新

教学大纲、教学进度表中有各教学创新相关内容，并融入课程思政元素，如图 8.21 所示。

3.素质目标

1. 课程教学中把马克思主义立场观点方法的教育与科学精神的培养结合起来，培养学生正确认识问题、分析问题和解决问题的能力，引导其树立正确的人生观、世界观、价值观。

2. 进行中国特色社会主义和中国梦教育和中华优秀传统文化教育，引导学生了解世情国情党情民情，增强对党的创新理论的政治认同、思想认同、情感认同，坚定中国特色社会主义道路自信、理论自信、制度自信、文化自信，在潜移默化中坚定学生理想信念、厚植爱国主义情怀、加强品德修养、增长知识见识，并培养其人文精神。

3. 教育引导学生把国家、社会、公民的价值要求融为一体，提高个人的爱国、敬业、诚信、友善修养，自觉把小我融入大我，不断追求国家的富强、民主、文明、和谐和社会的自由、平等、公正、法治，将社会主义核心价值观内化为精神追求、外化为自觉行动，并积极践行社会主义核心价值观。

4. 培养学生探索未知、追求真理、勇攀科学高峰的责任感和使命感；培育学生形成良好的学习习惯、数学素养和思维严谨、工作求实的作风以及坚强的意志品格，勇于探索、敢于创新的思想意识和良好的团队合作精神，教育引导学生深刻理解并自觉实践职业精神和职业规范，增强职业责任感，培养遵纪守法、爱岗敬业、无私奉献、诚实守信、开拓创新的职业品格和行为习惯。

最终使学生通过本课程学习，掌握事物发展规律，通晓天下道理，丰富学识，增长见识，塑造品格，将价值塑造、知识传授和能力培养三者融为一体，寓价值观引导于知识传授和能力培养之中，努力使其成为德智体美劳全面发展的社会主义建设者和接班人。

图 8.21　教学大纲中体现思政内容

课程团队定期开展集体备课、研讨思政案例等活动，并邀请学院领导和思政专家座谈传授经验，如图 8.22 所示。图 8.23 和图 8.24 所示为融合思政元素的课程教案和案例。

图 8.22　课程团队定期备课、研讨思政案例

案例二：大胆假设，小心求证——贝叶斯公式

一、课程教学目标

1. 知识目标：理解贝叶斯思想并掌握用贝叶斯公式求概率的方法，了解贝叶斯公式在机器学习中的简单应用。

2. 能力目标：培养学生由浅入深分析、解决问题的能力和知识迁移能力。

二、思政育人目标

1. 通过**构建贝叶斯公式在生活中的应用**，让学生充分体会概率统计知识和实际生活紧密联系，提升学习兴趣，培养学生**追根求源的科学精神和勇于探究的创新能力。**

2. **通过设计银行信用评价案例**，用贝叶斯公式计算贷款人按期还款后银行对他的信用评价，**教育学生做人做事都要诚实守信**，以陶行知名言“千教万教教人求真，千学万学学做真人”对学生进行诚信价值观的培育。

3. **利用名人轶事对学生进行人文素质教育**。贝叶斯虽然名气不大，著作很少，但影响深刻，贝叶斯公式成就了一个统计学科方向，通过介绍贝叶斯生平，**激励学生勇于奋斗、乐观向上的人生态度和孜孜不倦、不畏艰险的学习精神。**

图 8.23　课程思政典型教案

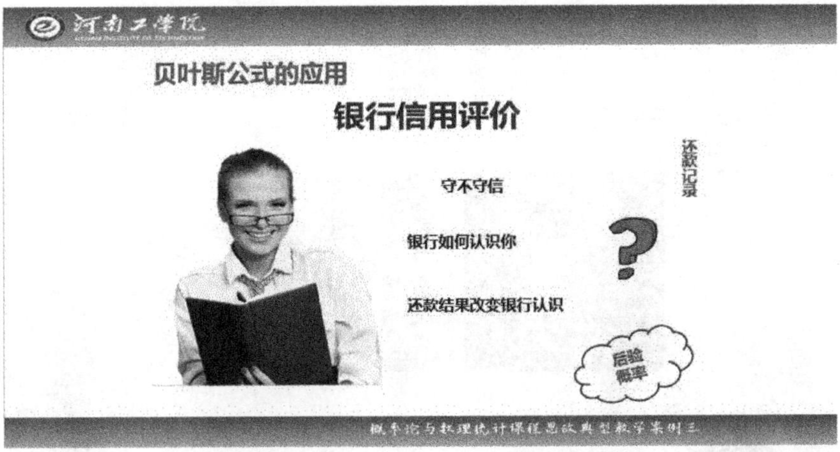

图 8.24　课程教案融合思政元素

8.2.7　创新成果

① 通过网络资源和板块资料多方位多维度的知识网，夯实基础的同时，提升学生的综合能力。

② 将项目教学、小组内协作、组外比赛相结合，提升学生独立工作和团队协作能力(见图 8.25 和图 8.26)。

③ 多方位多角度考核学生，提升学生自我提高的驱动力。同时，激发学生参加各类比赛的兴趣(见图 8.27～图 8.29)。

图 8.25　学生笔记分享

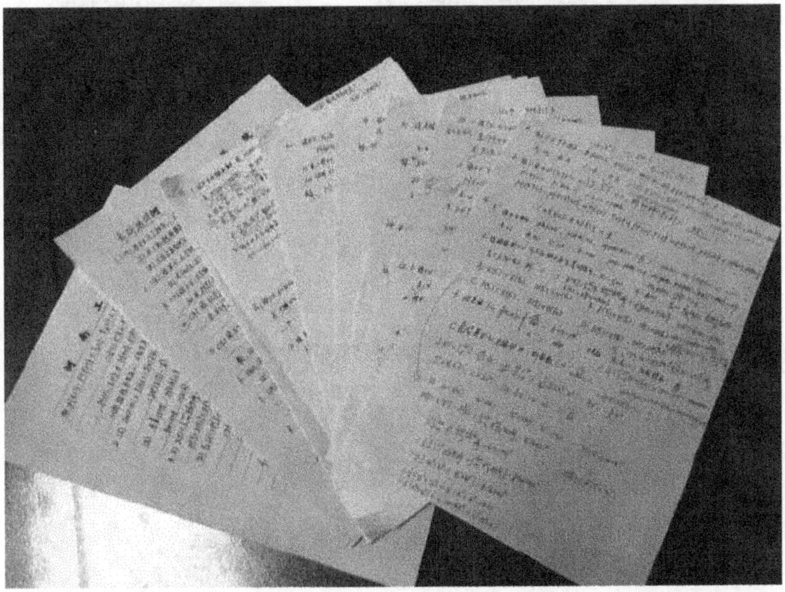

图 8.25 学生笔记分享(续)

图 8.26 课后小组任务

图 8.27　大学生创新教育改革成果展示

图 8.28　全国大学生数学建模竞赛国家二等奖

(a)

(b)

(c)

图 8.29 全国大学生数学建模竞赛河南省一等奖

第9章　基于解决问题模型的三阶式“大学英语”翻转教学

“大学英语”是高等教育通识课程，兼有工具性和人文性，除了掌握语言工具、了解世界文化的功能之外，更具有修身铸魂、育人化人的重大意义，弥补工科类学生综合文化修养底蕴不足的劣势，为培养综合素质高的应用型人才助力，既满足国家的战略需求，又服务于河南工学院办学定位，并最终建立起适合我校学情的大学英语教学体系和课程体系，服务工科办学。

9.1　方案总体设计

本部分是对“大学英语”课程创新总设计方案的阐述。分为三个部分：课程地位、所获荣誉、教学创新设计总体方案。

9.1.1　课程地位

我校是应用型本科院校，旨在培养具备创新创业能力的高素质应用型人才。通过“大学英语”这门兼有工具性和人文性学科的学习，弥补工科类学生综合文化修养底蕴不足的劣势，为培养综合素质高的应用型人才助力，既满足国家的战略需求，又服务于河南工学院办学定位，并最终建立起适合我校学情的大学英语教学体系和课程体系，服务工科办学。课程围绕“两性一度”的标准，建设英语“金课”，要求学生应达到以下三层目标：①知识目标：培养听、说、读、写、译等应用技能，以及词汇、语法、篇章及语用等知识，增加社会、文化、一般专业学科英语等基本知识。②能力目标：培养运用英语听说、阅读和书写能力处理工作场景中日常事务；同时具备自主学习能力，团队合作、跨文化交际能力。③素质目标：分别在“大学英语(1)”开设思政教育-中国文化系列，“大学英语(2)”开设思政教育-时政学习系列(疫情专题)，努力将价值塑造、知识传授和能力培养三者融为一体。“大学英语(3)”在学生专业学习进度的基础上，打破专业壁垒，开设思政教育-校企合作系列(职业素养教育)，从我校的合作企业单位及学生的实习单位中挖掘真实的思政案例，以期在提高学生语言知识及专业能力的同时，引领学生树立正确的专业意识和价值观。“大学英语(4)”增加党史学习、“大国工匠”一般专业英语学习，构建类型丰富、层次递进、相互支撑的学习体系，培养思辨能力，开拓文化视角，坚定文化自信，实现思想政治教育与知识体系教育的有机统一。

“大学英语”课程共开设两年，以《新目标大学英语 综合教程》为读写课程主教材，并融入类型丰富相互支撑的学习补充模块,"大学英语"作为一门全校必修性质的公共基础课,兼具人文性和工具性。

9.1.2 所获荣誉

1. 课程背景

"大学英语"是高等教育通识课程,兼有工具性和人文性。除了掌握语言工具、了解世界文化的功能之外,更具有修身铸魂、育人化人的重大意义,其核心是以语言为媒介,传承和弘扬中华优秀传统文化,发挥在坚持社会主义核心价值体系、培育和践行社会主义核心价值观中的基础作用,不断增强国家文化软实力。

河南工学院外国语学院自 2015 年起,注重挖掘英语课程中蕴含的思政元素,探索在大学英语课堂教学中有效融入思政元素的方法及途径。经过几年的实践,取得了初步成效。我院现将课程思政教育教学的阶段性成果汇编成册,总结凝练经验,以期在教学中进一步实现知识性与价值性相统一,落实立德树人根本任务。

为了更好地实现知识性与价值性相统一,落实立德树人的根本任务,我们"大学英语"教学团队积极展开了教育教学改革创新,经过四个学期(两个教学周期)的建设和完善,取得实质性改革成效(最终建立起适合我校学情的"大学英语"教学体系和课程体系)。2016—2017 年,团队将"大学英语"这门课升级成网络课程,上传至泛雅网络教学平台,完成网络资源共享课程建设。2018 年为了满足以学生为中心的移动教学时代的要求,开启"学习通"平台,在课堂与学生进行分组实践,累积了宝贵的教学经验,促进了团队教学成果的产出(团队发表教学研究的核心论文 22 篇,省级项目 8 项,省社科联项目 14 项),获得多项课程建设成果,为持续深入的创新教学改革打下了良好的基础。

2. 课程建设成果

表 9.1 所列为我校外国语学院近三年的课程建设成果。

表 9.1 课程建设成果

时间	课程	获奖
2019	大学英语(1)	校级一流本科课程
2020	大学英语(2)	省优秀线上课程
2020	大学英语(3)	河南省高等学校 课程思政样板课程
2021	大学英语(1)	省级一流本科课程

表 9.2 所列为我校校级一流本科课程。

表 9.2 校级一流本科课程

序　号	申报院部	课程负责人	课程名称	申报类别
1	机械工程学院	陈芳	机械制造技术基础	线下一流课程
2	车辆与交通工程学院	侯锁军	汽车构造	线下一流课程
3	电子信息工程学院	王建玲	虚拟仪器技术	线下一流课程
4	体育部	严莹	大学体育与健康(乒乓球)	线下一流课程
5	电气工程与自动化学院	杜志勇	电机学	线下一流课程
6	理学部	李坤	高等数字 C	线下一流课程
7	理学部	刘玉堂	概率论与数理统计	线下一流课程
8	管理学院	赵江利	物流运输管理	线下一流课程
9	机械工程学院	刁修慧	工程制图与 CAD	线上线下混合式一流课程
10	计算机科学与技术学院	郭祖华	信息处理技术	线上线下混合式一流课程
11	外国语学院	朱亚宁	大学英语(1)	线上线下混合式一流课程
12	创新创业指导中心经济学院	杨雪莲	创新思维训练	线上线下混合式一流课程

表 9.3 所列为河南省本科教育线上教学优秀课程评选中我校的优秀课程评选结果。

表 9.3 河南省本科教育线上教学优秀课程评选结果

序　号	高校名称	课程名称	负责人	团队其他主要成员	评选结果
282	河南工学院	数字信号处理	闫雷兵	牟光臣、张颖、王翠钦、崔斌	一等奖
283	河南工学院	信息技术创新	刘丹	孙冬、翟海庆、马同伟、马世霞	一等奖
284	河南工学院	汽车构造 B(1)	李倩	侯锁军、刘刚、刘庆、杨保海	一等奖
285	河南工学院	机械制图(2)	闫花茹	焦芳敏、李炎光、胡新颖、刘鹏	一等奖
286	河南工学院	物流运输管理	赵江利	田丽、徐强、李源、苏梦然	一等奖
640	河南工学院	毛泽东思想和中国特色社会主义理论体系概论	李金花	李慧芳、刘奇征、杨倩、赵纪珂	二等奖
641	河南工学院	大学英语(2)	李燕	朱亚宁、王海芸、王可、弋亚娜	二等奖
642	河南工学院	概率论与数理统计	刘玉堂	张清叶、刘慧芳、王琳、郭志涛	二等奖

表 9.4 所列为我校在本科高校课程思政样板课程中的拟认定名单。

表 9.4 本科高校课程思政样板课程拟认定名单

序　号	高校名称	负责人	课程名称	团队成员
174	河南工学院	程雪利	机械制造工艺学	褚有众、郑路路、郑立爽、康玉辉
175	河南工学院	朱亚宁	大学英语(3)	韦青松、曹秋霞、李燕、王可
176	河南工学院	李坤	高等数字 C	李贵敏、耿磊、陈静、李新男

表 9.5 所列为我校在省级一流本科线上线下混合课程中的名单。

表9.5 省级一流本科线上线下混合课程名单

序号	申报高校	课程名称	负责人	主要成员	课程类别
96	河南工学院	机器人工程学	迟明路	邢倩、邱亚琴、李学伟、钱晓艳	混合课程
97	河南工学院	信息技术创新	孙冬	刘丹、翟海庆、马同伟、马世霞	混合课程
183	河南工学院	创新思维训练	杨雪莲	迟明路、刘刚、毛强	混合课程
195	河南工学院	计算机网络	吕书波	赵开新、马同伟、邵明珠、张阳	混合课程
210	河南工学院	会计学	宋雷	崔九九、李彩、魏芳、张佳虹	混合课程
335	河南工学院	大学英语	朱亚宁	王可、王海芸、夏亚、李燕	混合课程
583	河南工学院	大学物理	刘讲霞	郭永亮、孔慧君、刘潇、王国祥	混合课程

3. 课程思政优秀课程

我校“大学英语”课程获批2020年校级课程思政优秀课程，如表9.6所列。

表9.6 校级课程思政优秀课程名单

序号	申报院部	课程名称	课程负责人	类别
6	外国语学院	大学英语(3)	朱亚宁 韦青松	一般项目
21	外国语学院	大学英语(2)	秦相 邢泽林	一般项目
24	外国语学院	大学英语(4)	靳静波 杨玉春	一般项目

我校“大学英语(3)”课程被认定为河南省本科高校课程思政样板课程，见表9.7所列。

表9.7 省级本科高校课程思政样板课程拟认定项目名单

序号	高校名称	负责人	课程名称	团队成员
175	河南工学院	朱亚宁	大学英语(3)	韦青松 曹秋霞 李燕 王可

4. 指导学生竞赛获奖

(1) 全国大学生英语竞赛(NECCS)

金融数学192杨鹏2020全国大学生英语竞赛(NECCS) C类二等奖；

金融数学192杨鹏2021全国大学生英语竞赛(NECCS) C类一等奖；

物流管理191郑景秀2021全国大学生英语竞赛(NECCS) C类三等奖(证书未

存图)。

(2)“外研社·国才杯”全国英语写作大赛

材料成型192韩宇2020“外研社·国才杯”全国英语写作大赛省级复赛二等奖;
材料成型192韩宇2020“外研社·国才杯”全国英语写作大赛校级初赛特等奖;
金融数学192杨鹏2020“外研社·国才杯”全国英语写作大赛校级初赛二等奖;
物流管理192梁锦涛2020“外研社·国才杯”全国英语写作大赛校级初赛三等奖。

(3)普译奖全国大学生翻译比赛

智能制造191邓继璇2021第五届普译奖全国大学生翻译比赛三等奖。

9.1.3 教学创新总体方案

下面从课程分析、学情分析、教学目标、教学设计、教学创新等五个方面阐述“大学英语”课程教学创新的总体方案。

(1)课程分析

“大学英语”兼有工具性和人文性,旨在培养学生的英语语言应用能力、学术与职业交流能力以及跨文化交际能力。依据教学大纲要求,我们选用《新目标大学英语 综合教程(1—4)》,为学生后续的学业深造、专业发展打下坚实的基础。

(2)学情分析

“大学英语”是非英语专业学生的通识教育必修课。学生已拥有一定的语言基础知识,具备较好的阅读能力,但工科类学生综合文化修养底蕴不足,跨文化敏感度不高,英语表达思维和职业素养欠缺,口头和书面产出能力不足。

(3)教学目标

通过分析学情,我们制定了如下的教学目标:在继续培养语言知识、文化传播能力之上侧重语言输出能力、人文素养和职业素养的培养。

(4)教学设计

依据建构主义理论,同化、顺应、平衡的人类认知发展过程,采用解决问题模型的三阶式“大学英语”翻转教学的线上线下混合模式,来实现学生语言知识、文化素养、职业素养和语言输出能力的形成和提升。运用多种方法来设计教学过程。课前利用学习通平台布置教学任务,把理解和记忆等低阶内容放在课前由学生自学完成。课堂上主要开展讨论、实践、相互教学等高阶认知活动,课后进行复习检测。通过多维评价(自我评价、组内互评、师生评价,这些都嵌入到投票、评价问卷等课程环节中),把关注结果转化为注重个体差异,关注成长变化,形成教学反思。

(5)教学创新

教学创新包括:①思路新,采用解决问题模型的三阶式“大学英语”翻转教学,遵循学生认知发展规律。②内容新,增加大学英语四级真题学习、增加中国文化系列、时政学习系列、职业素养教育系列和“大国工匠”一般专业英语学习系列,服务学生的学业发展需求,提升学生的文化素养、职业素养和语言输出能力。③在过程性评价中加入自我评价、组内评价、师生评价的多维评价体系,贯穿教学全过程,做到以学生为中心。

9.2 创新内容及实施

本节将从课程理论教学内容改革与创新，教学模式创新，教学方式、方法与手段创新，考核方式创新，线上资源建设这五个方面进行阐述。

9.2.1 课程理论教学内容改革与创新

1. “大学英语(1)”

“大学英语(1)”以加强语言应用能力为核心实施，讲好中国故事，每个单元都增加了相应的中国传统文化的基本知识，无痕引入课程思政，并融入教赛结合与等级考试内容，还将中国元素介绍作为单元任务点之一布置为小组活动，以锻炼语言应用能力，体现高阶性和挑战度，育人成效良好，传承文化基因，坚定文化自信(见图 9.1～图 9.4)。从多方位提供资料，让学生根据自己的需求选择，为学生未来就业和读研深造做准备。

图 9.1 选用教材

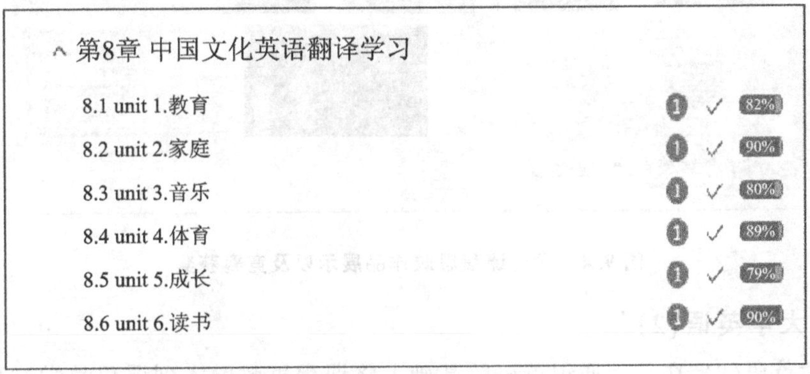

图 9.2 “学习通”中国文化专题截图

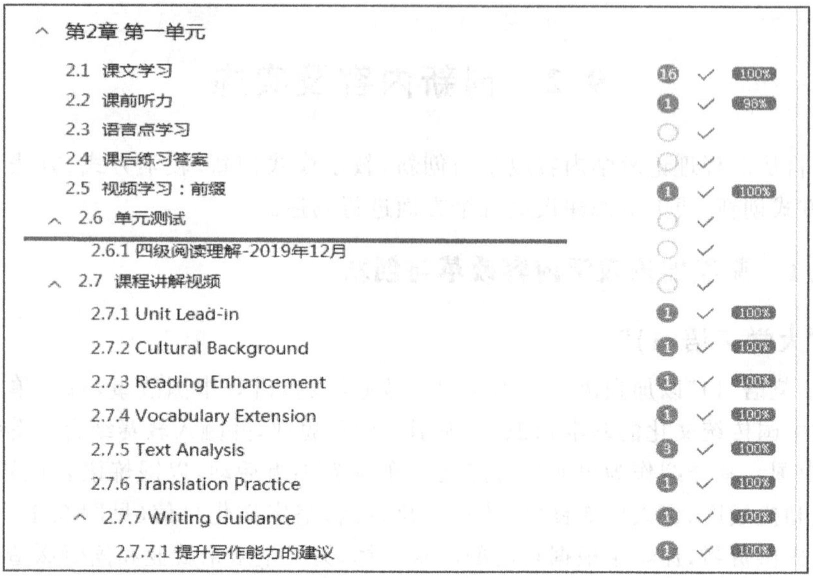

图 9.3 “学习通”平台大学英语四级考试题截图

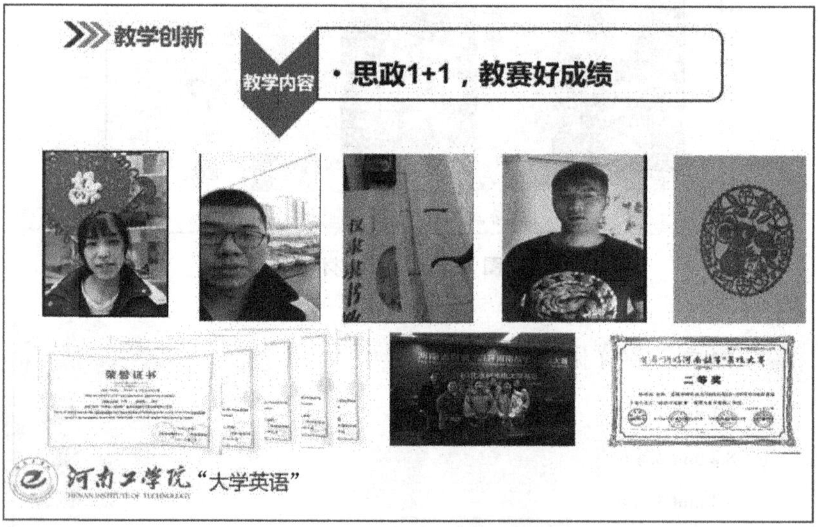

图 9.4 学生课程思政作品展示以及竞赛获奖

2. “大学英语(2)”

“大学英语(2)”在基础通识英语的基础上将课程思政融入到课程教学过程中。以“我来讲述课程思政”的活动为依托(见图 9.5)，以前沿时政新闻为内容(见图 9.6 和图 9.7)，启发学生做课程思政的设计和讲解，努力做到过渡自然，启迪思想。此外将英语等级考试知识融入到课程中，提升等级考试的通过率和参加各类英语竞赛的获奖率，具有高阶性和创新性。

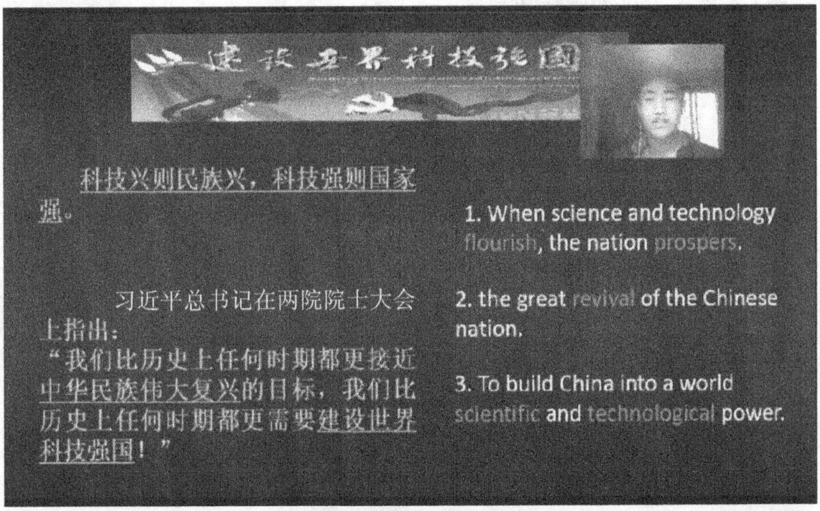

图 9.5 "我来讲述课程思政"的活动截图

图 9.6 "学习通"时政新闻学习专题截图(一)

3. "大学英语(3)"

"大学英语(3)"在学生专业学习进度的基础上，打破专业壁垒，开设思政教育-校企合作系列(职业素养教育)，从我校的合作企业单位及学生的实习单位中挖掘真实的思政案例，不断完善思政教育和英语教学的融合。构建全面覆盖、类型丰富、层次递进、相互支撑的学习体系，以期在提高学生语言知识及专业能力的同时，引领学生树立正确的专业意识和价值观，实现思想政治教育与知识体系教育的有机统一(见图 9.8～图 9.10)。

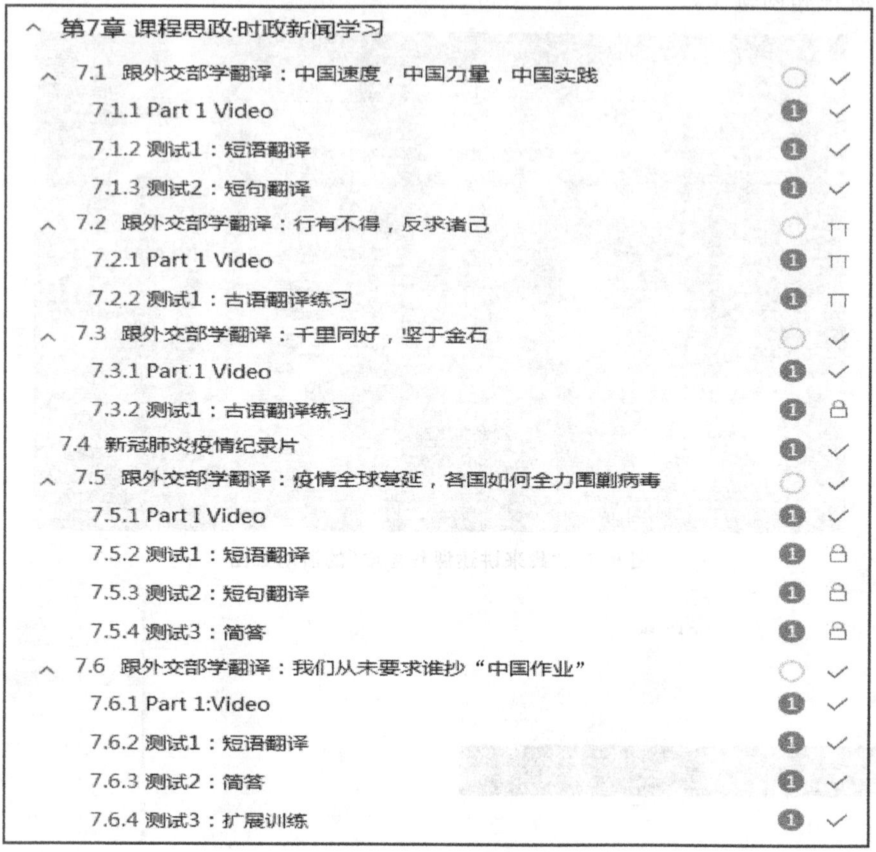

图 9.7 “学习通”时政新闻学习专题截图(二)

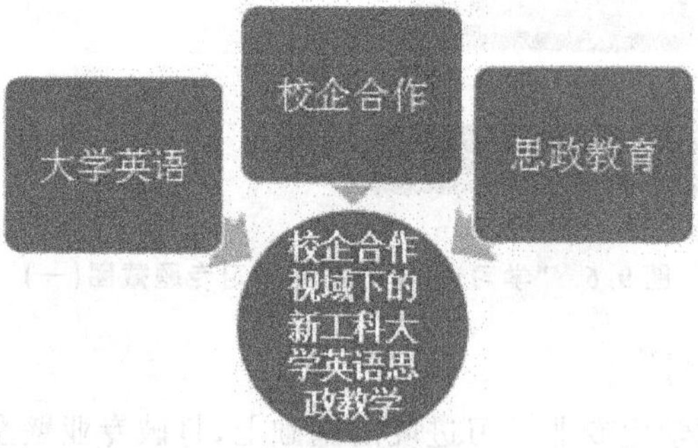

图 9.8 重构教学内容,实现思政语境下的大学英语育人目标

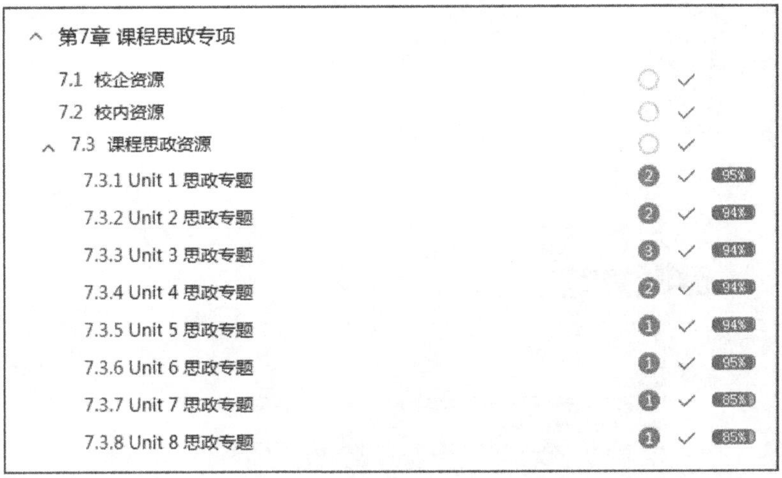

图 9.9 "校企合作"职业素养培养的思政专题截图

图 9.10 思政教育"校企合作"截图

4. "大学英语(4)"

"大学英语(4)"增加党史学习、"大国工匠"一般专业英语学习(见图 9.11 和图 9.12)，实现从通识英语的本色教育到校企结合、学科融合服务新工科的特色教育的转变。构建层次递进、相互支撑的学习体系，开拓文化视角，坚定文化自信，实现思想政治教育与知识体系教育的有机统一。

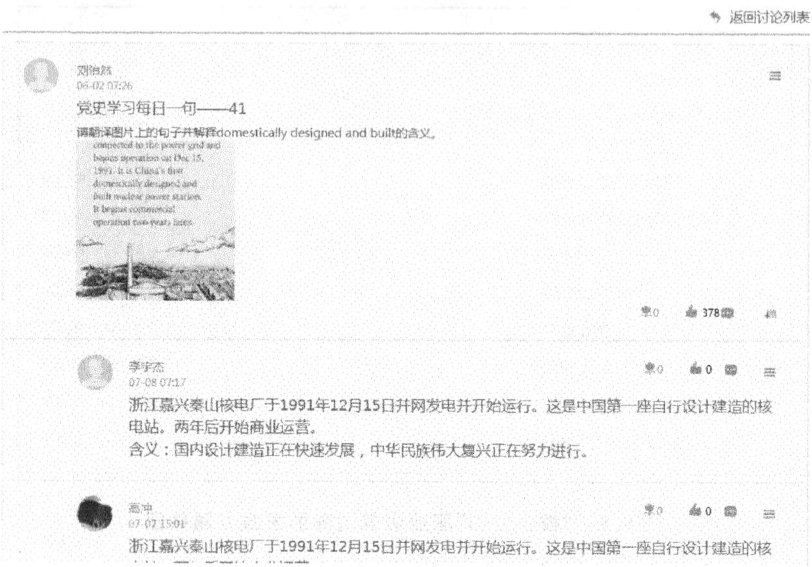

图 9.11 “学习通”的“党史学习——每日一句”截图

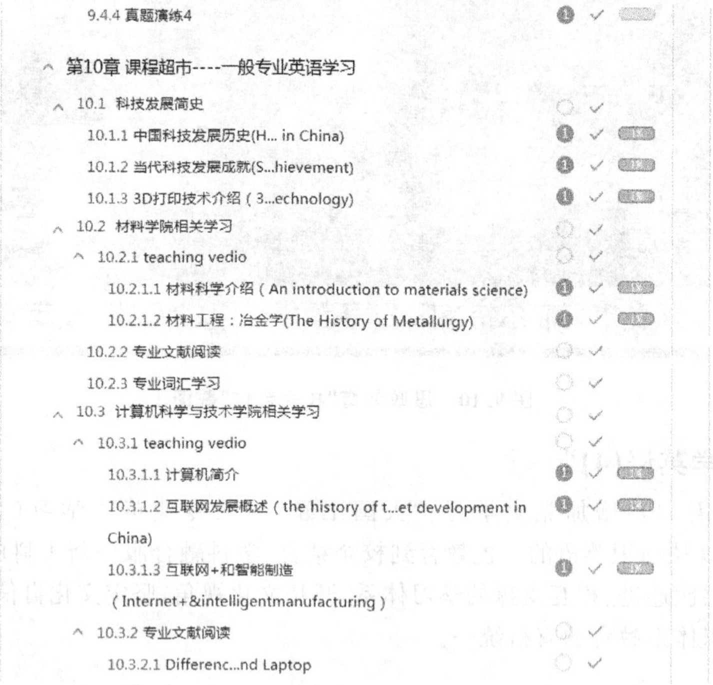

图 9.12 “学习通”的“一般专业学习”截图

9.2.2 教学模式创新

由传统的教师"满堂灌"转变为三阶式翻转课堂的模式，开启"一平三端"的智慧教学系统——"学习通"，创新性地实现线上线下广泛互动，提升课堂教学效果(见图 9.13 和图 9.14)。

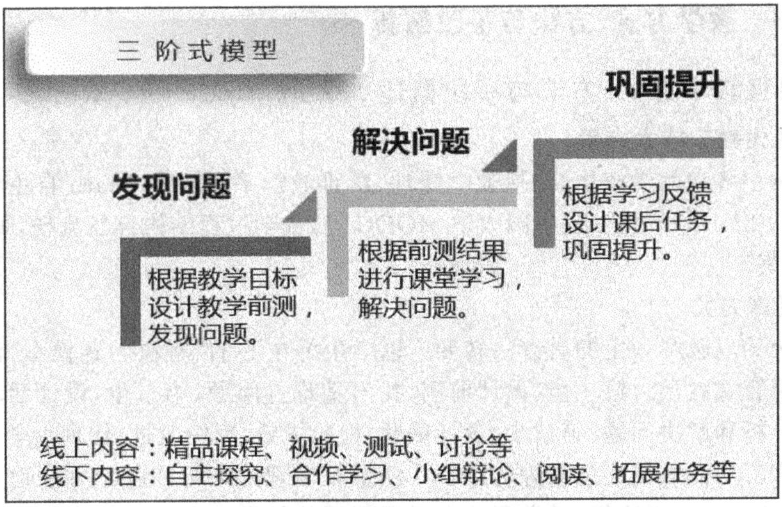

图 9.13 翻转课堂的三阶式解决问题模型

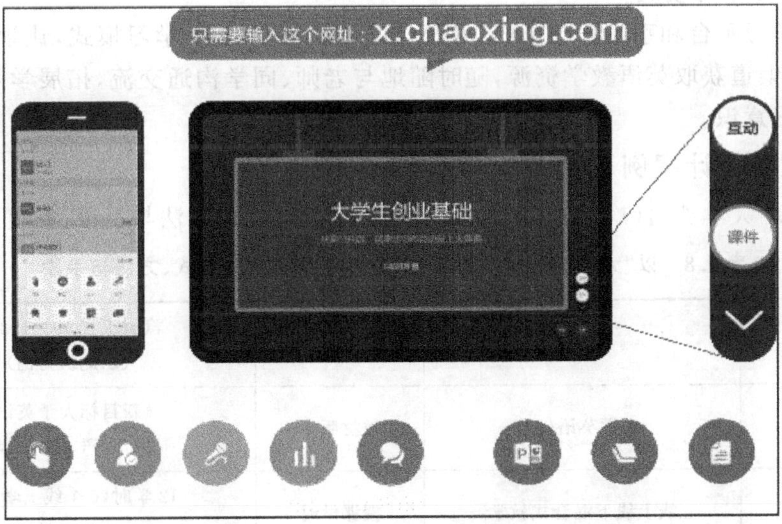

图 9.14 "一平三端"线上线下混合式教学模式

我们以泛雅网络教学平台为中心的云平台，同时支撑教室端、移动端和管理端，这三端分别对应课堂教学、学生用手机自学和教师教务管理，它们涵盖了课前、课中、课后日常教学的全过程。课前教师通过教务管理端向学生发布教学前测、问卷以及课程目标和学习资料，以供学生在移动端进行学习。课堂上教师根据测试结果组织教学，解决问题，配合教室端功能，例如投屏、随机提问、课堂小测试、在线问卷等，形成了线上线下广泛互动，提高了课堂互动活跃度。课后教师根据学习反馈设计课后任务发布在“学习通”平台上，进行巩固提高。这样就形成了一个充实完整的三阶式混合课程。

9.2.3 教学方式、方法与手段创新

1. 课程教学方式、方法与手段概述

(1) 现代教育技术应用

合理运用各种教学媒体，包括教学课件、泛雅教学平台、We Learn 自主学习平台、爱背单词 APP、iweb 语料库、中国大学 MOOC 等，教学过程结构自然流畅，师生使用得当，收效良好。

(2) 授课方式

由传统的以教师为主的讲授法转变为以学生为中心的“解决问题模型”法，采用线上＋线下混合式教学。第一步，设计前测，找出重难点问题；第二步，设计活动和任务，组织学生分析和解决问题；第三步，设计试题，检验成效，反馈改进，体现以学生为中心，解决了语言应用能力得不到锻炼的难题。注重教学理论指导和教学方法运用，如构建主义理论、产出导向理论等，教学环节中根据不同的教学任务灵活运用支架式教学、案例教学、任务型教学等教学法，方式得当。

(3) 学生学习模式

利用学习平台和手机移动 APP，引入 U－Learning 学生学习模式，让学生通过线上、线下多渠道获取英语教学资源，随时随地与老师、同学沟通交流，拓展学习时空，培养自主学习意识。

2. 教学设计案例

下面以“大学英语(1)”Unit 4 为例具体阐述教学方式、方法与手段，如表 9.8 所列。

表 9.8 以“大学英语(1)”Unit 4 为例具体阐述教学方式、方法与手段

授课单元	Unit 4	**授课班级**	汽服工程 191、192 班 (以此班为例)
课程名称	大学英语(1)	**教材版本**	《新目标大学英语》 上海外语教育出版社
授课形式	线上线下混合式教学	**授课学时**	12 学时(6 个线上学时＋ 6 个线下学时)
教学条件	智慧教室、泛雅教学平台(学习通)		

续表 9.8

<table>
<tr><td>教学内容</td><td colspan="2">教学内容来源:本课程依据《河南工学院大学英语教学大纲》的文件精神,面向全校各本科专业所开设的学科基础课程,本单元为该课程中的一个单元,题目为 Swimming in Socks(《穿着袜子游泳》)。
课程内容地位:帮助学生阅读符合其认知和情感特点的优秀范文,掌握基本阅读技能和基础语言知识,逐步形成系统的组织和表达思想的能力,同时利用阅读材料所提供的英语语言素材和相关主题知识,培养学生综合使用语言的能力。
课程内容作用:全面提高学生的英语语言技能,为后续课程——特别是为专途英语课程的学习打下基础</td></tr>
<tr><td>教材分析</td><td colspan="2">本教材参照《国家中长期教育改革与发展规划纲要(2010—2020)》、《教育部关于全面提高高等教育质量的若干意见》以及《大学英语教学指南》的精神与要求进行设计、编写,充分参照当今外语教学理论,并基于对中国大学英语教学的现状与发展趋势的充分调研</td></tr>
<tr><td>学情分析</td><td colspan="2">大一新生大都属于00后,学生交际意识强,有较强的学习动机,好奇心强,渴望鼓励,渴望成功。但工科大一新生英语基础不牢,自主学习能力较差,学习目标不明确,依赖性强。
通过一学期的翻转式课堂学习训练,学生已逐渐形成利用“学习通”线上线下自主学习的习惯,逐步适应了混合式学习模式</td></tr>
<tr><td>参考教材</td><td colspan="2">《新目标大学英语综合教程1》上海外语教育出版社　束定芳　主编
《中华传统文化关键词》　外语教学与研究出版社　袁济喜　主编
《大学英语(1)思政汇编》</td></tr>
<tr><td rowspan="2">教学目标</td><td>思政目标</td><td>知识与技能</td></tr>
<tr><td>了解奥运精神,感受女排魅力,体会“无奋斗,不青春”的含义,培养学生的拼搏精神,锤炼学生的拼搏意志,从而帮助学生获得进取有为的人生</td><td>1. 知识点学习:记住中国传统文化武术篇的术语译文。
2. 技能学习:应用阅读技巧,猜测单词意思</td></tr>
<tr><td>过程方法</td><td colspan="2">1. 教学方法:三阶式翻转课堂+项目式驱动+启发式、探究式、参与式、讨论式教学
2. 教学过程:
· 课前(线上:学生自主学习,发现问题;设计前测题:发布中国传统文化武术篇翻译学习的资料及思政点,让学生准备)。
· 课中(线下分析解决问题:学生小组讨论中国传统文化翻译武术篇的结果,进行组间互评→公布答案,讲授翻译技巧,教师点评学生翻译作业,组织口语活动。紧密结合课文展现的奥运体育精神,鼓励学生用英语表达自我对奥运体育精神的观点,形成对思政教育内容个性化的评价,体现创新性教学→引导学生在课文中寻找奥运精神的展现之处,小组用PPT展示猜测单词意思的技能,具体对课文文本中的奥运体育精神的展现线索进行梳理,并以此为基础,理清课文中故事的发展线索,完成课文学习,总结记叙文的写作方法,构建记叙文写作模板,体现学生学习的高阶性与挑战度)。
· 课后(线上学生自主学习,达到反馈改进的效果:发布与单元主题相关的大学英语四级阅读材料的课后作业,首先让学生利用“学习通”操练课堂所学猜测单词意思的方法,提高阅读理解的有效率,继而让学生根据阅读材料的主旨大意进行记叙文写作练习,体现学生学习的高阶性与挑战度)</td></tr>
</table>

续表 9.8

<table>
<tr><td></td><td colspan="2">内　容</td><td colspan="2">解决措施</td></tr>
<tr><td>教学重点</td><td colspan="2">1. 中国传统文化术语翻译；
2. 单词词意猜测方法；
3. 思政点教学</td><td colspan="2">1. 小组集体完成课前线上任务；
2. 课堂重点讲解，加强学生的实操练习</td></tr>
<tr><td>教学难点</td><td colspan="2">1. 单词词意猜测方法的讲解与运用；
2. 记叙文写作手法</td><td colspan="2">1. 课前通过发布任务线上自主学习方式，引导学生搜集信息，完成课前线上任务；
2. 课堂重点讲解，小组讨论并练习；
3. 课下通过线上自主学习方式，强化学生的实操练习</td></tr>
<tr><td rowspan="3">两性一度</td><td>高阶性</td><td colspan="2">创新性</td><td>挑战度</td></tr>
<tr><td>体现：教学内容和方法设计</td><td colspan="2">体现：教学内容、教学方法、学习成果评价</td><td>体现：自主学习任务和思政实践项目</td></tr>
<tr><td>具体表现：学生参与口语输出、小组讨论的活动</td><td colspan="2">具体表现：学生个性化口语表达、教师问题设置、教学效果的即时反馈</td><td>具体表现：学生阅读难度增加、拍摄小视频——中国武术历史</td></tr>
<tr><td>设计思路</td><td colspan="4">在信息呈指数级增长的大数据时代，学习力是大学生的核心竞争力。随着“互联网＋”时代的快速到来，网络和手机的快捷方便日益凸显，巧借学生喜好玩手机的这一特点，本教学团队特采用线上线下相结合的学习方式。
课前学生通过学习通 APP 进行预习；课堂通过师生交流合作、小组互动进行学习习得的分享；课后教师借助信息技术加强反馈调控，学生借助网络资源进行拓展应用，充分发挥学生的主体作用和教师的指导作用，激发学生的学习动力、培养学生的学习毅力和学习能力，促进学生可持续发展</td></tr>
<tr><td>信息化手段</td><td colspan="4">泛雅学习通平台：通过网络平台，发布学习资源，组织教学活动，统计并分析学生学习情况，根据学生掌握情况，及时调整教学节奏。
自学资源：We Learn 随行课堂 APP、中国文化小视频之武术相关主题</td></tr>
</table>

3. 教学过程

整个教学过程分为课前线上自主学习发现问题、课中线下合作探究分析解决问题、课后线上拓展反馈提升应用三部分，总的教学流程如图 9.15 所示。

(1) 课前线上自主学习发现问题

课前自学，发现问题是关键环节，其流程如图 9.16 所示。

(2) 教学准备，发布线上课前任务

上课前一周通过学习通平台发布以下任务，如表 9.9 所列。

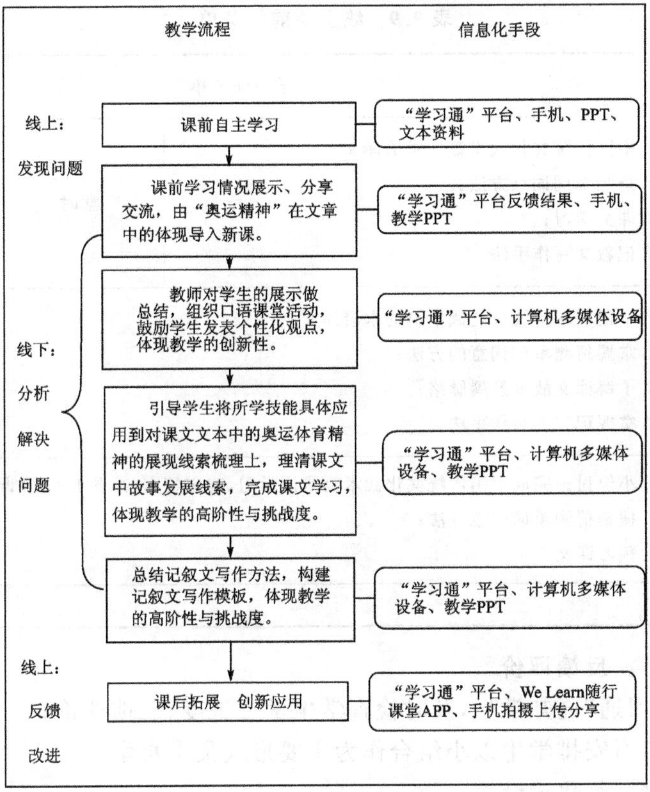

9.15 教学总流程图

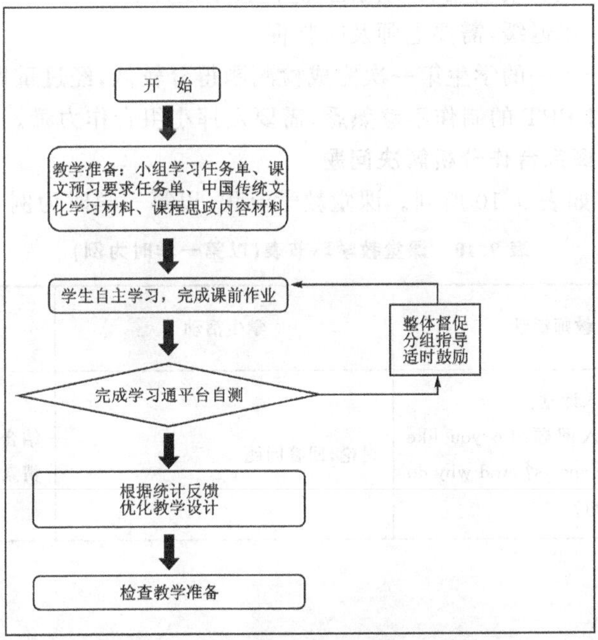

9.16 课前活动流程图

表 9.9 线上课前任务单

	学习任务单		
学习内容	1. 中国传统文化武术篇的术语译文； 2. 猜测单词词意方法； 3. 课文学习； 4. 记叙文写作手法	学时	6 学时
学习目标	1. 牢记中国传统文化武术篇的术语译文； 2. 掌握猜测单词词意的方法； 3. 了解课文故事发展脉络； 4. 掌握记叙文写作手法		
自主学习过程建议	1. 小组讨论完成中国传统文化武术篇术语学习，确定答案，准备 PPT 和课堂讨论； 2. 搜集猜测单词词意方法； 3. 预习课文		
困惑与建议			

(3) 督促检查，反馈评价

① 通过“学习通”通知学生，及时检查学生学习进度，反馈评价；

② 利用晚自习安排学生以小组合作为主要形式集中自学。

(4) 发现问题，优化设计

突出主要问题，选择有针对性的问题，优化教学设计。

① 少数学生动作迟缓，需要老师及时督促；

② 大约有四分之一的学生第一次完成检测题得分较低，经过重做，成绩达到要求；

③ 个别学生对 PPT 的制作不够熟悉，需要发挥小组合作力量。

(5) 课堂线下探究合作分析解决问题

课堂教学环节如表 9.10 所列。课堂教学流程(以第一学时为例)如图 9.17 所示。

表 9.10 课堂教学环节表(以第一学时为例)

教学环节	教师活动	学生活动	设计目的
创设情境导入新课	1. 签到，进入课堂； 2. 提出导入问题：Do you like doing some sports? And why do you like that?	讨论，回答问题	结合学生生活实例，创设情景，激发学生兴趣

续表 9.10

教学环节	教师活动	学生活动	设计目的
中国传统文化翻译学习	顺着课堂导入问题，引出中国传统文化项目介绍： 1. 准备武术术语的译文； 2. 准备翻译技巧和重点单词的讲授	1. 展示课前做好的翻译 PPT； 2. 由讨论武术精神，引出竞技精神，导出奥运精神	增进学生对中国传统文化的了解，激发学生的拼搏意识，引导学生感悟“奋斗是青春最靓丽的底色”
猜测单词词意学习	归纳总结猜测单词意思的方法和技巧	1. 分享猜测词意的经验； 2. 学生投票评选出“最佳分享”的小组	培养学生自主学习能力、小组合作学习能力、思辨及沟通表达能力
归纳小结课堂练习	1. 梳理本课知识的重难点； 2. 给出相关课堂练习	配合教学活动，进行实操练习	让学生明确本节课的重难点，并牢固掌握本节课所学的知识
扩展延伸评价激励	引导学生讨论奥运体育精神，为下节课的讲授做铺垫	讨论奥运体育精神，预习课文	帮助学生理解奥运精神在生活中的激励作用

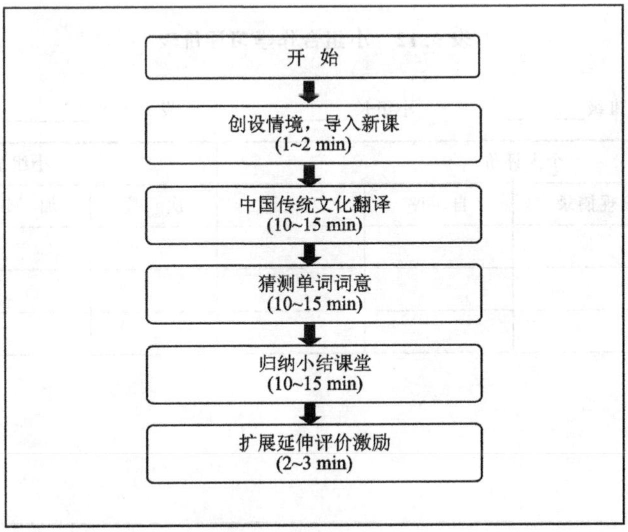

图 9.17 课堂教学流程图(以第一学时为例)

(6) 课后线上拓展应用,反馈提升

① 以课文为文本,找出文中奥运精神的闪光处;

② 小组合作,总结奥运精神在生活中对我们的激励作用,并结合具体例子分享自己的感悟。

(7) 教学反思

教学反思如表 9.11 所列。小组合作学习评价如表 9.12 所列。

表 9.11 教学反思表

优 势	不 足	改进方法
1. 将线下教学与线上学习系统有机结合,较为完美地实现了混合式教学方式	1. 小组成员间分工不匀,存在学生“搭便车”的现象	1. 小组成员的任务采用轮流制,每学期组内任务轮流一遍
2. 通过线下教学,培养了学生的自主学习能力、小组合作学习能力、创新能力、思辨能力、沟通表达能力,并提高了学生的计算机操作能力	2. 课堂小组展示时,班级控制力不够	2. 采取“学习通”随机挑人回答问题的方式,加强对班级的掌控
3. 教学更加重视学生的学习过程,注重教师教学理论与学生实践相结合	3. 线上学生自主学习的思辨力不强	3. 通过课堂引导,训练学生的思辨能力
4. 过程性评价体系更加促进学生参与小组共同合作;评价鼓励形式更多元、多样		

表 9.12 小组合作学习评价表

班级＿＿＿＿＿＿　　小组长＿＿＿＿＿＿　　发言人＿＿＿＿＿＿

个人评价				小组加分		
姓 名	表现摘录	自 评	互 评	次 数	加 分	总 分
教师评价:						

4. 教学活动截图

图 9.18～图 9.27 为教学活动的截图。

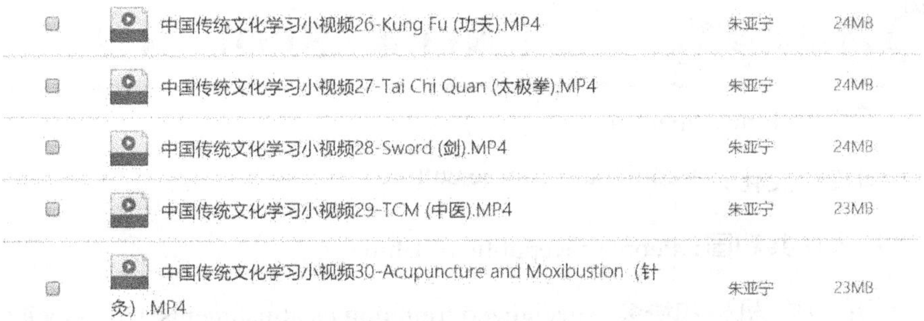

图 9.18 课前任务发布-视频观看(功夫、太极拳、剑)

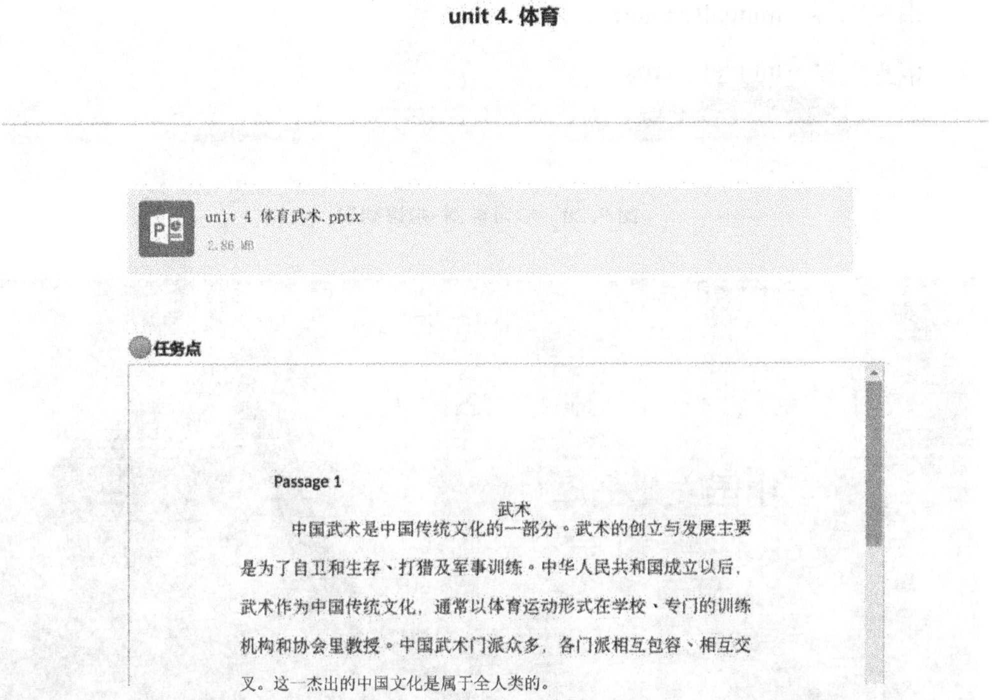

图 9.19 课前学习任务点完成

9.2.4 考核方式创新

本课程考核方法分为过程化考核和期末综合考核两部分，过程化考核成绩占总成绩的 40%，期末综合考核成绩占总成绩的 60%（以大学英语(1)为例）。

1. 过程化考核

过程化考核共 100 分，由线上考核和线下考核两部分构成，具体项目如下：

① 课程作业（线上、线下）：（小组活动、听写等，布置至少三次，包括是否按时交，成绩等方面）占 20 分；

图 9.20 学习前测-短语翻译

图 9.21 课堂教学

② 课堂表现(线下)：(包括课堂互动和小组讨论，占 30 分，课堂考勤占 5 分)

课堂表现(线上)：(“学习通”登录次数、投票、抢答、小组互评和自我评价——只记录评价的次数)

③ 自主学习(线上)：(按要求查找相关资料、自学“学习通”、We Learn 平台中本课

图 9.22　中国传统文化翻译讲解

图 9.23　学生猜测词意活动展示

程的音频和视频资料）占 30 分；

④ 专项测试（线上）：（测试包括单元词汇、中国文化、期末总测试等）占 15 分。

★ 过程性考核中，各分项成绩的分值可根据学期教学内容变化而调整，每学期创新的课程内容都会在过程性评价和期末考核试卷中体现。考核注重形成性评价和过程

图 9.24　阅读技巧——词意猜测方法总结

图 9.25　学生课堂口语展示活动

化考核，方式科学多样，能兼顾到学生的个性化发展，做到以学生为中心（见图 9.28 和图 9.29）。

图 9.26 学生思政内容讨论活动

图 9.27 课后学生思政实践拍摄

2. 期末综合考核

期末综合考核成绩共100分,采取闭卷考试方式。

考核体系构成,以大学英语(1)为例,如图9.30所示。

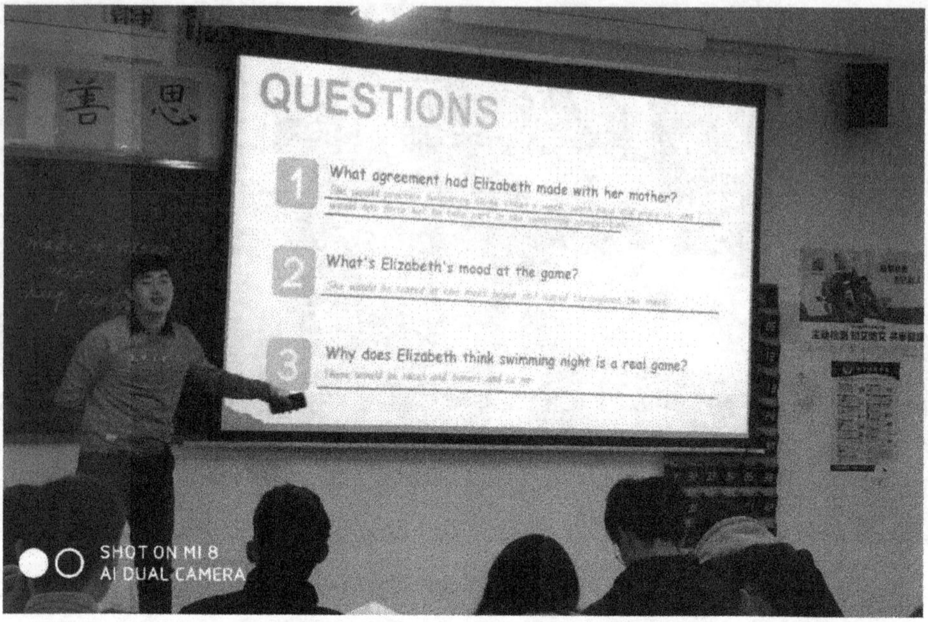

图 9.28　过程性评价——课前任务展示

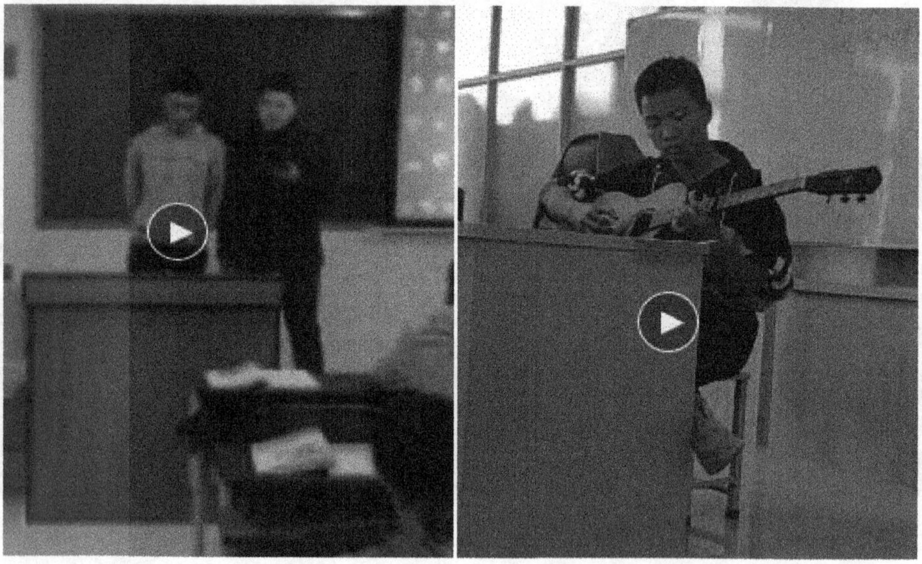

图 9.29　过程性评价——课文导入任务展示

9.2.5　线上资源建设

1. 线上资源建设概述

我们以泛雅网络教学平台为中心的云平台，同时支撑教室端（智慧星）、移动端（学

大学英语课程考核与评价体系	考核与评价原则	考核与评价内容	考核评价具体向度	考核与评价形式	过程考核与评价权重	
	1. 以能力为本，以学生为中心 2. 系统性与生态性 3. 开放性与发展性 4. 细节化管理 5. 多元化评价形式	综合素质	学习态度	形成性评价（40%）	考勤	5%
			学习表现		课堂表现	30%
			参与活动		作业	20%
			自我评价		自主学习	30%
			他人评价		思政测验	15%
		思政学习	中国文化知识	终结性评价（60%，取其一）	期末考试	
			汉语写作			
		英语文化	英美文化常识		主题汇报	
			地方文化知识			
		英语语言能力	英语听说			
			阅读理解			
			英语写作		年度论文	
			英汉翻译			
		学习拓展能力	主题论文			
			案例报告			
			情景表演			

图 9.30 大学英语课程考核与评价体系

习通）和管理端（泛雅）、中国大学 MOOC，配合使用 We Learn 随行课堂学习软件、Microsoft 在线表格进行课堂互动，使用“学习通”进行作业发布和收集与师生互动。

2. 泛雅超星（学习通）资源建设（以大学英语（2）为例）

(http://i.mooc.chaoxing.com/space/index.shtml)

课程资源建设与应用情况：网络教学资源平台逐步丰富和完善，网络资源包括教学课件、视频、测试题库、时政新闻专项模块等。共建有 315 个测试题，114 个课程视频，自建设在线开放课程以来每学期班级平均访问次数是 18685 次，人均访问高达 233 次。具体包括：

① 每单元课程讲解的 PPT 内容；

② 每单元课程讲解的视频内容（共计 114 个视频）；

③ 每单元的单元测试（共计 315 个测试题）；

④ 每单元的课前预习、课堂作业、课后作业；

⑤ 每单元的讨论话题；

⑥ 课程思政——时政新闻专项学习；

⑦ 大学英语口语视频及在线测试。

“大学英语（2）”线上教学资源为学生较好地提供了网课学习的基本保障，授课中教师将思政教育有机融合在大学英语教学中，让学生在学习中通过时政新闻翻译的学习，进一步提高了大学生的人文素养和跨文化交际能力，从而树立文化自信。同时也培养了学生以英语为媒介，传播中国文化和讲好中国故事的能力。线上教学资源能较好地反映、联系学科发展新思想、新概念、新成果，并服务于工科办学和培养应用型人才。

3. 学习通平台教学资源截图

图 9.31～图 9.43 所示为“学习通”平台教学资源截图。

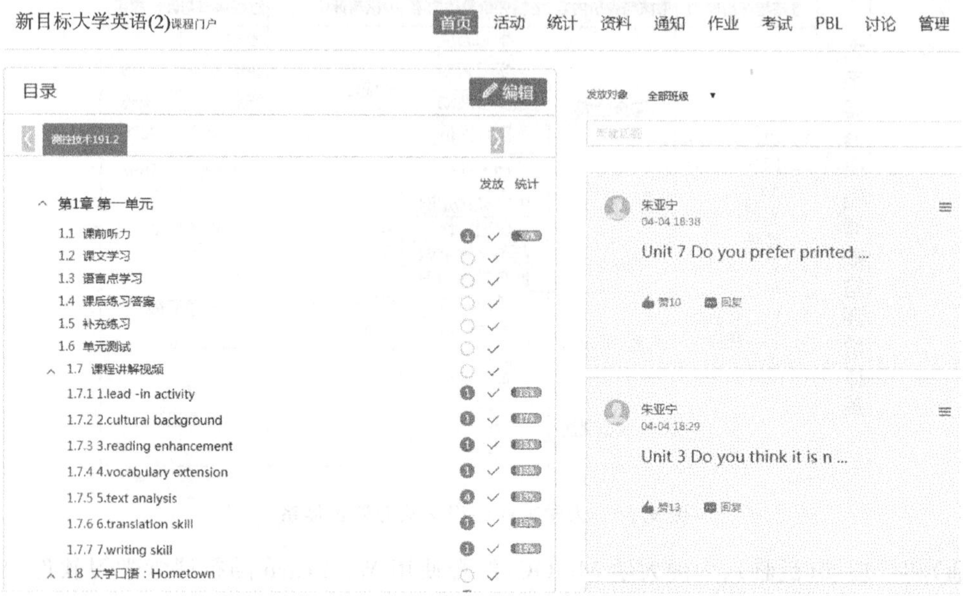

图 9.31　课程章节内容截图

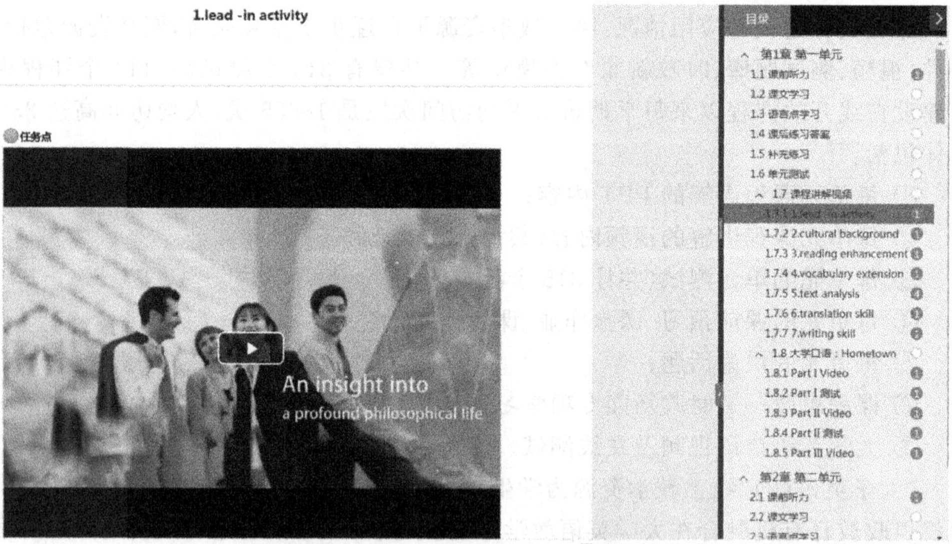

图 9.32　“学习通”课程讲解视频截图

图 9.33 “学习通”的中国慕课口语课程截图

图 9.34 “学习通”中时政新闻学习视频截图

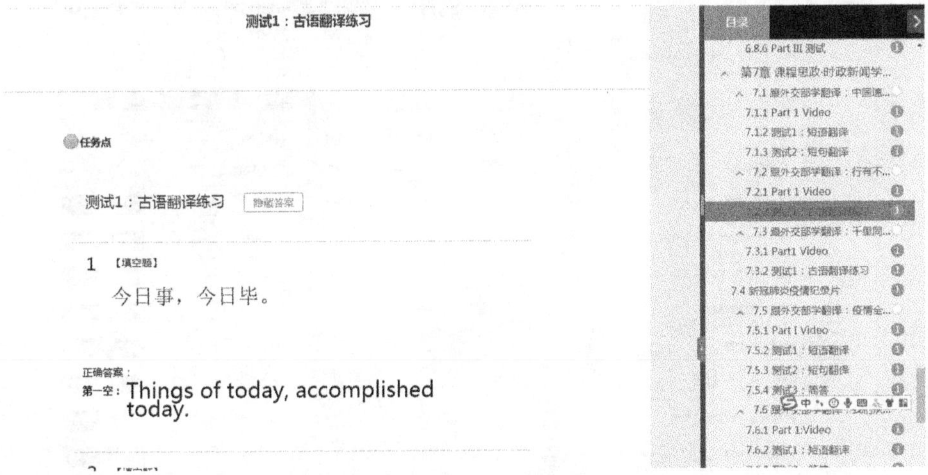

图 9.35 时政新闻练习题截图

图 9.36　新冠肺炎疫情纪录片截图

图 9.37　课文涉及的电影视频截图

图 9.38　“学习通”试题库截图

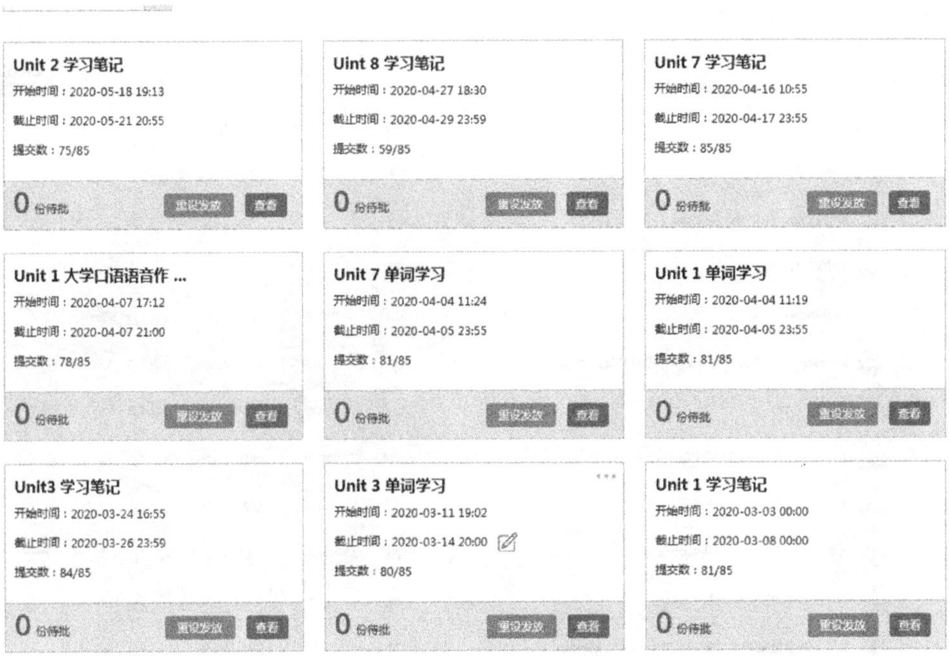

图 9.39 “学习通”作业库截图

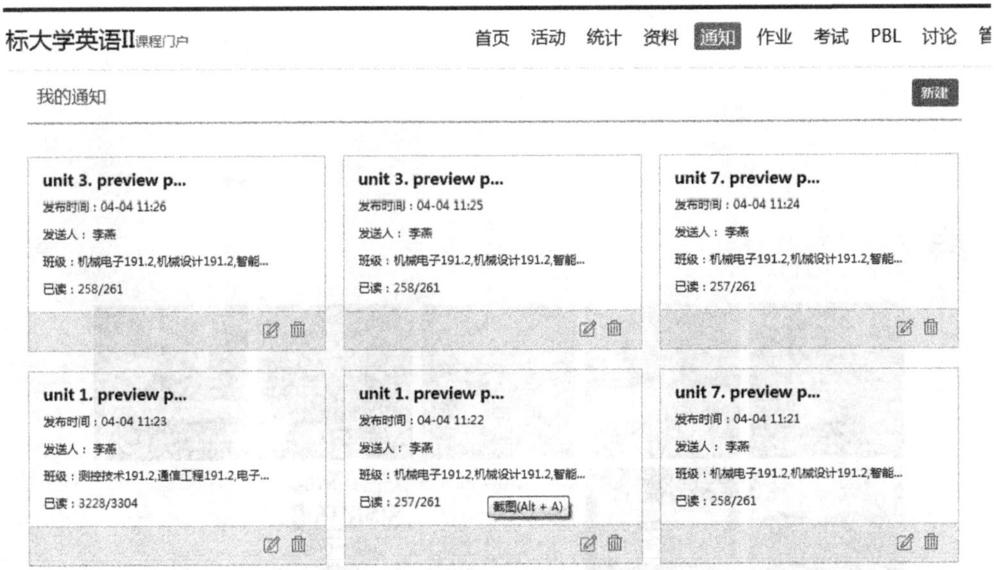

图 9.40 “学习通”课前任务通知截图

课程资料 | 题库 | 作业库 | 试卷库 |

请输入关键字　　+添加资料　新建文件夹

序号	文件名	上传者	大小	创建日期	操作
	大学英语词汇学习	李燕		2020-06-02	
	unit1 Language in Use.docx	夏菲	18KB	2020-02-16	
	太平洋世纪.docx	朱亚宁	20KB	2020-02-13	
	孔子.mp4	夏菲	28MB	2020-02-19	
	BillGates：下次的疫情暴发我们还没准备好.mp4	夏菲	70MB	2020-02-19	
	物联网.mp4	李燕	42MB	2020-03-10	
	大学英语（2）线上教学计划.doc	弋亚娜	108KB	2020-03-26	
	大学英语（2）教学设计.doc	弋亚娜	76KB	2020-03-26	
	大学英语（2）Unit 1 课件.pptx	王海芸	2MB	2020-03-27	
	大学英语（2）Unit 3 课件.pptx	王海芸	2MB	2020-03-27	
	美国大学生吐槽课本太贵 高校想出这些办法.docx	朱亚宁	16KB	2020-04-01	

图 9.41　“学习通”课程资料库截图

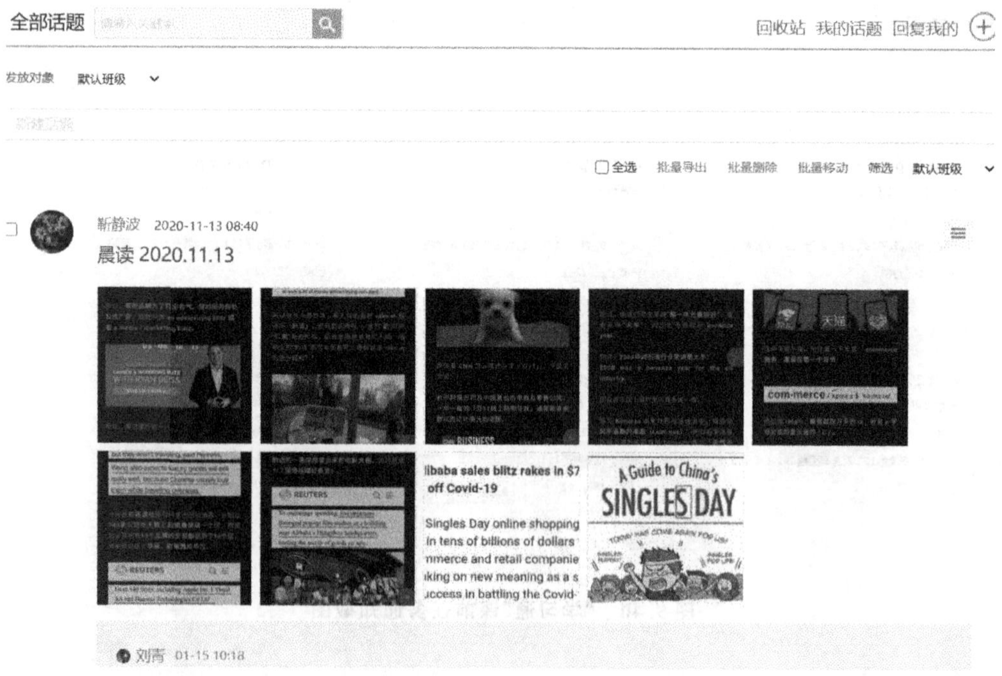

图 9.42　学生在线学习话题讨论截图

图 9.43 “学习通”班级学情统计截图

4. 教学使用软件汇总

以下汇总了教学中使用的七种软件及其链接方式。

(1) 钉钉教学直播平台(由于疫情原因，“大学英语(2)”采用线上教学，需要用到钉钉直播组织课堂教学)

(2) “学习通”教学平台

https://mooc1.chaoxing.com/exam/test?classId=14660579&courseId=203488200&ut=t&enc=27d645811f364393a5f947f3c1c6596b&cpi=30723681&openc=

(3) 中国大学 MOOC

https://www.icourse163.org/learn/NUDT-17004?tid=28001#/learn/content

(4) We Learn 自主学习平台

(5) 微软表格测试

https://forms.microsoft.com/Pages/DesignPage.aspx#

(6) 班级小管家

http://www.e.welife001.com/web/notify_list/0

(7) 爱背单词 APP

第 10 章　基于互联网平台与实验性教学模式下手绘类课程的创新研究与实践

表现技法是用单一的线条或明暗来表现建筑的透视、体积、三维空间的一门学科，是手绘艺术的重要组成部分，是进行室内外造型和设计的基础，也是素描的一种形式。通过对课程的学习和掌握，使学生了解室内外空间的绘制步骤，掌握室内外空间的基本绘制方法，形成良好的手绘习惯；同时提高学生的造型能力、对空间的理解能力以及通过表现技法来理解空间的能力。

10.1　方案总体设计

表现技法课程是一门环境设计专业的专业必修课程。根据最新制定的河南工学院《环境设计 2020 级教学大纲》要求，本课程共计划实施 64 课时，其中理论知识讲解 32 课时，实操训练 32 课时。这种学时分配情况显示出本课程是一门以学生动手实验和理论讲授并重的课程，体现出手绘类课程需更加重视实践的课程教学特征。

10.1.1　课程地位

要求学生通过"表现技法"课程的学习，使学生理解室内设计方案、设计作用的含义，掌握室内方案手绘效果图表现原则，以及应用范围和表现方法步骤要点，培养学生快速表达方案设计的能力。此课程是环境设计专业学生在培养阶段所要求必须掌握的一门重要设计表达技能，能够为学生就业打下坚实基础，同时能够为学习后续课程打下必要的基础。

使学生通过不同种类绘画工具及绘画方式的表现技法分析和训练，掌握多种表现技法；教会学生如何读懂建筑室内外空间各立面在空间透视中的变化特性，深刻体会和理解透视原理在空间中应用的作用，确保自身在室内设计方面的专业学习状况良好；同时可使学生掌握更多的基础绘画知识，全面提升实践中的绘画艺术与设计创作方面的工作水平，使学生们掌握更多的室内设计专业技能。

在教学中引导学生对优秀手绘效果图从空间表现完整性、构图、色彩等角度去赏析，使得他们在赏析的过程中进行相应的思考，从而加深对室内设计手绘效果图中所包含内容的理解，并且在日后的学习过程中逐渐形成合理运用手绘表现技法方面的良好设计思维；通过学生对徒手画、工具化等方式的训练，使学生掌握设计表达的基本技法及表现方法，增强学生的设计表达能力；促使其设计工作开展得更合理，并保持手绘效果图表现技法良好的应用效果。

通过学习本课程，学生可培养实践创新意识，树立正确的设计思维方式和对物体的艺术感觉和情感倾向，塑造学生自身的审美能力和艺术修养，提升学生的实践动手技能。

10.1.2 课程课时安排

在学习本课程之前，学生要具备一定的绘画基础和平面构成知识等。课程中熟悉表现技法所需的常用绘图工具，掌握工具材料的性能，注重空间透视的准确性，强调色调材质等的表达，灵活表现家具配件，从而达到画面的科学性、实用性、艺术性的有效统一。本课程采用理论与多媒体图片案例分析相结合的形式教学，配合实践技法讲授，重视课堂手动实践练习与辅导及作业集中点评等实践教学环节，具体如表 10.1 所列。

表 10.1 课程学时分配表

教学章节	理　论	实践(验)	讨论、习题
第一章、表现技法概述	8	0	
第二章、室内空间单体陈设表现技法	8	8	
第三章、室内空间综合表现	8	8	
第四章、室内空间马克笔表现技法	8	8	8
总　计	32	24	8

10.1.3 所获荣誉

“表现技法”课程作为艺术设计类手绘技法的理论实践一体化课程，始终将“讲而优、讲而精”“学生为主体、教师为主导”作为贯穿始终的教学理念。相信只有将项目任务作为驱动，才能使学生在自我练习的过程中，逐渐领会课堂内容，发现学习的难易点，充分发挥学生的主观能动性。实行教学创新改革数年来，在教学团队的认真总结和改进下，在学生的积极配合下，课程已经取得了阶段性成效，主要表现在课程取得的成绩与教师和学生所取得的成绩几个方面。以下所列为“表现技法”课程及其主讲教师所获的荣誉。

2019 年，“表现技法”课程获得河南工学院精品在线开放课程荣誉称号。

2020 年，“表现技法”课程作为河南工学院唯一一门入围艺术类课程，获得河南省疫情期间线上优秀课程三等奖荣誉称号。

2020 年，“表现技法”课程获得河南工学院教学创新课程比赛二等奖。

2020 年，“表现技法”课程获得河南工学院教学创新成长项目立项。

2019 年，主讲教师指导学生获得 2019 年河南省职业院校建筑装饰技能大赛一等奖。

2021 年，主讲教师指导学生获得第六届河南省大学生艺术展演艺术工作坊二等奖。

2021 年，主讲教师指导学生获得第六届河南省大学生艺术展演艺术作品二等奖。

2021 年，主讲教师指导学生获得河南工学院第一届创新教育成果大赛二等奖。

2019 年，主讲教师被邀请为新乡市室内设计师协会授课。

2020 年，主讲教师获得河南省教学技能大赛二等奖。

2021 年，主讲教师于河南工学院学报上发表《水彩作品》。

10.2 创新内容和实施

“表现技法”课程作为艺术设计学院环境设计专业的专业必修课，已在环境艺术设计专业累计开设十五年。教学团队积淀了深厚的授课经验和理论，并通过不断的教学改革总结出适合艺术类专业学生的教学方法和教学手段。基于互联网平台与实验性教学模式，根据环设专业的人才培养基本计划和基本学情，在课程开设中依托现代化信息技术，对课程进行优化和创新，并取得了一定的成就，其中包括理论教学创新和实验教学创新两部分，具体从以下几个方面进行介绍。

10.2.1 课程理论教学改革与创新

“表现技法”课程设置从学生实际学情出发，以新工科应用型人才培养计划为依托，重新制定教学内容，务必使教学内容符合“两性一度”原则。所谓“高阶性”，就是知识能力素质的有机融合，是要培养学生解决复杂问题的综合能力和高级思维。所谓“创新性”，是课程内容反映前沿性和时代性，教学形式呈现先进性和互动性，学习结果具有探究性和个性化。所谓“挑战度”，是指课程有一定的难度，需要跳一跳才能够得着，这就对教师团队和学生有较高的要求。

1. 课程理论教学内容改革与创新

① “表现技法”课程内容能够深刻体现时代性和前沿性。将课程思政理念、学术研究、科技发展前沿成果等引入课程。课程教材选用方面从一般国家级、省级规划类教材，扩充至具有专业学术前沿的大赛作品集及考研类专业教材，开阔学生视野，了解行业前沿，增长学生学识水平，为学生今后学历提升和工作晋升奠定手绘基础，如图 10.1 所示。

图 10.1 课程选用教材和教学资料

②“表现技法”课程将专业教育与思政教育充分融合，将“理论自信、道路自信、制度自信、文化自信”理念融入艺术设计课程中，特别是在“中华文化”“中国制造”等方面加强融入，潜移默化中更能让学生认清自己的专业责任感，提升国家主人翁意识（见例 10.1 和例 10.2）。

【例 10.1】 品中国古典名画，学室内表现技法

通过对中国古典名画《清明上河图》《唐宫夜宴图》《千里江山图》等作品的介绍和赏析，将传统绘画艺术中元素与“表现技法”课程中绘制内容进行有机融合，使学生在学习手绘技法过程中，了解中国传统美学的表现形式，体会中华文化的博大精深，如图 10.2 所示。

【例 10.2】 赏中式建筑设计，学空间表现技法。

学习表现技法，必不可少的环节就是抄绘。所抄绘的作品可以是欧陆风情，也可为现代简约。在教学改革之前，抄绘对象很少涉及中式风格。原因就是中式风格的室内设计作品对学生绘制能力要求比较高。而教师团队不仅自身采用中式设计作品作为课堂示范，更大胆地将不同时期的中式设计作品作为学生抄绘对象，学生迎难而上，不仅展现了课程的挑战度，而且还提升了对中华文化的认知程度，如图 10.3 所示。

2. 课程理论教学模式创新

“表现技法”课程选用分层次立体法教学模式，将教学资源合理分配，提高课程中的有效答疑频率。为能力较弱的学生单独留作业，单独辅导，重点督促。为能力较强的学生，主动联系教学网站，免费开放考研类视频资源，更能体现本门课程的“两性一度”原则。动态的分层模式，更能督促学生，发挥学生的主观能动性，如表 10.2 所列。

表 10.2 分层次立体教学掌握程度和学生层次对照表

学习内容	能力较弱	能力一般	能力较强
单体线稿绘制	熟练	熟练	熟练
家具组合线稿绘制	熟练	熟练	熟练
小空间线稿绘制	掌握	熟练	熟练
复杂空间线稿绘制	了解	掌握	熟练
小空间综合材料绘制	掌握	熟练	熟练
室内空间综合材料绘制	了解	掌握	熟练
建筑综合材料绘制	了解	掌握	掌握

3. 课程理论教学方式、方法与手段创新

(1) 理论教学方式创新

教学过程中，创新采用转译法进行教学，同时基于互联网平台，选用多种教学平台和软件混合进行教学，发挥网上教学资源互融互通的优势提高教学效率、提升教学质量。

首先创新运用转译法，实现空间表现中二维到三维的转变。通过课程改革前学生

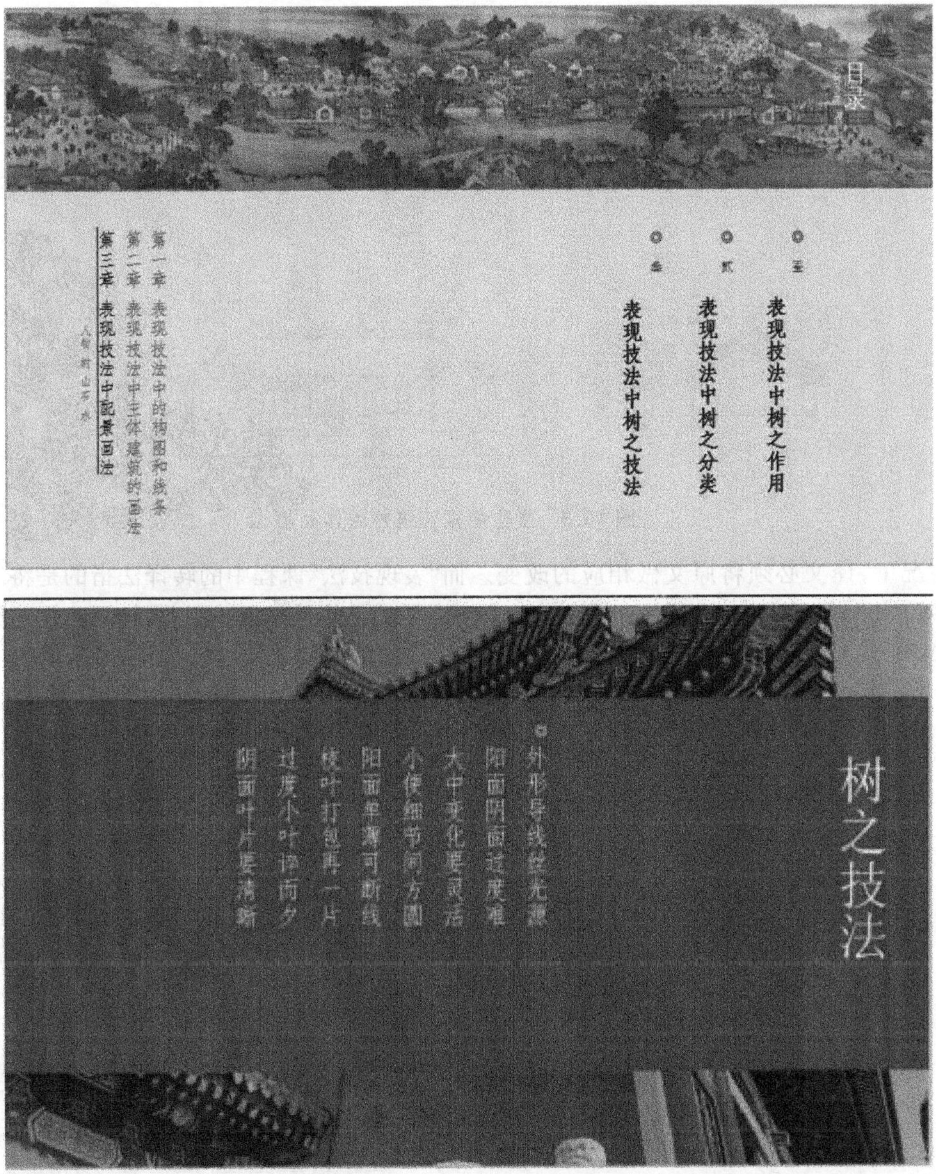

图 10.2 表现技法课程中植物单元教学内容教学课件

学习的反馈来看，问题主要为学生对作品临摹相对轻松，对虚幻的不存在的设计平面图的绘制不够熟练，甚至无从下手。根据这一情况，教学团队查找相关资料，深挖问题根源，总结出根本原因在于学生不能有效地将二维图案转化为三维图形。因此，在效果图绘制过程中，创新使用了“转译法”，协助学生理解和学习空间表现技法。通过一段时间的课程讲授，学生的作业可以显示学生已经达到课程目标，完成课程的核心要求。

“转译法”原为英语翻译课程中的方法，是指在翻译过程中，由于英汉两种语言在语法和习惯表达上的差异，无法直接用汉语将英语的原意体现出来，在保证原文意思不变

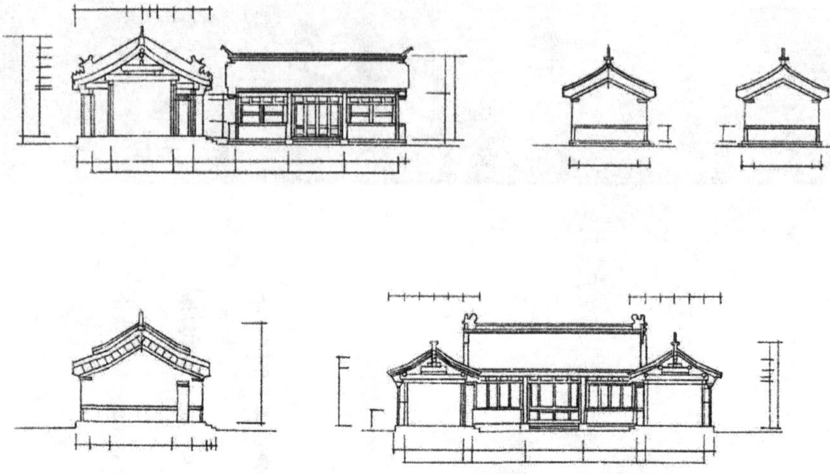

图 10.3　学生中式建筑抄绘作品

的情况下，译文必须将原文做相应的改变。而“表现技法”课程中的转译法指的是将二维的平面效果，转化为简单的几何形体，再转化为复杂的手绘效果图。因此，转译法在手绘的过程中既可以是形体的转译，又可以是空间关系转译，如图 10.4～图 10.6 所示。

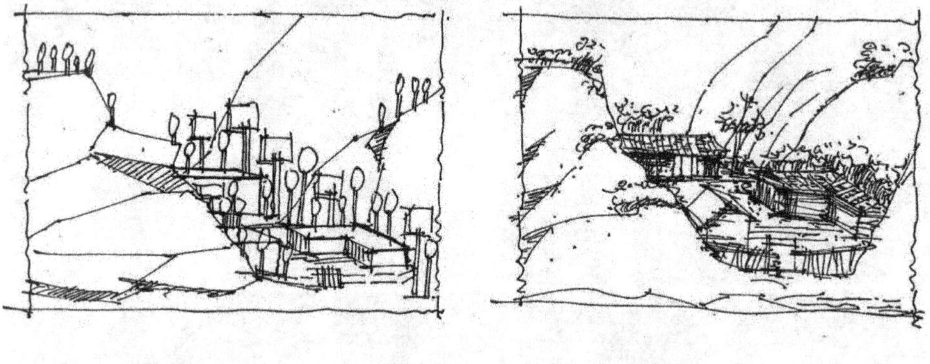

图 10.4　室外空间表现转译法绘制步骤

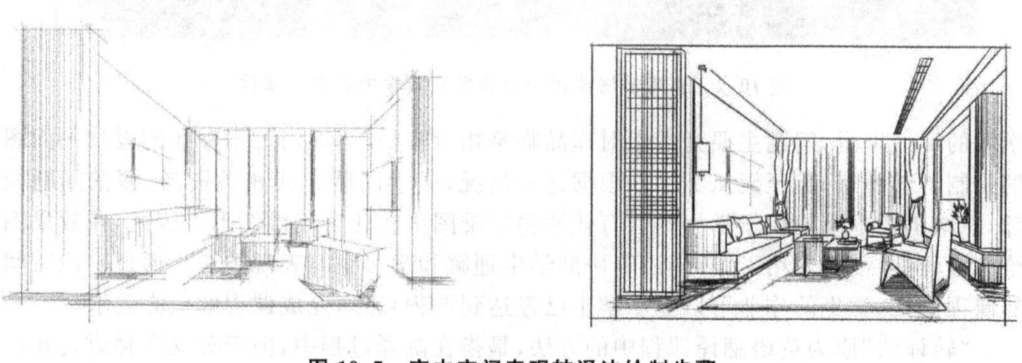

图 10.5　室内空间表现转译法绘制步骤

图 10.6　建筑表现转译法绘制步骤

(2) 理论教学方法创新

主讲教师在教学过程中整合网络资源，提升课程质量。

传统的手绘教学模式中，都是课堂上教师按预先准备的教学程序，将欲讲的原理、结论有计划、有步骤地讲授给学生，学生则通过听讲的形式把教师所讲授的知识加以理解，自己通过理解和记忆再绘制出来，这种做法不生动形象，让学生学起来很费力。“表现技法”课程采用学习通平台，更利于培养学生的动手能力，将传统的教学模式和学习通平台结合起来，实现线上＋线下教学形式结合。

“表现技法”课程依托校级在线课程“一笔一世界”速写表现技法，在学习通平台建立“表现技法”线上课程门户。同时申请中国慕课教学资源平台，作为本门课程的教学资料补充。教学团队积极联系腾讯课堂，为准备考研的学生免费开放考研类手绘课程。这一系列的线上教学资源的建立和完善，大大激发了学生对本课程的自学意识，同时体现了现代化教学体系中继续教学的理念，如图 10.7～图 10.9 所示。

图 10.7　中国大学 MOOC 资源

(a)

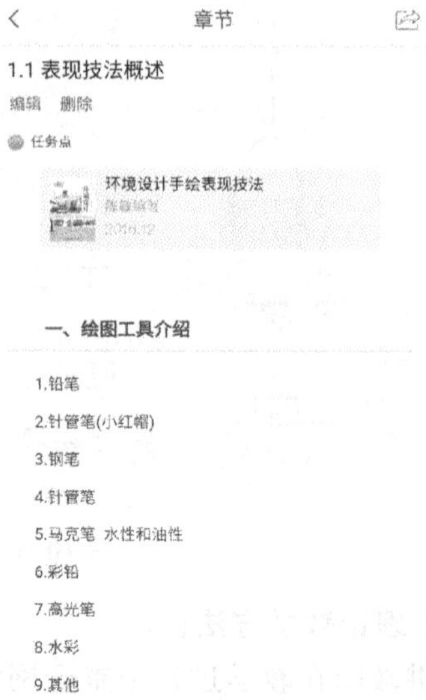

(b)

(c)

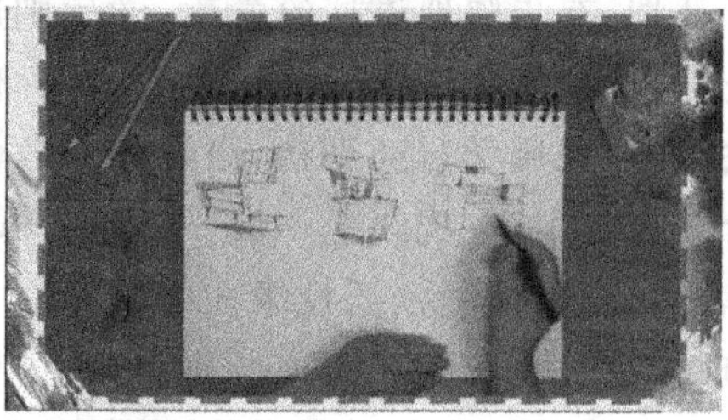

(d)

图 10.8 "学习通"课程平台建设完善

图 10.9 其他教学资源

(3) 理论教学方法创新

课堂教学是师生互动、教学相长的过程。学生只有成为课堂教学的真正参与者和推动者,才能成为受益者。检验一个教学团队是否优秀也应该以学生的参与程度、学习质量为标准。主讲教师采用了任务驱动和分组合作学习两种教学方法,发挥了学生的主体性,弥补了教师不能实时监控的短板。主讲教师鼓励学生将作业发朋友圈打卡,发挥学生的主观能动性,增强学生的自信度,如图 10.10 所示。

图 10.10 鼓励学生绘图打卡

(4) 理论教学手段创新

引入 VR 技术并在透视理论讲解和线稿绘制阶段运用。

主讲教师根据教学经验,总结学生学习的情况,将课程进度中的重难点部分——透视理论知识,采用虚拟现实技术(VR)用动画效果模拟实际室内环境,使学生直观深刻地感受到灭点位置和视平线高度变化对观众角度的影响,加深视平线、灭点等透视要点的分布规律,从而让学生更形象地了解室内透视变化规律,真正学习到表现技法中的透视绘制方法,如图 10.11～图 10.13 所示。

图 10.11 视平线高度变化对空间的影响视频截图

图 10.12 内框大小变化对空间的影响视频截图

图 10.13　灭点左右变化对空间的影响视频截图

手绘类课程学生作业量大，即便教师逐个批阅修改，也难面面俱到。特别是学生对其他同学的作业情况不了解，容易造成学生闭门造车的情况。因此，在作业收集方面以学习小组为单位线上上交，作业点评由每个学习小组组长完成，这样既提高了教学辅助环节的效率，又让学生们在作业点评环节中查漏补缺，发现自身绘画中的问题，作品质量大幅提升，如图 10.14 所示。

图 10.14　学习小组组长点评本组作业

4. 课程理论考核方式创新

根据本科教学的特点，结合课程设计，课程采用过程化考核形式，强调课前预习的重要性。开课前在课程教学平台下达阅读任务，开课中每节课设置自学任务点，课后复习测试点。这种过程化考核形式，充分调动了学生的积极性，并实现对每位学生全方位、多元化的考核，如图 10.15 所示。

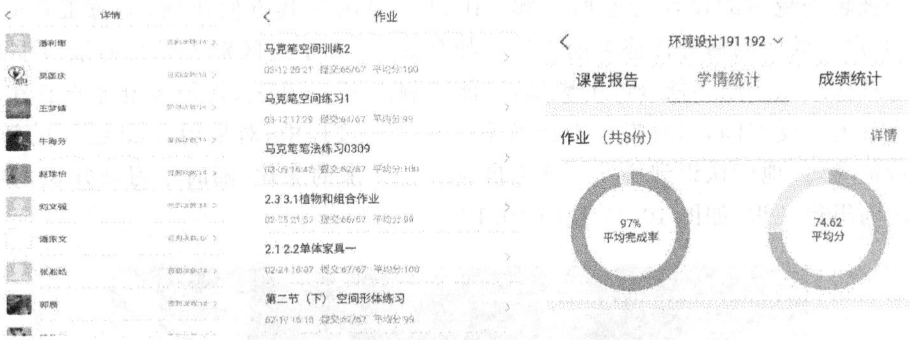

(a) (b) (c)

图 10.15 规范课程过程化考核环节

10.2.2 课程实践教学改革与创新

1. 课程实践内容创新

教师将行业前沿设计案例作为绘制和练习对象，使学生在学习课程中，了解设计的前沿理念，熟悉装饰材料和空间设计原理，为后续“材料施工”“快题设计”等课程奠定理论基础，如图 10.16 所示。

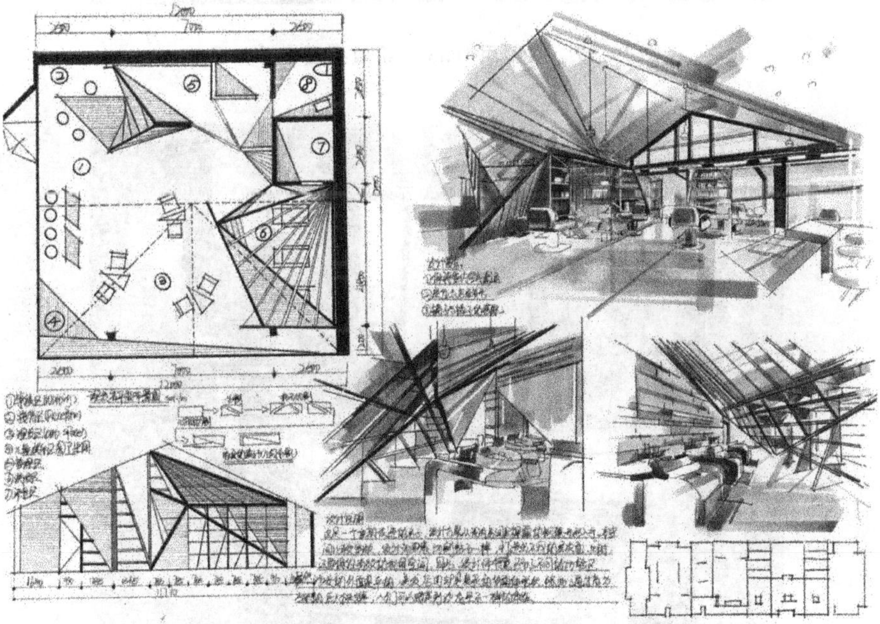

图 10.16 学生以表现技法为基础所绘制的快题设计作品

根据专业发展趋势和专业就业需求，突破“表现技法”课程中原有的仅仅在纸上进行的实验内容。鼓励学生利用所学手绘知识，使用平板电脑进行效果图绘制。iPad 手绘已经被越来越多的设计行业所了解。iPad 手绘因为其方便快捷、缩短工作时间成本、与客户有效的沟通等优势被前沿设计师掌握，iPad 手绘区别于以往的纸质手绘，既能彻底解决纸质手绘不能修改的弊端，又能绘制出家具、布艺、摆件等组合的细节，让客户更直观地感受空间，同时提升工作效率。在教学过程中，对采用 iPad 绘制的学生单独进行辅导，使他们认识到科技创新给自身专业带来的变化，随时学习新知识，养成与时俱进的思想意识，如图 10.17 和图 10.18 所示。

图 10.17　教师用 iPad 手绘效果图设计作品

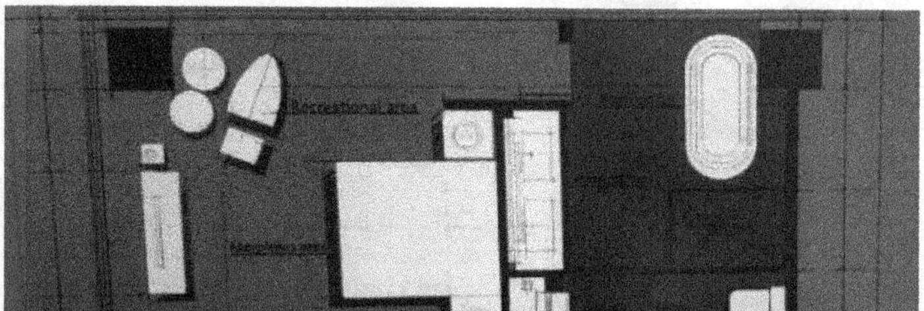

图 10.18　教师用 iPad 手绘平面图设计作品

2. 课程实践设备设计或改造

教师创新优化教学过程，改进教学设备。在“表现技法”课程实操讲解环节，采用高清摄像头直播的方式，利用手写板书让师生一起绘制，更能调动学生学习的积极性，增强与学生的互动性；作业点评环节利用数位屏＋PS/STEACHBOOK 软件的形式大大提高了作业的点评效率，避免了“口头改画”的尴尬，如图 10.19 所示。

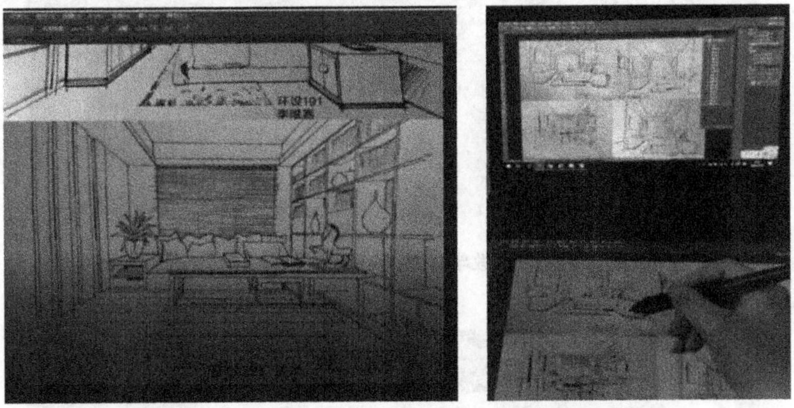

图 10.19 教师用数位屏＋PS/STEACHBOOK 批改作业

10.3 课程改革成效

“表现技法”课程教学创新改革是河南工学院创新教育改革在艺术设计专业的首次尝试，也是教学团队落实教育部新文科建设在本专业的首次尝试取得的成绩和经验，展示了创新教育改革的优秀成果。通过一系列的教学创新改革，学生作品质量大幅提高，同时建设完善了一套适合课程需要的网络教学平台。教学效果学生评价效果好，同行和专家对创新课程评价高，取得了一定阶段的成效。

10.3.1 教学团队的建立和完善

在整个教学改革中，课程建立起一支成熟并且具有创新意识的课程教学团队，统一完善本专科课程目标和教学体系。在教学方法上，尝试以角色扮演法、情境教学法为基础，采取丰富多彩的形式，进而在专业知识的教学过程中有效实现团队成员“博学”与“专通”的结合、知识技能与教学经验的互补，最终实现团队总体的知识增值。课堂教学是师生互动、教学相长的过程。学生只有成为课堂教学的真正参与者、推动者，才能成为受益者。检验一个教学团队是否优秀也应该以学生的参与程度、学习质量为标准。“把教的创造性留给老师，把学的主动权还给学生”，将学生纳入到教学团队中来，形成大教学团队，是整个教学团队的基本理念；不断扩展师生互动的课堂教学阵地，形成超越教室的大课堂，如图 10.20 和图 10.21 所示。

图 10.20 教学团队定期进行教学交流会

图 10.21 教学团队指导青年教师授课

10.3.2 课程成果的转化创新

教师通过“表现技法”课程，发掘一大批具有良好手绘能力的学生，紧抓新媒体时代的流行要素，指导他们创建“走走画画”微信公众号，传播手绘理念，培养他们的手绘意识和手绘习惯，增强学生的团队合作意识和专业自豪感。以互联网为传播路径，将手绘艺术同青年人喜闻乐见的“探店”文化相结合，以“吃、喝、玩、乐”四季不同主题的探店活动为脚本，以微信公众号“走走画画”作为窗口，用速写和水彩的形式向当地年轻人介绍本地“好吃好玩”的店铺来展示课程中所传递的“走走画画”的生活态度，分享学生们学习生活中的“小确幸”，如图 10.22 所示。

同时利用“表现技法”课程中所学知识，绘制设计制作出相关的文创衍生品。对所探店铺进行推广和宣传，起到有目标针对性的广告效应，达到双赢的目的。在实践过程中让我们的理论知识得到升华，达到专业知识的延伸化和社会化。同时依托课程成果，鼓励学生积极申报各种创新比赛，如全国“互联网＋”大学生创新创业大赛、河南工学院课程创新成果展等。

图 10.22 “走走画画”微信公众号及衍生品

参考文献

[1] 教育部：教育部关于一流本科课程建设的实施意见(教高[2019]8号)[J].中华人民共和国国务院公报,2020(5):57-62.

[2] 迈克尔·霍恩,希瑟·斯泰克.混合式学习[M].北京:机械工业出版社,2015.

[3] L·约翰逊,S·亚当斯贝克尔,M·卡明斯,等.新媒体联盟地平线报告(2013高等教育版)[R].张铁道,殷丙山,殷蕾,等,译.奥斯汀:新媒体联盟,2013.

[4] 杨光莹."互联网＋"背景下高校智慧课堂教学模式设计与应用研究[D].石家庄:河北师范大学,2019.

[5] 张金磊,王颖,张宝辉.翻转课堂教学模式研究[J].远程教育杂志,2012,30(4):23-25.

[6] 赵呈领,徐晶晶,刘清堂.基于微视频资源的翻转课堂教学模式设计与应用探究[J].现代教育技术,2018,3(2):33-35.

[7] 梁乐明,曹俏俏,张宝辉.微课程设计模式研究.基于国内外微课程的对比分析[J].开放教育研究,2013,19(1):65-73.

[8] 王忠华,谷跃丽.基于翻转课堂教学模式的教学应用研究.以"使用PPT制作电子相册"为例[J].中国信息技术教育,2013,1(1):33-36.

[9] 张新明,何文涛,李振云.基于QQ群＋Table PC的翻转课堂[J].电化教育研究,2013,1(8):68-72.

[10] 周苏,张丽娜,陈敏玲.创新思维与TRIZ创新方法[M].北京:清华大学出版社,2018.

[11] 冯林.大学生创新基础[M].北京:高等教育出版社,2018.

[12] 东尼·博赞,巴利·博赞.思维导图[M].北京:化学工业出版社,2020.